Wie neu geboren

Das große Buch zum

Abnehmen,
Entschlacken,
Wohlfühlen

Karin Schutt

Wie neu geboren

Das große Buch zum Abnehmen, *Entschlacken,* Wohlfühlen

- ***12 natürliche Schlankmacher***
- ***Kuren mit Schlankmacher-Garantie***
- ***Dauerhaft schlank bleiben***

Inhalt

1

2

Inhalt

3

4

1

Schlemmen Sie sich schlank. Denn wer auf natürliche Art abnehmen will, braucht keine aufwendige Diät. Hier erfahren Sie, welches Obst und Gemüse beim Schmelzen der Pfunde mithilft. Und welche Drinks und Tees den Schlankmacher-Effekt noch unterstützen.

Die schnellen Schlankmacher – natürlich und gesund

Schlank und fit – ohne Diät

HEUTE hat jeder zweite Probleme mit seinem Gewicht – und das meint nicht nur ein paar eingebildete Pölsterchen zu viel. Diäten sollen da helfen, aber genau das tun sie meist nicht. Denn auf die Dauer macht das Hin und Her zwischen Abnehmversuchen und Weiteressen wie bisher erst recht dick. Die einfache Lösung heißt: Essen Sie, um abzunehmen – nur eben das Richtige.

Essen Sie sich schlank

VERSUCHEN Sie's doch einmal anders: »Diät« heißt nämlich »gesunde Lebensweise« – Ihre Lebensweise. Dazu brauchen Sie keine Willenskraft oder strenge Disziplin, Sie brauchen nur ein bißchen Wissen: welche Lebensmittel gut für Ihren Körper sind und Sie unterstützen in Ihrem Wunsch abzunehmen, zu entschlacken und dabei fit und leistungsfähig zu bleiben. Und diese Lebensmittel bauen Sie einfach in Ihren Alltag ein.

Vitalstoffe für Sie

Nahrung soll uns nicht nur mit Kalorien versorgen. Ihre Inhaltsstoffe sind die Basis für unser Wohlbefinden, für Gesundheit, Fröhlichkeit und Vitalität. Um die zu erhalten, müssen wir unserem Körper geben, was er braucht: Eiweiß, die richtigen Kohlenhydrate, pflanzliche Öle und all die Biostoffe, die die Natur bereithält: Vitamine, Mineralstoffe, Spurenelemente und viele wertvolle Pflanzeninhaltsstoffe.

Fehlt nur ein Teil dieser Vitalstoffe, funktioniert Ihr Stoffwechsel nicht so, wie er sollte: Sie werden lustlos und unkonzentriert, fühlen sich schlapp und träge – und nehmen zu.

Natürliche Schlankstoffe

WENN Sie frische Lebensmittel richtig nutzen, dann purzeln die Pfunde (fast) von selbst. Denn vor allem Obst und Gemüse enthalten Biostoffe, die beim Abnehmen kräftig mitarbeiten. Und die richtigen Kombinationen können diese Wirkung noch steigern.

Solche Schlankstoffe sind zum Beispiel:

- *Mineralien,* die dem Körper entwässern helfen, allen voran das Kalium
- *Vitamine,* die als lebenswichtige Bausteine den Stoffwechsel ankurbeln und die Körperzellen schützen; dazu gehören etwa die Vitamine A, C, E, Folsäure und Pantothensäure
- *Ballaststoffe,* die satt machen, den Darm reinigen und die Verdauung in Schwung bringen
- *Ätherische Öle,* die Verdauung und Appetit anregen, Leber und Galle stärken
- *Bitterstoffe,* die die Verdauungsdrüsen anregen und beim Fettabbau helfen
- *Sekundäre Pflanzenstoffe,* die als Schutz- und Heilstoffe nicht nur die Pflanzen, sondern auch uns Menschen vor schädlichen Einflüssen von außen schützen, die Körperzellen und die Abwehrkräfte stärken; bisher sind an die 10 000 dieser Stoffe bekannt, etwa die Flavonoide, Karotinoide, Phytosterine und Polyphenole.

Essen Sie, so viel Sie wollen

Durch Obst und Gemüse erhalten Sie alle Vitalstoffe, die Sie zum Abnehmen und Gesundbleiben brauchen. Die neueste Ernährungsempfehlung lautet deshalb: am besten 5mal am Tag! Und Sie können essen, so viel Sie wollen, denn Obst und Gemüse haben kaum Kalorien.

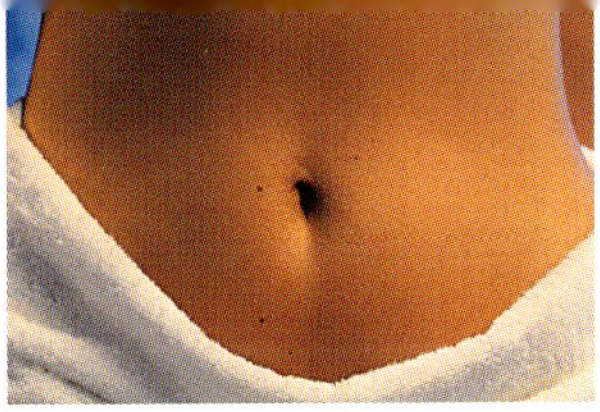

Sanfte Anregung für die Verdauung

Den Körper entlasten

Bei der Verarbeitung von Nahrung fallen Abfallprodukte an, die ein gesunder Organismus ohne weiteres ausscheidet und sich so entlastet.
Wenn der Stoffwechsel aber ständig überlastet ist – durch jahrelange falsche Ernährung, Alkohol, Nikotin und zuviel Streß –, führt das zur Ansammlung von Schlacken im Körper. Diese Schlacken behindern die Organe mit der Zeit in ihren normalen Funktionen. Sie beeinträchtigen dadurch das körperliche und bald auch das seelische Wohlbefinden und wirken sich nicht zuletzt auf Figur und Schönheit aus.
Sie können Ihren Körper rasch und einfach unterstützen, wenn Sie es sich zur Gewohnheit machen, entschlackende Lebensmittel in Ihren Speiseplan einzubauen: Natürlich helfen auch hier wieder vor allem Obst und Gemüse!

Die 12 Schlankmacher

Auf den nächsten Seiten stellen wir Ihnen 12 Obst- und Gemüsesorten vor, die besonders viele natürliche Schlankstoffe enthalten.

- Sie entwässern, indem sie dem Gewebe überschüssiges Wasser entziehen, die Nieren zu Höchstleistungen anregen und für die Ausleitung von Giftstoffen sorgen.
- Sie entschlacken durch Ballast- und Bitterstoffe, die die Verdauung anregen, den Magen beruhigen und Leber und Galle stärken.
- Sie wirken als »Fatburner«, weil sie den Stoffwechsel und die Fettverbrennung ankurbeln.
- Sie machen schlank, denn sie haben kaum Kalorien, dafür alles, was der Körper sonst braucht.
- Sie machen gute Laune, denn die Vitalstoffe lassen Sie wieder aktiv werden und wecken die körpereigenen Glückshormone.

Schlemmen Sie sich gesund

Unter den »12 Schlankmachern« finden Sie Obst und Gemüse für jede Jahreszeit – und für jede Tageszeit: Essen Sie sie zum Frühstück, als Snack zwischendurch und auch als Hauptgericht.
Wenn Sie nicht nur etwas für Ihre Gesundheit, sondern auch für die Figur tun wollen, dann achten Sie bei den Zutaten vor allem auf »Low fat«: mageres Fleisch, magere Milchprodukte, wenig tierisches und nur bestes pflanzliches Fett.
Damit das leichter geht, haben wir Ihnen zu jeder Frucht leckere Rezeptvorschläge gemacht. Frühstück und Snacks sind für 1 Person, Hauptgerichte für 2 Personen angegeben.
Ihrer eigenen Phantasie beim Kochen sind natürlich keine Grenzen gesetzt.

Die 12 natürlichen Schlankmacher

Ananas

Sie zählt zu den beliebtesten exotischen Früchten überhaupt, und das aus gutem Grund. Unter den stacheligen Blättern verbirgt sich süßes, sehr saftiges Fruchtfleisch, das seit Jahrzehnten einen festen Platz in unseren Schlemmerküchen hat: als fruchtiges Dessert, als Zutat zu süßsauren Gerichten oder als Saft in tropischen Drinks.
Ihre ursprüngliche Heimat ist Südamerika, wo sie schon seit alters her von den Indianern als Kulturpflanze angebaut wird. Heute kommen Ananas von großen Plantagen auch aus Mexiko, den Philippinen, Thailand, Afrika und Australien zu uns.
Kaum jemand weiß, wie Ananas wachsen: Die Früchte bilden das stachlige Ende der Blattrosette eines Strauches und sind nicht leicht zu ernten. Durch diese dicke Schale überstehen aber ihre vielfältigen Vitalstoffe auch längere Transportwege.

➤ Die Königin der Exoten

Wie alle exotischen Früchte ist auch die Ananas reich an Vitaminen, Mineralien und Enzymen. Deshalb kann sie unser Vitaminloch im Winter ganz wunderbar ausfüllen. Neben Biotin, das für schöne Haut und glänzende Haare sorgt, enthält das saftige Fruchtfleisch viele Vitamine des B-Komplexes und Vitamin E sowie insgesamt 16 Mineralstoffe und Spurenelemente wie Kalium, Eisen, Zink und Mangan.
Doch die Ananas kann noch mehr: Vor allem im Strunk stecken Enzyme wie das Bromelin, das große Eiweißmoleküle klein schneidet und so die Eiweißverdauung ankurbelt. Ebenfalls reichlich vorhanden: Fruchtsäuren, die als hochwirksames Entschlackungsmittel den Körper von den Abfallprodukten des Stoffwechsels befreien.

➤ Qualität, Reifegrad und Lagerung

Die sonnenverwöhnten Ananasfrüchte reagieren empfindlich auf Kälte, deshalb nicht im Kühlschrank, sondern bei Zimmertemperatur in der Obstschale aufbewahren. Achten Sie beim Kauf auf die Farbe der Schuppen: Je rötlicher sie sind, desto aromatischer ist die Frucht. Grüne Früchte sind unreif. Auch die Schuppen zeigen den Reifegrad: Sind sie aufgewölbt und lassen sich leicht abzupfen, ist die Frucht reif.
Ersparen Sie sich Ananasscheiben in Dosen: Das in Zuckerwasser schwimmende Fruchtfleisch enthält kaum noch Vitalstoffe.

➤ Gesund entschlacken mit Ananas

Ihre hohe Konzentration an verdauungsfördernden Stoffen macht sie zu einer Wunderwaffe gegen überflüssige Pfunde. Pressen Sie Saft aus der frischen Frucht und trinken Sie ihn kurz vor dem Essen, dann ist der Effekt am größten.
Um möglichst viel vom eiweißspaltenden Bromelin abzubekommen, sollten Sie auch das harte Mittelstück mitessen.

Vital Konto

Entschlackend	Immunschutz	Nährwerte/100 g	Vitamine	Mineralien
●●●●●	●●●●	55 kcal • 0,2 g Fett	E, B_6, Niacin	Kalium

Gesunde Rezepte rund um die Ananas

Frühstück mit Ananas

Beginnen Sie den Tag mit einem Enzym-Schub:

➤ *Zutaten für 1 Person:*
1/2 frische Ananas
1 Becher Magerjoghurt
1 TL gehackte Pistazienkerne

So wird's gemacht:
Mit einem scharfen Messer die Blattkrone und das Strunkende der Ananas abschneiden und die Frucht halbieren. Eine Hälfte heben Sie sich für später oder für das nächste Frühstück auf. Die andere Hälfte mit dem Messer schälen, dann das Fruchtfleisch in mundgerechte Stücke schneiden und auch vom härteren Mittelstück was mitnehmen (enthält die Enzyme!).
Den Joghurt glattrühren, über die Ananasstücke geben und mit den grünen Pistazien bestreuen.

Fitness-Drink: Ananas-Kefir

Vitamin-Power als Muntermacher für schlappe Nachmittagsstunden:

➤ *Zutaten für 1 Person:*
1/4 frische Ananas
1 TL Zitronensaft
2 TL Sanddornmark (Reformhaus)
125 g Kefir (1,5 % Fett)

So wird's gemacht:
Ananas in Stücke schneiden, mit dem Zitronensaft und dem Sanddornmark im Mixer pürieren. Den gekühlten Kefir dazugeben und noch mal kurz durchmixen. In ein hohes Glas gießen und mit einem Minzblättchen garnieren.

Putenbrust mit Ananas und Sauerkraut

Mit diesem Rezept entschlacken Sie gleich doppelt, denn Sauerkraut enthält viel Milchsäure:

➤ *Zutaten für 2 Personen:*
200 g Putenbrust
300 g Sauerkraut
1/2 frische Ananas
1 Kiwi • 1/2 Zitrone
1 Becher Joghurt
1 EL Sonnenblumenöl
Salz • Pfeffer
Kurkuma

So wird's gemacht:
Ananas halbieren, schälen und in Stücke schneiden. Die Kiwi schälen und in Scheiben schneiden. Beide Früchte mit dem rohen Sauerkraut vermengen. Das Fleisch in mundgerechte Stücke schneiden, in Sonnenblumenöl kurz anbraten und die Fleischstücke über das Sauerkraut verteilen. Joghurt mit Zitronensaft verrühren, mit Kurkuma abschmecken und als Sauce dazu servieren.

Probieren Sie Sauerkraut exotisch mit Ananas und Kiwi

Birne

Die Birne gehört neben dem Apfel zu den ältesten unserer heimischen Obstarten. Sie soll ursprünglich aus China stammen, doch auch bei uns haben Steinzeitmenschen die Wildform der Birne, die sogenannte Holzbirne, schon gerne gegessen. Heute gibt es etwa 5000 Sorten, die je nach Verwendungsmöglichkeiten in Frisch- und Lagerbirnen, in Most-, Saft- und Dörrbirnen unterteilt werden. Die frischen, reifen Früchte sind saftig, haben ein weiches Fruchtfleisch und einen aromatischen, honigsüßen Geschmack. Ganz zu Unrecht steht die Birne etwas im Schatten des Apfels: Bei uns werden ungefähr doppelt so viele Äpfel gegessen wie Birnen. Dabei sind ihre Vitalstoffe mindestens ebenso zahlreich, ihre entschlackende und gesundheitsfördernde Wirkung mindestens ebenso groß.

➤ Die saftige Verführung

Birnen schmecken wunderbar, Sie sollten allein schon deshalb im nächsten Herbst viele davon essen. Birnen machen dazu noch schlank, weil ihre Wirkstoffe die Verdauung anregen. Eingelegte Dörrbirnen galten schon unseren Großeltern als sanftes Abführmittel. Birnen befreien den Körper von überflüssigem Wasser und entgiften den Darm, indem sie unerwünschte Schlacken einfach mit ausspülen.

Neben einer gut abgestimmten Menge an Vitaminen und wichtigen Mineralstoffen, wie Kalium und Magnesium, enthalten Birnen auch Bor. Und Bor macht schlank, weil es aktiv macht: Es hebt den Testosteronspiegel an, das männliche Hormon, das auch bei Frauen für Dynamik sorgt.

➤ Qualität, Reifegrad und Lagerung

Kaiser Alexander, Williams Christ und Abate sind nur einige der klingenden Namen für die vielen verschiedenen Sorten. Wenn Sie Gelegenheit dazu haben, kaufen Sie Birnen frisch vom Bauern oder im Bioladen, dann schmecken sie am besten.

Die Lagermöglichkeit von Birnen richtet sich nach der Sorte. Manche werden schon nach zwei bis drei Tagen weich und bekommen braune Flecken. Andere halten sich in der kühlen Vorratskammer ein bis zwei Wochen. Überreife Birnen verderben schnell.

➤ Gesund entschlacken mit Birnen

Birnen schmecken auch zu Hauptgerichten, verlieren aber beim Erhitzen viele ihrer wertvollen Inhaltsstoffe. Deshalb ist die Schlankmacher-Wirkung am größten bei frischen Birnen oder frisch gepreßtem Birnensaft.

Wenn Sie Säfte fertig kaufen, achten Sie auf die Bezeichnung »direkt gepreßt«. Sie sollten 100 % Fruchtfleisch und keine Zusatzstoffe, etwa Zucker, enthalten.

Vital Konto

Entschlackend	Immunschutz	Nährwerte/100 g	Vitamine	Mineralien
●●●●●	●●●	55 kcal • 0,32 g Fett	Folsäure	Bor, Kalium

Gesunde Rezepte rund um die Birne

Birnen-Müsli

Birne und Ballaststoffe verschaffen Ihnen einen guten Start in den Morgen:

- *Zutaten für 1 Person:*
  1 Birne
  2 TL Zitronensaft
  1 Prise Zimt
  100 g Dickmilch
  3 EL gemischte Vollkornflocken
  1 EL Rosinen
  1 EL gehackte Walnüsse

So wird's gemacht:
Die Birne waschen, dünn schälen, entkernen und in feine Scheiben schneiden. Zitronensaft, Dickmilch und Zimt verrühren und über die Birnen geben. Die Flocken mit Rosinen und Nüssen darunter heben.

Birnen-Sellerie-Salat

Birnen lassen sich gut mit Salaten kombinieren:

- *Zutaten für 2 Personen:*
  6 Stengel Staudensellerie
  40 g Feldsalat
  3 frische Birnen
  40 g Roquefortkäse
  1 Becher Magerjoghurt
  1 TL Zitronensaft
  1 Prise frisch gemahlener Pfeffer

So wird's gemacht:
Die Selleriestangen putzen und in etwa 1 cm dicke Scheiben schneiden. Den Feldsalat gründlich waschen und abtropfen lassen. Die Birne waschen, dünn schälen, entkernen und in Stücke schneiden. Den Roquefort mit einer Gabel zerdrücken und mit Joghurt und Zitronensaft zu einer sämigen Sauce verrühren. Birnen und Selleriescheiben auf einen Teller verteilen, mit dem Feldsalat garnieren und mit der Käsesauce anrichten.

Leckerer Birnensaft – süß und gesund

Holunder-Birnen-Shake

- *Zutaten für 1 Person:*
  75 g Birne
  4 EL Holunderbeersaft
  2 TL Zitronensaft
  1 TL Birnendicksaft (Reformhaus)
  100 ml fettarme Milch (1,5 % Fett)

So wird's gemacht:
Die Birne schälen, entkernen und etwa 75 g davon in Stücke schneiden. Mit Zitronensaft und Birnendicksaft im Mixer pürieren. Den Holunderbeersaft (ohne Zucker) und die Milch dazugeben, noch mal kurz und kräftig mixen.

Erdbeeren

Klein, rot, saftig und mit einem unverwechselbaren Aroma – Erdbeerfreunde freuen sich jedes Jahr aufs neue auf den Beginn der Erdbeersaison. Frisch vom Erdbeerfeld schmecken sie am besten, wobei die größten nicht immer die süßesten sind. Botanisch gesehen sind sie gar keine Beeren, denn die eigentlichen Früchte sind die kleinen Nüßchen, die außen auf dem Fruchtfleisch sitzen. In Wahrheit gehören sie zur Familie der Rosengewächse. Erdbeerliebhaber genießen sie von Mai bis Juli in allen Variationen: pur mit Zitrone oder Schlagsahne, als Müsli in Joghurt, Quark oder Kefir, püriert als Milchshake, als besondere Note in sommerlichen Salaten – und natürlich nicht zu vergessen: die Erdbeer-Eisbecher und die vielen Sorten Erdbeerkuchen. Dabei ist die kleine Frucht eine der gesündesten Obstsorten überhaupt.

➤ Kleine Frucht – ganz groß

Haben Sie Lust auf Erdbeeren? Essen Sie zur Erdbeerzeit so viel Sie wollen – denn kaum eine Frucht tut so viel für Ihre Gesundheit: Erdbeeren enthalten über 300 verschiedene gesundheitsfördernde Substanzen. Wußten Sie, daß in ihnen mehr Vitamin C steckt als in Zitronen? Schon 100 g Erdbeeren decken Ihren gesamten Tagesbedarf.
Unter ihren vielen Vitalstoffen sind Mangan, das den Stoffwechsel ankurbelt, Kalium, das entwässert, und Gerbstoffe, die Entzündungen hemmen und die Verdauung fördern, besonders wichtig. Und – Erdbeeren machen schön: von innen durch Folsäure und Anthozyane, die roten Pflanzenfarbstoffe, und von außen mit einer Maske aus Erdbeermus. Versuchen Sie's!

➤ Qualität, Reifegrad und Lagerung

Reife Erdbeeren sind empfindliche Früchte und nicht lagerfähig. Bereits wenige Stunden nach dem Pflücken büßen sie einen Teil ihres Geschmacks und auch ihrer Vitamine ein. Am besten also selbst pflücken und noch am gleichen Tag essen.
Vor und nach unserer heimischen Erdbeersaison (Mai bis Juli) gibt es importierte Erdbeeren zu kaufen, die aber häufig mit Spritzmitteln belastet sind und so früh gepflückt werden, daß sie wenig Geschmack entwickeln.

➤ Gesund entschlacken mit Erdbeeren

Es gibt eine Faustregel: Je kräftiger die Farbe, desto mehr Pflanzenfarbstoffe, desto heilkräftiger die Frucht. Das gilt auch für Erdbeeren. Und trotz ihrer vielen Inhaltsstoffe haben sie nur wenig Kalorien.
Wie alle Früchte, die Kalium enthalten, sind sie ideal zum Entwässern des Körpers, außerdem unterstützen sie Leber und Galle. Wenn Sie Erdbeeren gut vertragen, versuchen Sie einen Entschlackungstag (Seite 48) nur mit köstlichen Erdbeer-Variationen.

Vital Konto

Entschlackend	Immunschutz	Nährwerte/100 g	Vitamine	Mineralien
●●●●●	●●●●●	32 kcal • 0,4 g Fett	C, Folsäure	Kalium, Mangan, Zink

Gesunde Rezepte mit Erdbeeren

Erdbeer-Müsli

Ein leckeres Erdbeer-Frühstück erfrischt und bringt Schwung in den Tag:

➤ *Zutaten für 1 Person:*
150 g frische Erdbeeren
1 Becher Magerjoghurt (0,3 % Fett)
3 EL Vollkorn-Haferflocken
1 EL gehackte Mandeln
1 TL Frutilose (Fruchtsüße, Reformhaus)
1–2 Minzblätter

So wird's gemacht:
Erdbeeren waschen, entstielen und in mundgerechte Stücke schneiden. Mandeln in einer Pfanne ohne Fett goldbraun rösten. Mandeln mit den Haferflocken mischen und über die Erdbeeren streuen. Joghurt mit der Frutilose verrühren. Auf Früchte und Haferflocken geben und mit den Minzblättchen garnieren.

Friséesalat mit Erdbeeren und Mozzarella

Wie wär's mal mit süßen Früchten zum Salat?

➤ *Zutaten für 2 Personen:*
1/2 kleiner Friséesalat
150 g Mozzarella-Kugeln
150 g frische Erdbeeren
3 Stengel frischer Estragon
2 EL Balsamico-Essig
4 EL Sonnenblumenöl
1 Prise Salz
frisch gemahlenen Pfeffer
2 EL Pinienkerne

So wird's gemacht:
Salat putzen, waschen und in Stücke zupfen. Mozzarella-Kugeln halbieren. Erdbeeren waschen, halbieren und mit dem Mozzarella unter die Salatblätter heben. Estragon waschen, kleinhacken und auf den Salat streuen.
Essig, Öl, Salz und Pfeffer zu einer Marinade verrühren. Marinade kurz vor dem Servieren über den Salat geben, mit gerösteten Pinienkernen garnieren. Dazu paßt Baguette, gesünder ist aber Vollkornbrot.

Erdbeer-Shake

➤ *Zutaten für 2 Personen:*
150 g frische Erdbeeren
2 EL Orangensaft
100 g fettarme Dickmilch
150 ml fettarme Milch
2 TL Apfeldicksaft

So wird's gemacht:
Erdbeeren waschen, putzen, zerkleinern und im Mixer pürieren. Orangensaft, Milch, Dickmilch und Apfeldicksaft dazugeben, noch einmal kräftig durchmixen. In Gläser füllen und gleich genießen.

Fitness-Dip

➤ *Zutaten für 1 Person:*
100 g frische Erdbeeren
2 EL Magerquark
1 EL fettarme Milch
1 TL Birnendicksaft

Ein kleiner Snack zwischendurch: Quark, Milch und Birnendicksaft verrühren, Erdbeeren waschen und zum Essen in den Dip stippen.

Melone

VIEL Frucht, viel Saft und fast keine Kalorien – unter den Südfrüchten zählen Melonen zu den beliebtesten Schlankmachern. Sie können zwischen einer ganzen Reihe von Melonensorten wählen: Die große grüne Wassermelone mit dem leuchtendroten Fruchtfleisch ist mit der Gurke verwandt; sie hat den größten Wasseranteil.
Zuckermelonen gehören eher zu den Kürbisgewächsen. Ihr Fruchtfleisch kann grün, honiggelb oder orangegelb sein und ihre Sorten haben so klingende Namen wie Kantalupe, Charentais, Galia oder Honigmelone. Auch bei den Melonen gilt: Je süßer und farbintensiver ihr Fruchtfleisch ist, desto mehr Pflanzenfarbstoffe enthalten sie und desto gesünder sind sie.
Leicht gekühlt schmecken alle Melonenarten am besten – sie sind der ideale Sommer-Sonnen-Genuß.

➤ Die wohlschmeckenden Durstlöscher

ALLE Melonenarten sind wunderbar aromatische Durstlöscher, weil sie zu 80–90 % aus Wasser bestehen. Der Rest ist leichtverdauliches Fruchtfleisch mit einer großen Menge an Mineralstoffen und Vitaminen. Karotinoide, die im Körper in Vitamin A umgewandelt werden, schützen die Haut vor Sonnenschäden und die Körperzellen vor freien Radikalen. Je dunkler das Fruchtfleisch, desto mehr davon ist drin. Vitamin C stärkt das Immunsystem und festigt das Bindegewebe. Mit Melonen tun Sie also etwas für Gesundheit *und* Schönheit. Melonen enthalten außerdem viel Kalium und wenig Natrium, deshalb entwässern sie und reinigen die Nieren.

➤ Qualität, Reifegrad und Lagerung

In den Sommermonaten bekommen wir die Melonen aus dem Mittelmeerraum. Den Reifegrad festzustellen ist eine kleine Wissenschaft für sich. Ein guter Tip: Nehmen Sie Ihre Nase zu Hilfe. Schnuppern Sie an der hellen Stelle oben am Stielansatz. Wenn Sie einen feinen, angenehmen Melonengeruch wahrnehmen, ist sie gerade richtig. Riechen Sie gar nichts und gibt die Frucht an der gleichen Stelle auf leichten Druck nicht nach, so ist sie noch unreif.
Bei Zimmertemperatur reifen Melonen zu Hause nach. Bei kühlen Temperaturen können Sie die ganzen Früchte je nach Reifegrad sogar bis zu zwei Wochen lagern.

➤ Gesund entschlacken mit Melone

Essen Sie Melonen nicht nur in Müslis und Obstsalaten, sondern, ihrer entschlackenden Wirkung wegen, während des ganzen Sommers als frischen Snack zwischendurch. Wechseln Sie die Sorten, denn jede enthält einen eigenen Vitalstoff-Mix. Mit Melonen können Sie außerdem Ihren Säure-Basen-Haushalt (Seite 152) gut wieder ins Gleichgewicht bringen.

VITAL KONTO

ENTSCHLACKEND	IMMUNSCHUTZ	NÄHRWERTE/100 g	VITAMINE	MINERALIEN
●●●●●	●●●●	*25 kcal • 0,0 g Fett*	*A, C*	*Kalium, Eisen*

Gesunde Rezepte mit Melone

Melonen-Frucht-Salat

Zutaten für 2 Personen:
1/4 Wassermelone
1 Banane
1 Kiwi
100 g rote Johannisbeeren
1 EL gehackte Walnüsse

So wird's gemacht:

Fruchtfleisch der Melone aus der Schale lösen und in Stücke schneiden. Banane und Kiwi schälen und in Scheiben schneiden. Johannisbeeren waschen und von den Stengeln lösen. Die Früchte mischen und etwa 20 Minuten ziehen lassen. Süßschnäbel geben noch 2 TL Frutilose (Reformhaus) zum Süßen dazu. Walnüsse darüberstreuen.

Melonen-Sorbet

Zutaten für 2 Personen:
1 kleine Honigmelone
1 Zitrone
100 ml Apfelsaft

So wird's gemacht:

Melone in zwei gleiche Hälften schneiden. Das Fruchtfleisch vorsichtig herauslösen, zerkleinern und im Mixer pürieren. Den Apfelsaft und den Saft einer halben Zitrone dazugeben und noch mal kräftig durchmixen. Das Fruchtpüree in die beiden Melonenhälften füllen und mindestens 1 Stunde in den Gefrierschrank stellen. Aus dem Kühlschrank nehmen, mit frischen Zitronenscheiben dekorieren und an heißen Tagen kalt aus den Melonenhälften löffeln.

TIP

Auch die Kerne der Melonen sind eßbar: In der Pfanne geröstet, schmecken sie über Salate gestreut oder als kleine Knabberei nebenbei.

Melonen-Tomaten-Gemüse

Zutaten für 2 Personen:
1/2 kleine Zuckermelone
150 g Kirschtomaten
2 Schalotten
30 g getrocknete, in Öl eingelegte Tomaten
1 EL Olivenöl
frisches Basilikum

So wird's gemacht:

Melone entkernen, schälen und Fruchtfleisch in Spalten schneiden. Kirschtomaten waschen, eventuell halbieren. Getrocknete Tomaten in schmale Streifen schneiden. Schalotten kleinhacken und in Olivenöl glasig dünsten. Kirschtomaten, Melonenspalten und getrocknete Tomaten dazugeben und zum Erwärmen kurz darin schwenken. Mit frischen Basilikumblättern bestreuen. Dazu paßt helles Fleisch, etwa Putenbrust oder Kalbsfilet.

Herrliche Erfrischung für heiße Tage

Papaya

Wer in den Tropen Urlaub macht, begegnet ihr meist schon beim Hotelfrühstück: Dort ist die Papaya wegen ihres angenehmen, mildsüßen Geschmacks als Frühstücksobst sehr beliebt. Bei uns findet man sie mittlerweile immer häufiger unter den exotischen Früchten im Angebot der Supermärkte.
Die Papaya stammt aus Südamerika, und die Indianer gaben ihr den vielversprechenden Beinamen »Frucht für ein langes Leben«. Der Grund ist der besondere Wirkstoff-Cocktail aus Enzymen und zahlreichen Mineralstoffen.
Unter der gelbgrünen Schale ist das Fruchtfleisch kräftig orangefarben bis lachsrot. Im Inneren birgt sie viele kleine schwarzglänzende Kerne, die man nicht mitißt. Papaya schmeckt nicht nur in Obstsalaten, sondern genausogut zu pikanten Gerichten.

➤ Die exotische Wunderfrucht

Die Papaya ist in jeder Hinsicht ungewöhnlich: Sie enthält mehr Vitamin C als Kiwis, mehr Provitamin A als Karotten, sehr viel Magnesium und jede Menge weitere Mineralien und Spurenelemente. Damit schützt sie das Immunsystem, ist eine ideale Nahrungsergänzung für Schwangere und macht müde Menschen munter. Darüber hinaus enthält sie in großen Mengen ein Karotinoid namens Lycopin – das schützt vor freien Radikalen, beugt Krebs und Herzerkrankungen vor.
Aber damit noch nicht genug: In der Papaya stecken viele Enzyme, allen voran das Papain. Es baut Eiweiß im Körper schneller ab, hilft dadurch beim Entschlacken, Abnehmen und Halten Ihres Wunschgewichts.

➤ Qualität, Reifegrad und Lagerung

Papayas kommen vor allem per Flugzeug in unsere Obstabteilungen. Die ledrige Schale gibt im reifen Zustand auf leichten Druck nach. Wenn sie noch hart sind, können sie bei Zimmertemperatur in der Obstschale nachreifen.
Ganze, reife Früchte können Sie auch noch einige Tage im Gemüsefach des Kühlschranks lagern. Sobald Sie die Frucht jedoch aufgeschnitten haben, sollten Sie sie noch am gleichen Tag verzehren, sonst wird sie unansehnlich.

➤ Gesund entschlacken mit Papaya

Frische Papaya zum Frühstück weckt auch bei Morgenmuffeln die Lebensgeister. Sie entsäuert den Körper, sorgt für eine gesunde Darmflora und hält das Immunsystem fit. Aus dem gleichen Grund sollten Sie sie auch als Fitness-Snack nutzen, wenn Sie tagsüber sehr gestreßt oder müde und abgespannt sind.
Zur Schlankfrucht wird die Papaya nach einem reichhaltigen Essen: Ihre eiweißspaltenden Enzyme helfen dem Magen bei der Arbeit und regen die Verdauung an.

Vital Konto

Entschlackend	Immunschutz	Nährwerte/100 g	Vitamine	Mineralien
●●●●	●●●●●	*44 kcal • 0,1g Fett*	*A, C, B_1, B_2*	*Magnesium*

Gesunde Rezepte rund um die Papaya

Schlankes Frühstück

Zutaten für 1 Person:
200 g Papaya
1 kleine Kiwi
1/2 Limette
75 g fettarmer Kefir (1,5 % Fett)

So wird's gemacht:

Papaya und Kiwi schälen und in dünne Scheiben schneiden. Kefir mit 1 TL Limettensaft verrühren und mit etwas abgeriebener Limettenschale verfeinern. Früchte in ein Schälchen geben, mit dem restlichen Limettensaft beträufeln und den Kefir darübergießen.

Papaya-Chicorée-Salat mit Käse

Papaya schmeckt hervorragend zu Salaten, Käse oder Schinken:

Zutaten für 2 Personen:
2 kleine Chicorée
1/2 Papaya
1 Frühlingszwiebel
80 g Parmesan
1 EL Zitronensaft
1 EL Balsamico-Essig
2 EL Walnußöl
je 1 Prise Salz und Pfeffer
1 EL gehackte Walnüsse

So wird's gemacht:

Chicorée waschen, das bittere Innenteil entfernen und die Blätter in breite Streifen schneiden. Die halbe Papaya entkernen und in schmale Spalten schneiden. Frühlingszwiebel in sehr feine Streifen schneiden. Chicorée, Papaya und Zwiebeln mischen, den Käse darüberhobeln.
Eine Marinade aus Zitronensaft, Essig und Öl anrühren und mit Salz und Pfeffer abschmecken. Die Marinade auf dem Salat verteilen, mit den Walnüssen garnieren.

Exotischer Obstsalat

Zutaten für 2 Personen:
1/4 frische Ananas
1/2 Papaya
1 Banane
1 EL Zitronensaft
6 frische Litschis

So wird's gemacht:

Ananas mit einem scharfen Messer schälen und in mundgerechte Stücke schneiden, dabei den Saft auffangen. Papaya und Banane schälen und in Scheiben schneiden. Die Früchte mischen, den Saft der Ananas und den Zitronensaft über die Früchte geben. Die Litschis aus der Schale lösen, die Kerne vorsichtig entfernen und den Obstsalat damit dekorieren.

Schinken-Papaya-Röllchen

Als kleine Vorspeise oder Fitness-Snack:

Zutaten für 2 Personen:
4 Scheiben Lachsschinken
4 Salatblätter
4 Papaya-Spalten

Auf je 1 Scheibe Schinken 1 Salatblatt und 1 Papaya-Spalte legen. Salat und Schinken um die Papaya rollen, mit den Fingern essen.

Weintrauben

Seit der Antike sind die hellen und dunklen Früchte der Weinrebe so populär wie kaum eine andere Frucht. Allerdings nicht nur wegen der kleinen, runden Trauben mit dem süßen Saft, sondern vor allem wegen der Kunst ihrer Weiterverarbeitung zu köstlichen Weinen.
Bei uns gibt es Weinberge zwar in einigen besonders begünstigten Sonnengebieten, wie entlang des Rheins, der Mosel, in Baden-Württemberg und Franken. Die heimischen Trauben sind uns zum Verzehr aber meist zu sauer. Deshalb kaufen wir hauptsächlich die süßen saftigen Trauben, die aus den warmen Ländern des Mittelmeerraums kommen.
Daß Trauben zuverlässige Heil- und Entschlackungsmittel sind, wußte man auch schon in alter Zeit. Ob frische weiße oder rote Trauben, Traubensaft oder Wein, sie alle enthalten viele lebenswichtige Vitalstoffe.

➤ Die Früchte der Götter

Wer Weintrauben nicht nur wegen ihres herrlichen Geschmacks genießt, sondern weil er etwas für seine Gesundheit tun will, hat dafür zwei gute Gründe: ihre herzschützenden Eigenschaften und ihre entschlackende Wirkung.
Trauben fördern die Verdauung und entwässern, weil die ballaststoffreichen Schalen den Darm in Schwung bringen und der hohe Kaliumgehalt die Nieren zu Höchstleistungen anregt. Das Ergebnis: Ihr Körper scheidet vermehrt Wasser, Säuren und Giftstoffe aus. Das wirkt anregend und ausgleichend auf den gesamten Stoffwechsel, insbesondere auf Leber und Galle.
In Ländern, in denen viel Rotwein getrunken wird, ist die Rate der Herzerkrankungen außergewöhnlich niedrig. Das liegt an den Phenolen, die Herz, Gefäße und Zellen schützen. Die meisten Phenole sitzen in der Schale der roten Trauben. Es muß also nicht Rotwein sein, roter Traubensaft schützt ebenso.

➤ Qualität, Reifegrad und Lagerung

Gegen Ende des Sommers ist Erntezeit, und die Trauben lachen uns aus den Obststeigen an. Je reifer die Früchte sind, desto aromatischer ist ihr Geschmack, und je stärker ihre Farbe – sattgelb oder dunkelblau –, desto mehr sekundäre Pflanzenstoffe (Seite 122) enthalten sie.
Die reifen Trauben können zwei, drei Tage in der Obstschale lagern, sollten aber möglichst bald verzehrt werden. Weintrauben sind oft stark gespritzt, deshalb vor dem Essen immer gut unter fließendem Wasser waschen!

➤ Gesund entschlacken mit Weintrauben

Weintrauben sind Schlankmacher, die durch ihren Traubenzucker gleichzeitig den Organismus mit Energie versorgen. Wenn Sie eine Traubenkur machen (Seite 25), verlieren Sie auf gesunde und genußvolle Weise mehr Pfunde als mit jeder anderen Diät!

Vital Konto

Entschlackend	Immunschutz	Nährwerte/100 g	Vitamine	Mineralien
●●●●●	●●●●	*68 kcal • 0,3 g Fett*	*Niacin, B_6*	*Kalium, Eisen, Mangan*

Gesunde Rezepte mit Weintrauben

Weintrauben mit Frischkäse

➤ *Zutaten für 2 Personen:*
150 g weiße und rote Weintrauben
150 g körniger Frischkäse (Hüttenkäse)
2 EL Orangensaft
1 TL Apfeldicksaft (Reformhaus)
1 Messerspitze gemahlene Vanille
1 EL Mandelblätter

SO WIRD'S GEMACHT:

Weintrauben gründlich waschen, von den Stielen zupfen, Früchte halbieren und nach Belieben die Kerne entfernen. Orangensaft, Apfeldicksaft und Vanille mit dem Hüttenkäse vermischen. Drei Viertel der Weintrauben unter den Frischkäse heben und in zwei Schälchen verteilen. Die Mandelblätter in einer Pfanne ohne Fett goldbraun rösten und über Weintrauben und Käse streuen. Mit den restlichen Weintrauben garnieren.

Weintrauben mit Frischkäse als Frühstück oder pikanter Nachtisch

TIP

Traubenkur

Wie wär's im August, September oder Oktober mit einer kleinen Traubenkur? Ihre Gesundheit und Ihre Figur werden es Ihnen danken.

TAGESPLAN FÜR 1 ENTLASTUNGSTAG

- ➤ *Morgens: $^1/_4$ l frischen roten Traubensaft*
- ➤ *Zum Frühstück: 300 g weiße Trauben*
- ➤ *Zwischendurch: 300 g rote Trauben*
- ➤ *Mittags: $^1/_4$ l frischen weißen Traubensaft und 200–300 g rote Trauben*
- ➤ *Zwischendurch: 300 g weiße Trauben*
- ➤ *Abends: $^1/_4$ l frischen roten Traubensaft und 200 g weiße Trauben*

Trauben-Gelee

➤ *Zutaten für 2 Personen:*
75 g rote Weintrauben
75 g weiße Weintrauben
2 Blatt weiße Gelatine
200 ml naturreinen Apfelsaft
2 TL Apfeldicksaft
4 Blättchen Zitronenmelisse

SO WIRD'S GEMACHT:

Gelatine etwa 5 Minuten in kaltem Wasser einweichen und ausdrücken. Bei schwacher Hitze im Wasserbad in einem Topf auflösen, den Apfelsaft und den Apfeldicksaft langsam unterrühren. Die Apfelsaftmasse kühl stellen. Weintrauben waschen, halbieren und entkernen. Sobald die Apfelsaftmasse leicht fest zu werden beginnt, Weintrauben unterrühren. Die Nachspeise in zwei schöne Gläser füllen und kalt stellen, damit sie fest wird. Mit je 2 Blättchen Zitronenmelisse garnieren.

Artischocke

Sie ähnelt einer imposant geformten Blume mit festen grünen Blütenblättern. Der Eindruck täuscht nicht, denn die Artischocke ist tatsächlich die Blütenknospe einer distelähnlichen Pflanze, die in den warmen Regionen rund ums Mittelmeer gedeiht. Viele kennen das typische Erscheinungsbild dieses Edelgemüses, aber haben Sie sie auch schon mal selbst zubereitet? Das zarte Fruchtfleisch am unteren Ende der Blätter und der unter Feinschmeckern besonders geschätzte Artischockenboden haben frisch gekocht einen feinen nussigen Geschmack. Bekannt sind Ihnen sicher auch die sauer eingelegten Artischockenherzen, häufige Zutat bei italienischen Salaten und Vorspeisentellern.

Artischocken sind aber nicht nur Delikatessen, sie haben außergewöhnliche Heilkräfte, die man schon im Mittelalter kannte und nutzte.

➤ Die gesunde Delikatesse

Artischocken enthalten einen speziellen Bitterstoff, das Cynarin. Es regt die Tätigkeit von Leber und Galle an und bringt dadurch das ganze Verdauungssystem in Schwung. Gleichzeitig senkt es den Cholesterinspiegel, kurbelt die Fettverbrennung an und sorgt für eine bessere Verwertung der Speisen. Das edle Gemüse macht aber nicht nur die Verdauungsorgane munter: B-Vitamine stärken die Nerven, Niacin glättet die Haut, und es ist reich an Mineralien wie Kalium, Kalzium und Mangan.

➤ Qualität, Reifegrad und Lagerung

Frische Artischocken finden Sie vorwiegend auf größeren Wochenmärkten und in gutsortierten Gemüseläden, meist sind es grüne oder violette Arten. Achten Sie beim Kauf darauf, daß die Knospen noch geschlossen sind und die Blätter keine braunen Flecken haben. Die Braunfärbung deutet nämlich auf eine allzu lange Lagerung hin. Frische Artischocken können Sie noch ein bis zwei Tage an einem lichtgeschützten Ort bei Zimmertemperatur aufheben.

Eingelegte Artischockenböden und -herzen in Gläsern reichen leider weder geschmacklich noch vom Vitamingehalt her an das frische Gemüse heran. Sehr zu empfehlen sind aber Artischockensäfte, die Sie als Frischpflanzen-Preßsaft in Reformhäusern bekommen.

➤ Gesund entschlacken mit Artischocken

Die anregende Wirkung des Cynarins auf Leber und Galle ist am größten, wenn Sie als Aperitif einen Artischockensaft trinken oder Artischocken als Vorspeise genießen.

Gießen Sie das Kochwasser der Artischocken nicht weg. Es enthält einen großen Teil der Bitter-, Schleim- und Gerbstoffe aus der Frucht. Nach Geschmack süß oder salzig würzen und in den nächsten Tagen täglich ein Glas trinken.

Vital Konto

Entschlackend	Immunschutz	Nährwerte/100 g	Vitamine	Mineralien
●●●●	●●●●	*33 kcal • 0,1 g Fett*	*Niacin, B_1*	*Kalium, Kalzium, Mangan*

Gesunde Rezepte mit Artischocken

Artischocken-Dip

Probieren Sie Artischocken als Vorspeise mit verschiedenen Saucen zum Dippen. Hier ist ein Vorschlag, aber Ihrer Phantasie für schmackhafte Dips sind keine Grenzen gesetzt:

Zutaten für 2 Personen:
2 frische Artischocken
150 g Joghurt
50 g Frischkäse
1 EL Olivenöl
50 g Alfalfa-Sprossen
1 Bund frische Kräuter
1/2 Zitrone
1 Knoblauchzehe
Salz und Pfeffer

SO WIRD'S GEMACHT:
Artischocken waschen, Kopf festhalten und den Stiel mit einem Ruck abbrechen. Das obere Drittel der Blattspitzen mit einer Küchenschere kürzen. Artischocken in reichlich kochendes Salzwasser legen, den Saft der 1/2 Zitrone dazugeben und etwa 35–40 Minuten bei mittlerer Hitze kochen. Sie sind fertig, wenn sich die Blätter leicht abzupfen lassen.
Inzwischen Joghurt und Frischkäse mit dem Olivenöl glattrühren. Knoblauchzehe schälen, den Saft mit einer Knoblauchpresse über den Joghurt geben. Die Sprossen und Kräuter (wie Petersilie, Schnittlauch, Liebstöckel) waschen, kleinhacken und mit dem Joghurt-Frischkäse verrühren. Mit Salz und Pfeffer abschmecken.
Die fertigen Artischocken abtropfen lassen, auf je einen Teller legen. Zum Essen die Blätter abzupfen und in den Dip tunken (siehe Kasten).

TIP

Artischocken richtig genießen

Artischocken-Dip wird mit den Fingern gegessen: Die Blätter einzeln mit einem kleinen Ruck abzupfen. Mit dem unteren fleischigen Ende in den Dip tauchen und mit den Zähnen das weiche Fleisch von den Blättern ziehen. Der Rest der Blätter ist nicht eßbar.
Zum Schluß das ungenießbare »Heu« vom Boden ablösen. Den saftigen Boden in kleine Stücke schneiden und mit dem Dip genießen.

Artischocken-Aperitif

Zutaten für 2 Personen:
100 ml Artischockensaft (Reformhaus)
200 ml frisch gepreßten Orangensaft
100 ml alkoholfreien Bitter (wie Aperol)

SO WIRD'S GEMACHT:
Die Säfte und den Bitter mischen, 20 Minuten vor dem Essen in hübschen Gläsern servieren.

Erfrischend und leicht bitter: Artischocken-Drink

Blumenkohl

Das Gemüse mit den hübschen weißen Röschen ist bei uns in den letzten Jahren etwas aus der Mode gekommen. Ganz zu Unrecht, denn Blumenkohl ist voller Vitalstoffe und ideal zum Entschlacken. In Restaurants und Kochbüchern findet man jetzt häufiger seinen grünen Verwandten Brokkoli, der vor allem über die italienische Küche zu uns gekommen ist. Brokkoli steht dem Blumenkohl an gesundheitsfördernden Inhaltsstoffen in nichts nach, im Gegenteil: Er bietet durch seine grünen Pflanzenfarbstoffe sogar noch zusätzliche Schutzstoffe.
Die Wildform des Blumenkohls stammt vermutlich aus dem Orient. Erst seit ungefähr 300 Jahren ist er als Gemüse bei uns in Europa bekannt. Blumenkohl braucht gemäßigtes kühles Klima, denn nur dann behält er seine weiße Farbe. Der im Süden gedeihende Brokkoli hat seine grüne Farbe nicht zuletzt durch die intensivere Sonneneinstrahlung.

➤ Die blumigen Schlankmacher

Ihr Gehalt an fast allen Vitaminen und insgesamt 14 Mineralien und Spurenelementen macht Blumenkohl und Brokkoli beinahe zu den gesündesten Gemüsen überhaupt. In beiden stecken besonders viel Vitamin C und Folsäure, in Brokkoli zudem noch Karotinoide, die die Körperzellen vor dem schädlichen Einfluß von freien Radikalen und krebsauslösenden Substanzen schützen. Blumenkohl enthält außerdem viel Kalium, das Mineral, das hervorragend entwässert. Brokkoli hat auch seine Besonderheit: einen außergewöhnlich hohen Gehalt an Kalzium. Frauen, die Milchprodukte nicht vertragen, haben damit eine gute Alternative zur Osteoporose-Vorbeugung.

➤ Qualität, Reifegrad und Lagerung

Achten Sie beim Kauf auf die Färbung des Blumenkohls: Frisch ist er weiß oder hellgelb, jedenfalls nicht grau. Die Blätter – auch des Brokkoli – sollten nicht verwelkt, die Röschen noch knackig sein. Auch erntefrischen Blumenkohl, den es bei uns gegen Ende des Sommers aus heimischem Anbau gibt, sollten Sie relativ bald verarbeiten, da er mit jedem Tag der Lagerung Vitamine und Vitalstoffe einbüßt.

➤ Gesund entschlacken mit Blumenkohl

Die weißen und grünen Kohlröschen sind kalorienarm, und ihre Ballaststoffe machen satt. Zusammen mit der entwässernden Wirkung sind sie also ein ausgezeichnetes Schlankmacher-Gemüse. Kochen Sie sie nicht zu ausgiebig, sondern dünsten Sie nur so lange, bis die Röschen bißfest sind, sonst verlieren Sie zu viele Vitalstoffe. Aber auch diese Inhaltsstoffe können Sie sich zunutze machen, indem Sie das Kochwasser aufheben und täglich ein Glas davon trinken. Wenn Sie Blumenkohl und Brokkoli lieber roh essen wollen, denken Sie daran, daß beide blähende Substanzen enthalten, essen Sie also nicht zuviel davon.

Vital Konto

Entschlackend	Immunschutz	Nährwerte/100 g	Vitamine	Mineralien
●●●●	●●●●●	*22 kcal • 0,3 g Fett*	*C, B_6, K, Folsäure*	*Kalium, Kalzium*

Gesunde Rezepte mit Blumenkohl & Brokkoli

Brokkoli ist mehr als eine leckere Beilage zum Fisch

Brokkoli mit Schollenfilets

Zutaten für 2 Personen:
300 g Schollenfilet
$^1/_2$ Zitrone
500 g Brokkoli
2 Schalotten
300 ml Gemüsefond
2 TL Butter
1 EL Sonnenblumenöl
Salz • Pfeffer • Muskat
1 EL gehackte Walnüsse

So wird's gemacht:

Brokkoli waschen, putzen und in Röschen zerteilen. Schalotten fein hacken. Brokkoli und Schalotten in der Butter 2 Minuten andünsten. Den Gemüsefond zugießen und bei schwacher Hitze zugedeckt für weitere 8 Minuten dünsten. Mit Salz, Pfeffer und Muskat abschmecken.
Den Fisch waschen, trockentupfen, mit dem Saft der $^1/_2$ Zitrone beträufeln und mit Salz und Pfeffer würzen. Die Schollenfilets in Öl auf beiden Seiten anbraten, die Walnüsse mit in die Pfanne geben. Brokkoli und Schollenfilets zusammen servieren.

Blumenkohl mit Marinade

Zutaten für 2 Personen:
500 g Blumenkohl
2 Eier
2 EL Weißwein-Essig
2 EL Olivenöl
$^1/_2$ Bund frische Petersilie
Salz • Pfeffer

So wird's gemacht:

Blumenkohl waschen, putzen und in kleine Röschen zerteilen. In wenig leicht gesalzenem Wasser für etwa 8 Minuten dünsten, bis er bißfest ist. Die beiden Eier hart kochen, abschrecken, schälen und in feine Würfel schneiden. Petersilie waschen und kleinhacken. Öl, Essig, Salz und Pfeffer verquirlen, mit Petersilie und Eiern vermischen. Die Ei-Petersilien-Marinade über den Blumenkohl geben und lauwarm servieren.

TIP

- *In Blumenkohl aus biologischem Anbau verstecken sich gerne Insekten: Legen Sie den Kohl in viel Wasser mit einem Schuß Essig.*
- *Der Blumenkohl behält seine schöne weiße Farbe, wenn Sie in das Kochwasser einen Schuß Milch geben.*

Chicorée

➤ Die feine Sprosse

BITTER zum Gaumen, süß zur Gesundheit: Der dem Chicorée eigene Bitterstoff Intybin stärkt Leber und Galle und unterstützt Magen und Darm bei ihrer Verdauungsarbeit. Chicorée ist ein wahrer »Fatburner«, denn er fördert die Fettverdauung, damit die Fettverbrennung in den Muskeln und senkt nachweislich den Cholesterinspiegel. Sein Kalium wirkt entwässernd, seine Folsäure blutbildend und entschlackend.
Darüber hinaus ist Chicorée einer der größten Vitamin-A-Spender unter den pflanzlichen Lebensmitteln. Vitamin A ist nicht nur für das Sehvermögen gut, es macht auch schöne Haut.
Im Sinne des Säure-Basen-Gleichgewichts (Seite 152) gleicht er mit seinen Basen überschüssige Säuren im Körper aus.

IN SEINEN Anbauländern Holland und Belgien steht Chicorée regelmäßig auf dem Speiseplan. Das ist durchaus nachahmenswert, denn in dem knackigen, leicht bitter schmeckenden Feingemüse stecken eine Menge gesunder Stoffe, die man sich nicht entgehen lassen sollte.
Die Sprossen werden recht aufwendig aus der Zichorienwurzel gezüchtet: Die im Freiland wachsenden Zichorien-Rüben werden zunächst gerodet und die Blätter entfernt. Anschließend lagern die Wurzeln in lichtgeschützten, beheizten Treibräumen, wo sie in den Wintermonaten ihre großen, fleischigen Sprossen austreiben. Ohne Licht kann sich kein Blattgrün bilden, so daß die Sprossen ihre charakteristische weiß-gelbliche Farbe behalten.
Bei uns wird Chicorée meist als knackiger Salat gegessen, er schmeckt aber ebenso als warmes Gemüse.

➤ Qualität, Reifegrad und Lagerung

Die Qualität erkennen Sie schon an der Farbe des Gemüses: Die Sprossen sollten weiß sein und die Blätter einen hellgelben Rand haben. Sind die Blätter grün, was auf längere Lagerung im Licht hinweist, dann schmeckt der Chicorée sehr bitter.
Frischen, weißen Chicorée können Sie noch ein, zwei Tage im Gemüsefach des Kühlschranks aufbewahren. Wickeln Sie ihn in ein feuchtes Tuch ein, dann bleibt er schön knackig.

➤ Gesund entschlacken mit Chicorée

Die meisten Bitterstoffe stecken im Strunk. Halbieren Sie die Sprosse und schneiden Sie den Strunk keilförmig heraus. Waschen Sie das Gemüse erst und schneiden Sie es anschließend klein, sonst gehen zu viele Inhaltsstoffe verloren.
Wenn Sie den bitteren Geschmack nicht sehr mögen, können Sie ihn mit der richtigen Wahl der Beilagen mildern. In einem winterlichen Salat kombiniert mit Orangenstücken gleicht die fruchtige Süße die Bitterstoffe des Chicorée aus. Gleichzeitig ergänzen Sie seine reichlichen Vitalstoffe noch mit Vitamin C.

VITAL KONTO

ENTSCHLACKEND	IMMUNSCHUTZ	NÄHRWERTE/100 g	VITAMINE	MINERALIEN
●●●●	●●●	16 kcal • 0,2 g Fett	A, Folsäure	Kalium, Eisen

Gesunde Rezepte mit Chicorée

Rahmchicorée mit Entenbrust

Zutaten für 2 Personen:
250 g Entenbrust
400 g Chicorée
200 g frische Champignons
1 EL Sonnenblumenöl
1 TL Butter
3 EL saure Sahne
Salz • Pfeffer

So wird's gemacht:
Die Entenbrust abwaschen, trockentupfen und mit Salz und Pfeffer einreiben. Chicorée waschen, halbieren und den Strunk herausschneiden. Die Blätter in 1–2 cm breite Streifen schneiden. Die Champignons abreiben und in Scheiben schneiden. Das Öl in der Pfanne erhitzen und die Entenbrust rundherum etwa 8 Minuten bei mittlerer Hitze anbraten, so daß sie innen noch rosa ist.
Die Champignons in der Butter unter Rühren anbraten. Die Chicorée-Streifen dazugeben und etwa 5 Minuten dünsten, so daß das Gemüse noch bißfest bleibt. Die saure Sahne unterrühren und mit Salz und Pfeffer abschmecken. Das Fleisch schräg in Scheiben schneiden und mit dem Gemüse anrichten.

Chicorée-Dip

Zutaten für 2 Personen:
1 Chicorée
1 Becher Joghurt
1/2 Kästchen Kresse
1 TL Tomatenmark
Salz • Pfeffer • Tabasco

Chicorée waschen, die Blätter alle einzeln ablösen und auf einen Teller legen. Die Kresse abbrausen und die Blättchen mit der Küchenschere abschneiden. Joghurt mit dem Tomatenmark in einem Schälchen verrühren, mit Salz und Pfeffer würzen, nach Geschmack einen Spritzer Tabasco dazugeben. Die Kresse untermischen. Zum Essen die Chicorée-Blätter in den Dip tunken. Ideal als kleiner Snack zwischendurch oder als knackige Vorspeise.

Chicorée-Salat mit Orange

Zutaten für 2 Personen:
2 mittelgroße Chicorée
1 Orange
1/2 Bund Rucola
150 g Mozzarella
3 EL Zitronensaft
1 EL Walnußöl
1 EL Sesamsamen
Salz • weißer Pfeffer

So wird's gemacht:
Chicorée waschen, halbieren und den Strunk herausschneiden. Die Blätter je nach Größe ganz lassen oder halbieren. Die Orange schälen, filetieren und die Spalten noch mal halbieren, dabei den Saft auffangen. Rucola waschen, abtropfen lassen und zu dicke Stiele abschneiden. Mozzarella abtropfen lassen und in Würfel schneiden.
Chicorée, Rucola, Orangen- und Käsestücke mischen. Den Zitronensaft, den restlichen Saft der Orange und das Walnußöl verquirlen, mit Salz und weißem Pfeffer abschmecken. Die Marinade kurz vor dem Servieren über den Salat geben, die Sesamsamen darüberstreuen.

Rote Bete

Dass die dunkelrote Wurzelknolle ein wahrer Jungbrunnen für die Gesundheit ist, wußten auch schon die alten Griechen. Die Rote Rübe genoß eine so hohe Wertschätzung, daß sie dem Gott Apollo auf silbernem Geschirr dargebracht wurde.
Bei uns galt die Rote Bete – wie viele andere Kohl- und Rübensorten – noch lange nach dem Krieg als typisches Gericht für Notzeiten und führte eher ein Schattendasein. Erst in den letzten Jahren hat man erkannt, wie viele gesundheitsfördernde Substanzen gerade in diesen Gemüsesorten enthalten sind.
Neuerdings hat die Rote Bete wieder Einzug in die Kochbücher und die Menüs auch der gehobenen Restaurants gehalten. Ob als Rohkost, gekochtes oder eingelegtes Gemüse – Rote Bete ist vielseitig zuzubereiten, durch ihre Farbe durchaus dekorativ und hat einen fruchtigen, mild-würzigen Geschmack.

➤ Eine alte Wurzel hält jung

Das Auffälligste an der dicken Rübe ist ihr intensiv roter Saft, der, wenn man nicht aufpaßt, schon bei der Zubereitung überall seine Spuren hinterläßt. Der rote Pflanzenfarbstoff heißt Betanin und ist einer der wichtigen Gründe für die heilkräftigen Eigenschaften der Roten Bete. Er schützt Zellen und Gefäße und beugt Krebserkrankungen vor.
Die Wurzelknolle enthält viele für unsere Gesundheit unentbehrliche Mineralien, wie Kalium, das entwässert, Eisen, das blutbildend wirkt, und Magnesium, das Muskeln und Gehirn gleichermaßen brauchen. Sie entzieht während ihres Wachstums dem Boden auch große Mengen an Silizium, das für den Aufbau des Bindegewebes wichtig ist, Knochen und Gefäßwände stärkt und für schöne Haut, Haare und Nägel sorgt. Doch die Liste der Vitalstoffe ist noch länger: Rote Bete ist auch reich an Vitaminen, vor allem B-Vitaminen, Folsäure und Vitamin C.

➤ Qualität, Reifegrad und Lagerung

Rote Bete ist eine robuste und widerstandsfähige Knolle, die in unserem Klima gut gedeiht. Vom Herbst bis ins Frühjahr finden Sie sie auf Märkten und in den Gemüseläden. Beim Kauf sollten Sie darauf achten, daß die Rüben noch prall und fest sind, dann sind sie auch frisch. Sie können im Keller oder an einem anderen kühlen Ort über längere Zeit gelagert werden.

➤ Gesund entschlacken mit Roter Bete

Gerade im winterlichen Vitaminloch brauchen wir pflanzliche Muntermacher wie die Rote Bete, die uns mit einer hohen Dosis an wertvollen Vitalstoffen versorgen. Unser Stoffwechsel ist in dieser Jahreszeit viel träger als in den Sommermonaten. Rote Bete als Saft, Gemüse oder Rohkost stimuliert den Stoffwechsel, schützt vor den typischen Winterinfekten, entsäuert den Organismus und entschlackt Darm und Nieren.

VITAL KONTO

Entschlackend	Immunschutz	Nährwerte/100 g	Vitamine	Mineralien
●●●●	●●●●	*41 kcal • 0,1 g Fett*	*Folsäure*	*Kalium, Magnesium, Zink*

Gesunde Rezepte mit Roter Bete

Rote-Bete-Salat mit Käse

➤ *Zutaten für 2 Personen:*
250 g Rote Bete
150 g fettarmer Hartkäse (Bergkäse)
1 kleine Zwiebel
1/2 Bund Petersilie
3 EL Sonnenblumenöl
2 EL Weinessig
1/2 TL Dijonsenf
Salz • Pfeffer

SO WIRD'S GEMACHT:

Rote Bete bißfest kochen (Anleitung im Kasten), abkühlen lassen und in Streifen schneiden oder würfeln. Zwiebel kleinhacken und in etwas Öl glasig dünsten. Petersilie waschen, trockenschütteln und kleinhacken. Weinessig, Öl, Senf, Salz und Pfeffer zu einer Marinade verquirlen. Petersilie und Zwiebeln dazugeben und das Ganze unter die Rote Bete mischen. Käse würfeln und auf dem Gemüse verteilen.

Rote Bete als pikanter Salat

TIP

Rote Bete richtig kochen

Damit beim Kochen der wertvolle rote Saft nicht verlorengeht, sollten Sie bei der Zubereitung als Gemüse folgendes beachten:

- *Beim Kauf sind an der Knolle noch Blätter und Wurzeln. Drehen Sie die Blätter so ab, daß die Stielansätze dranbleiben. Wurzeln zunächst nicht abschneiden.*
- *Rote Bete waschen, als Ganzes etwa 30 Minuten lang in Wasser kochen (sie sollte noch Biß haben), anschließend abschrecken.*
- *Jetzt können Sie die Haut samt den Wurzeln ganz leicht abstreifen und die nunmehr geschälte Knolle weiterverarbeiten.*

Rote-Bete-Carpaccio

➤ *Zutaten für 2 Personen:*
1 mittelgroße Rote Bete
1 säuerlicher Apfel
1/2 Bund Schnittlauch
2 EL Walnußöl
2 EL Zitronensaft
Salz • Pfeffer
2 TL Sesamsamen

SO WIRD'S GEMACHT:

Die frische Knolle schälen, in sehr dünne Scheiben hobeln und auf zwei Tellern auslegen. Den Apfel schälen, entkernen und in kleine Würfel schneiden. Schnittlauch waschen, trockentupfen und in feine Röllchen schneiden. Öl, Zitronensaft, Salz und Pfeffer verrühren, Apfelwürfel und Schnittlauchröllchen untermischen. Die Marinade über die Rote-Bete-Scheiben verteilen und mit geröstetem Sesam bestreuen.

Sellerie

➤ Die Anti-Streß-Knolle

Nervosität, Streß und Abgespanntheit – dagegen gibt es ein natürliches und wirksames Mittel: Essen Sie Sellerie täglich als kleinen Rohkost-Snack zwischendurch. Mit seinen vielen B-Vitaminen, Pantothensäure, Magnesium und Kalzium ist er ein natürliches Beruhigungsmittel fürs strapazierte Nervenkostüm.
Aber auch dafür ist Sellerie bekannt: Entwässern, Reinigen und Entschlacken. Neben dem Kalium sind es seine Bitterstoffe, pflanzlichen Hormone und ätherischen Öle, die Verdauung und Stoffwechsel anregen, Niere und Blase reinigen und überschüssiges Wasser aus dem Körper treiben.
Damit noch nicht genug: Sellerie ist auch ein vielseitiges Hausmittel. Schleimlösend bei Husten oder Schnupfen, entzündungshemmend und harntreibend bei Nieren- und Blasenbeschwerden und magenberuhigend bei Verdauungsbeschwerden.

➤ Qualität, Reifegrad und Lagerung

Sellerie gibt es beinahe das ganze Jahr über zu kaufen, denn er wird nicht nur bei uns, sondern auch in den südlichen Ländern angebaut. Knollensellerie ist ein Wurzelgemüse, während Stangensellerie überirdisch wächst. Bei beiden erkennen Sie ihre Frische am Zustand der Blätter: Sie sollten nicht welk sein. Im Gemüsefach des Kühlschranks können alle Selleriesorten ein paar Tage lang aufbewahrt werden.

➤ Gesund entschlacken mit Sellerie

Knollensellerie enthält mehr Bitterstoffe und eignet sich gut für gekochtes Gemüse und Suppen, während frischer Stangensellerie wunderbar in Salate paßt. Verwenden Sie beim Knollensellerie immer die Blätter mit, denn sie enthalten beinahe noch mehr Vitalstoffe als die Knolle und sind ein schmackhaftes Gewürz. Frisch gepreßter Selleriesaft eignet sich übrigens hervorragend für eine Saftkur (Seite 53).

Ob dicke Knolle oder schlanke Stange: Für unsere Gesundheit ist Sellerie ein wahrer Alleskönner. Schon die alten Ägypter schätzten ihn so sehr, daß sie ihn ihren Toten mit ins Jenseits gaben. Und für die Griechen waren seine Blätter ein Zeichen des Sieges, mit dem sie ihre Sportler schmückten.
Sellerie kann wirklich viel, ob er aber die männliche Liebeskraft steigert, wie ihm immer wieder nachgesagt wird, ist nicht bewiesen. Allerdings sind viele Pflanzeninhaltsstoffe nach wie vor nicht erforscht. Wer immer Sellerie gerne ißt (und gut verträgt), sollte es tun, denn seiner vielen Vital- und Entschlackungsstoffe wegen lohnt es sich allemal.
In der feinen Küche hatten Stange und Knolle immer schon ihren festen Platz, vor allem wegen ihrer aromatischen Öle, die ihnen so einen würzigen Geschmack verleihen.

VITAL KONTO

Entschlackend	Immunschutz	Nährwerte/100 g	Vitamine	Mineralien
●●●●●	●●●	*18 kcal • 0,3 g Fett*	*Niacin, B_6*	*Kalium, Eisen, Phosphor*

Gesunde Rezepte mit Sellerie

Rohkost mit Vinaigrette

Zutaten für 2 Personen:
100 g Sellerie
100 g Möhren
100 g Zucchini
100 g Radieschen
1 säuerlicher Apfel
2 EL Zitronensaft
2 EL Rapsöl
1 EL Sesamsamen
Salz • Pfeffer

Ein leichtes Mittagessen: Rohkostteller

So wird's gemacht:

Das Gemüse waschen und putzen, Sellerie und Möhren schälen. Den Apfel schälen und entkernen. Das Gemüse mit einem Gemüsehobel raspeln und auf 2 Tellern garnieren. Den Apfel raspeln und über das Gemüse verteilen. Zitronensaft, Rapsöl, Salz und Pfeffer verquirlen. Den Sesam in einer Pfanne ohne Fett rösten und unter die Sauce rühren. Die Vinaigrette über die Rohkost träufeln. Dazu 1–2 Scheiben Vollkornbrot.

Feine Sellerie-Mousse

Zutaten für 2 Personen:
1/2 Sellerieknolle
1 TL Zitronensaft
2 EL süße Sahne
2 TL Butter
Salz • weißer Pfeffer • Muskat

So wird's gemacht:

Sellerie schälen, in mehrere Stücke zerteilen und in leicht gesalzenem Wasser mit dem Zitronensaft 10 Minuten garen. Das Wasser abgießen und den Sellerie mit einem Pürierstab fein pürieren. Das Mus noch mal leicht erhitzen und dabei trockenrühren. Die Sahne zusammen mit der Butter unter die Masse ziehen. Mit Salz, weißem Pfeffer und geriebenem Muskat abschmecken.
Das sahnig-zarte Sellerie-Mousse paßt geschmacklich besonders gut zu allen Fleischgerichten. Als Variante: Selbstgemachtes Kartoffelpüree und Sellerie-Mousse zu gleichen Teilen mischen.

Sellerie-Sticks

Zutaten für 1 Person:
2–3 Stangen Staudensellerie
30 g Gorgonzola
50 g Magermilchjoghurt
Salz • Pfeffer

Ein nervenberuhigender Snack für zwischendurch: Sellerie waschen. Gorgonzola und Joghurt zu einem Käse-Dip verrühren, mit Salz und Pfeffer abschmecken. Sellerie-Sticks in den Dip tunken, genüßlich kauen.

Spargel

Mɪᴛ Vorfreude sehen im Frühjahr die Feinschmecker dem ersten frischen Spargel entgegen. Wegen seines feinen, zarten Aromas zählt er zu den beliebtesten und edelsten Gemüsesorten. Doch mit Spargel verwöhnen wir nicht nur unseren Gaumen, sondern auch unsere Gesundheit. Die Heilkräfte, die in den weißen und grünen Stangen stecken, sind schon seit alters her bekannt: Vor 3000 Jahren nutzten ihn bereits Chinesen und Ägypter als Arznei, um mit seinen Inhaltsstoffen die verschiedensten Leiden zu kurieren.

Unsere einheimischen Spargelsprossen läßt man unterirdisch wachsen. Weil sie dem Sonnenlicht nicht ausgesetzt sind, behalten sie ihre typische weiße Farbe. Der grüne Spargel dagegen wächst oberirdisch. Er schmeckt stärker nach Gemüse und enthält sogar noch zusätzliche Vitalstoffe durch seine grüne Farbe.

➤ Die edle Schlank-Stange

Sᴇɪɴ einziger Nachteil ist, daß es ihn nur wenige Wochen im Jahr zu kaufen gibt. Dafür bietet Spargel eine solche Fülle an wertvollen, lebenswichtigen Substanzen, daß Sie ihn in dieser Zeit gleich pfundweise essen sollten.

Spargel hat nicht nur einen hohen Gehalt an den Vitaminen A, C, E und den B-Vitaminen, sondern ist auch reich an fast allen Mineralien wie Kalium, Phosphor, Kalzium, Magnesium, Eisen, Zink, Kupfer, Mangan und Fluor. Sein Aromastoff, das Asparagarin, regt im Zusammenspiel mit Kalium die Nieren zu Höchstleistungen an, deshalb gibt es kein Gemüse, das die Wasserausscheidung aus dem Gewebe besser fördert. Seine Ballaststoffe bringen dazu den Darm in Schwung, so daß Spargel für intensive innere Reinigung sorgt.

➤ Qualität, Reifegrad und Lagerung

Der frühe Spargel kommt aus den warmen Mittelmeerländern, bei uns wird er meist nur für 3 Monate – bis zum Johannistag Ende Juni – gestochen. Ob weiß oder grün, ist zunächst mal nur eine Geschmacksfrage, denn gesund sind sie beide – der grüne vielleicht sogar noch ein bißchen mehr. Achten Sie beim Kauf darauf, daß die Schnittflächen glatt sind und nicht trocken, holzig oder ausgefranst. In ein feuchtes Tuch eingeschlagen, können Sie ihn 2–3 Tage im Kühlschrank aufbewahren, aber er verliert dabei an Geschmack. Denn am besten schmeckt Spargel natürlich, wenn er ganz frisch gestochen ist.

➤ Gesund entschlacken mit Spargel

Von Spargel können Sie so viel essen, wie Ihnen schmeckt, denn er hat so gut wie keine Kalorien. Seine entwässernde Wirkung kann sich aber nur entfalten, wenn Sie möglichst wenig Salz verwenden. Schütten Sie den Spargelsud nicht weg, sondern nutzen Sie ihn als Basis für eine Suppe (Seite 37) oder kalt als Getränk.

VITAL KONTO

Entschlackend	Immunschutz	Nährwerte/100 g	Vitamine	Mineralien
●●●●●	●●●●	*18 kcal • 0,1 g Fett*	*A, C, E, Folsäure*	*Kalium, Eisen, Kalzium*

Gesunde Rezepte rund um den Spargel

Spargelsalat

Zutaten für 2 Personen:
500 g weißer und grüner Spargel
1/2 Bund Rucola
4 kleine feste Tomaten
1/2 Zitrone • 2 EL Rapsöl
2 EL Gemüsebrühe
1/2 TL Honig • 1/2 TL Senf
Salz • Pfeffer

So wird's gemacht:

Spargel waschen, putzen und schälen. In 3–4 cm große Stücke schneiden. In kochendes Wasser mit nur wenig Salz geben und in 10–15 Minuten bißfest garen. Rucola waschen und trocknen. Die Tomaten waschen, putzen und vierteln. Gemüsebrühe, Zitronensaft, Öl, Honig und Senf zu einer Marinade verquirlen, mit Salz und Pfeffer abschmecken. Spargelstücke, Tomaten und Rucola mischen und die Marinade darübergeben.

Spargelcreme-Suppe

Zutaten für 2 Personen:
1/2 l Spargelsud
1 Frühlingszwiebel
2 TL Butter • 1/2 TL Mehl
3 EL saure Sahne
2 TL Pinienkerne
Salz • Pfeffer • Muskat

So wird's gemacht:

Zwiebel waschen, putzen, in feine Ringe schneiden und in der Butter in einem Topf glasig dünsten. Mehl zugeben und kurz anschwitzen. Die Spargelbrühe unter Rühren langsam dazugeben und 5 Minuten köcheln lassen. Die saure Sahne einrühren, mit Salz, Pfeffer und Muskat abschmecken. Sind noch Spargelstücke vom Vortag übrig, mit hineinschneiden. Pinienkerne in einer Pfanne ohne Fett rösten. Suppe in Teller verteilen und die Pinienkerne darauf streuen.

Grüner Spargel mit Putenbrust

Zutaten für 2 Personen:
400 g grüner Spargel
150 g Putenbrust
2 TL Sonnenblumenöl
3 EL Magerjoghurt
2 EL saure Sahne
1 EL Zitronensaft
1 Bund frischer Kerbel
Salz • Pfeffer

So wird's gemacht:

Spargel waschen, putzen und nur im unteren Drittel schälen. In kochendes Wasser mit nur wenig Salz geben und in 10–15 Minuten bißfest garen. Die Putenbrust abspülen, trockentupfen, in etwa 2 cm große Stücke schneiden und mit Salz und Pfeffer würzen. In einer Pfanne mit dem Öl unter ständigem Wenden in 4 Minuten goldbraun anbraten. Den Kerbel abbrausen und fein hacken. Joghurt, saure Sahne und Zitronensaft in einem kleinen Topf unter Rühren kurz erwärmen. Den Kerbel untermischen. Den Spargel auf 2 Tellern anrichten, die Kerbelsauce darüber gießen und die Fleischstücke darauf legen. Als Beilage dazu passen Kartoffeln.

Drinks & Tees

Die flüssigen Schlankmacher

JEDES Model weiß es: Trinken fördert die Schönheit! Denn durch viel Flüssigkeit wird der Körper von innen gereinigt: Überflüssige Bestandteile der Nahrung, Gift und Schlackenstoffe werden ausgeschwemmt – und das tut Haut und Figur gut.
Sie sollten jeden Tag mindestens 2 $^1/_2$ Liter trinken, je mehr, desto besser. Wenn Sie gezielt Getränke wählen, die Ihren Körper beim Abnehmen und Entschlacken unterstützen, dann vergrößern Sie damit den Schlankmacher-Effekt.

➤ Frisch gepreßte Säfte

ALLE 12 Obst- und Gemüsesorten, die wir Ihnen auf den vorherigen Seiten als Schlankmacher vorgestellt haben, tun ihre entschlackende Wirkung natürlich auch als Säfte. Frisch gepreßt oder entsaftet enthalten sie die meisten Vitalstoffe.

➤ Mineraldrinks

Mineralwasser ist das ideale Getränk. Es enthält alle lebenswichtigen Mineralien, die Ihr Körper und Ihre Organe brauchen, und hat null Kalorien. Ob pur oder gemischt mit Säften – davon können Sie gar nicht zuviel trinken.

➤ Sauermilchgetränke

Buttermilch, Kefir und Molke sind fettarm und haben viel zu bieten: Eiweiß, Kalzium, Vitamine und viele darmfreundliche Milchsäurebakterien.

➤ Tees – die sanften Helfer

Unter den unzähligen Teesorten aus Samen, Blättern, Rinden, Blüten oder Früchten gibt es einige, die beim Entschlacken wahre Wunder wirken. Deshalb sind bestimmte Kräutertees auch wichtiger Bestandteil von Fastenkuren. Sie regen alle wichtigen Reinigungsorgane von innen her sanft an.

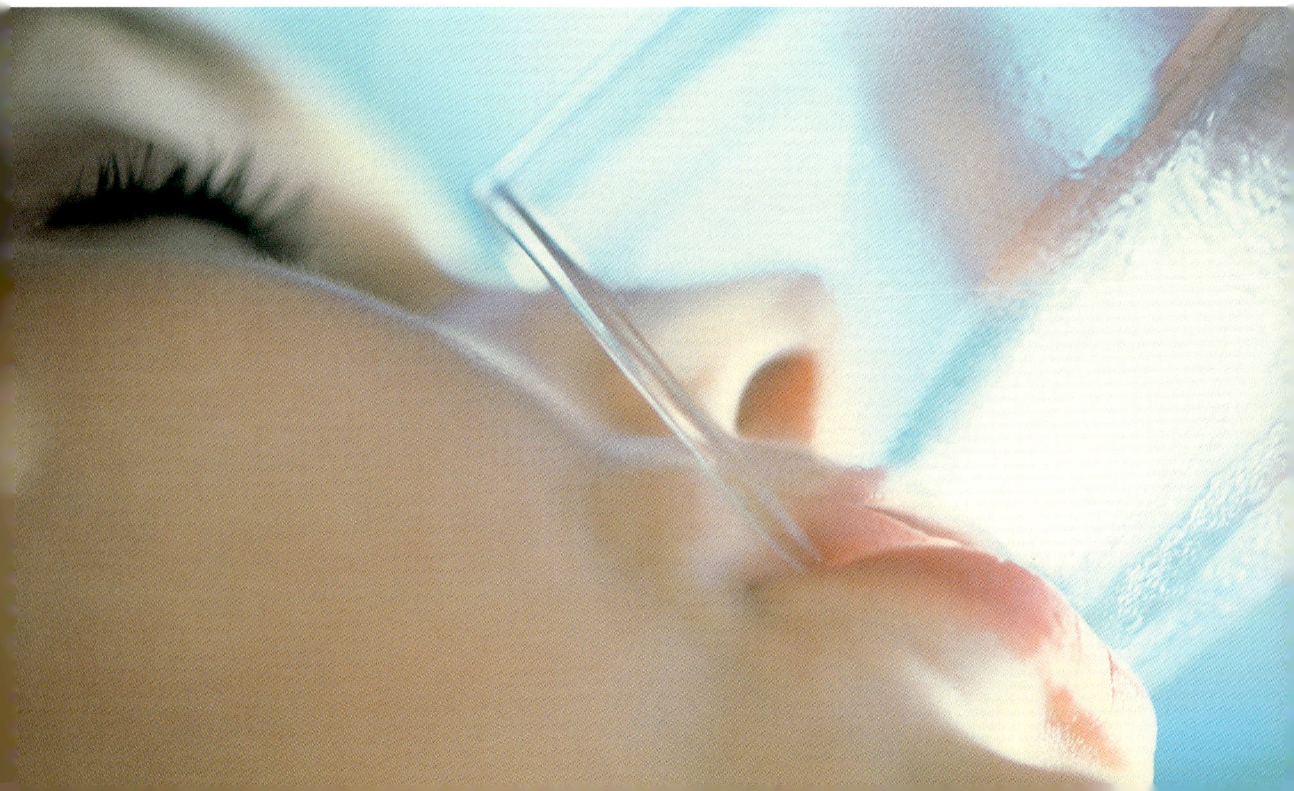

Wasser – das Lebenselixier

VOR Jahren galten Wassertrinker noch als langweilige Menschen. Heute – im Zeichen von Fitness und Schlankheitsbewegung – ist Mineralwasser »in«. Es ist inzwischen der Spitzenreiter unter allen alkoholfreien Durstlöschern. Experten sagen, das sei die positivste Entwicklung für die Gesundheit der Bevölkerung seit Jahrzehnten. Denn Mineralwasser enthält wie kein anderes Getränk eine ideale Zusammensetzung von lebenswichtigen Mineralien und Spurenelementen. Mineralstoffe sind schließlich die Aktivstoffe unseres Organismus: Sie sind zuständig für das Funktionieren von Wasserhaushalt, Knochenaufbau, Stoffwechsel, Nerven und Muskeln. Allein schon deshalb ist Mineralwasser hervorragend zum Entschlacken geeignet.
Ihr Körper braucht pro Tag 2 bis 3 Liter Flüssigkeit, um optimal zu arbeiten: Wasserschwitzend wird die Körpertemperatur reguliert, wasserlassend der Körper entgiftet. Über das Wasser wird jede Körperzelle und jedes Organ ernährt. Auch ohne daß Sie sich körperlich anstrengen, verlieren Sie jeden Tag viel Wasser, und das muß nachgetankt werden.
Am besten wäre, wenn Sie den größten Teil Ihres täglichen Flüssigkeitsbedarfs mit Mineralwasser decken. Noch dazu hat es null Kalorien, ist also genau das Richtige für Abnehmer. Zuviel Kohlensäure übersäuert allerdings den Körper, bevorzugen Sie deshalb stille Wasser oder solche mit wenig Kohlensäure.

WASSER ist nicht gleich Wasser. Ob Sie es lieber sprudelnd oder still mögen, in Flaschen kaufen oder selbst mit Kohlensäure versetzen – auf seinen Gehalt an Mineralien und seine Reinheit kommt es an.

➤ Trinkwasser

Leitungswasser wird aus Grundwasser und Oberflächenwasser (Seen, Flüsse) gewonnen und aufbereitet, damit es hygienisch einwandfrei ist. Sein Gehalt an Mineralien schwankt von Region zu Region. Bevor Sie sich ein Soda-Gerät kaufen, erkundigen Sie sich bei Ihrem Wasserwerk nach der Zusammensetzung und dem Reinheitsgrad Ihres Trinkwassers.

➤ Tafelwasser

Tafelwasser wird industriell hergestellt und ist meist eine Mischung von verschiedenen Wasserarten, denen Mineralien und andere Stoffe künstlich zugesetzt werden. Die Etiketten müssen keine Hinweise auf die Inhaltsstoffe enthalten.

➤ Mineralwasser

Mineralwasser wird aus unterirdischen Wasservorkommen gewonnen und muß direkt an der Quelle in Flaschen abgefüllt werden. Sein Gehalt an Mineralien und Spurenelementen wird amtlich überprüft und ist auf den Etiketten ausführlich erläutert. Zum Entschlacken eignet sich Wasser mit wenig Natrium (unter 200 mg/l) und wenig Chlorid (unter 300 mg/l), die als Kochsalz Wasser im Körper zurückhalten. »Gute« Mineralien zum Abnehmen sind Kalium, Magnesium und Kalzium.

➤ Heilwasser

Einen besonderen Stellenwert hat das Heilwasser, denn es ist reinste Naturmedizin aus den Tiefen der Erde. Es unterliegt dem Arzneimittelgesetz und muß einen besonders hohen Anteil an Mineralien und Spurenelementen aufweisen, die einzeln oder in ihrer Zusammensetzung eine eindeutige Heilwirkung haben. Auf dem Flaschenetikett können Sie den Gehalt der Inhaltsstoffe und die empfohlenen Anwendungsgebiete nachlesen.

Wasser

Schorlen – erfrischende Fitmacher

Eine hervorragende Abwechslung zu Wasser pur sind Obstsaftschorlen: Mit einem Saft-Wasser-Mix schlagen Sie immer zwei Fliegen mit einer Klappe: Sie kombinieren alle Vorteile des Mineralwassers mit einer Extradosis an Vitaminen und Vitalstoffen aus den Fruchtsäften. Vor allem in der heißen Jahreszeit sind Schorlen die idealen fruchtig-frischen Durstlöscher. Achten Sie beim Kauf auf Säfte ohne Zuckerzusatz, dann sparen Sie sich viele unnötige Kalorien. Für Menschen, denen Fruchtsäfte pur zuviel Säure enthalten, ist der Mix ebenfalls eine gesunde Alternative.

➤ Die Mischung macht's

Die gesündesten Fruchtsäfte sind natürlich die frisch gepreßten. Wenn Sie Säfte kaufen, lohnt sich ein Blick auf die Bezeichnung: Obst- und Gemüsesäfte, die zu 100 % aus frischen Früchten bestehen, heißen auch *Direktsaft* und sind qualitativ sehr hochwertig. *Fruchtsaft-Konzentraten* wurde zum Transport zunächst Wasser entzogen, das zum Abfüllen in Flaschen wieder zugesetzt wird. Immerhin bleibt es meist bei 100 % Fruchtgehalt. Die Bezeichnung *Nektar* klingt zwar gut, diese Säfte müssen aber nur einen Fruchtgehalt von 25–50 % aufweisen.

Das Mischungsverhältnis für eine Schorle hängt von Ihrem persönlichen Geschmack und auch von der Art des Saftes ab. Für eine Zitronenschorle reicht der Saft einer Zitrone auf ein Glas Wasser, sonst wird's zu sauer. In den meisten Fällen schmeckt halbe-halbe am besten, bei süßen oder sehr konzentrierten Säften darf's ruhig mehr Wasser sein. Hier zwei Rezepte, aber Ihrer Lust am Ausprobieren sind keine Grenzen gesetzt.

➤ Apfel-Holunder-Schorle

➤ *Zutaten für 1 Person:*
50 ml naturtrüber, ungesüßter Apfelsaft
50 ml Holunderbeersaft
2 EL frisch gepreßter Limettensaft
150 ml Mineralwasser

Apfelsaft, Holunderbeersaft und Limettensaft in einem hohen Glas mischen und mit gekühltem Mineralwasser auffüllen. Mit einer Limettenscheibe dekorieren.

➤ Grapefruit-Frappé mit Pfefferminze

➤ *Zutaten für 1 Person:*
1 Grapefruit rosé
4 Eiswürfel
3 Blättchen Pfefferminze
Mineralwasser

Die Grapefruit halbieren und mit möglichst viel Fruchtfleisch auspressen. Eiswürfel zerstoßen und in ein hohes Glas füllen. Den Grapefruitsaft darüber gießen und mit Mineralwasser auffüllen. Pfefferminze kleinhacken und darüber streuen. Mit einem Strohhalm trinken.

Buttermilch & Co.

MILCH ist gesund, das weiß jeder. Daß aber Sauermilchprodukte die herkömmliche Milch noch übertreffen, wußten Sie vielleicht noch nicht. Buttermilch, Molke und Kefir haben einen genauso hohen Gehalt an Kalzium und Eiweiß wie Vollmilch, sind aber fettarm und haben daher viel weniger Kalorien.
Doch was sie zu besonderen Schlankmachern macht, sind ihre Milchsäurebakterien. Diese haben eine wohltuende Wirkung auf Magen und Darm, reinigen von innen, sorgen für eine gesunde Darmflora und regen die Verdauung sanft an. Und ein gesunder Darm ist nun mal die Voraussetzung für einen gesunden Menschen.

Sauer macht gesund

PRODUKTE aus Sauermilch bekommen Sie in jedem Lebensmittelgeschäft. Wenn Sie schlank werden und bleiben wollen, greifen Sie von jetzt an nur noch zu den mageren Sorten mit höchstens 1,5 % Fett. Dazu zählen vor allem Buttermilch, Kefir, fettarmer Bio-Joghurt, fettarme Dickmilch und Molke. Viele dieser Produkte können Sie auch selbst herstellen, wenn Sie sich die entsprechenden Bakterien- oder Pilzkulturen besorgen und sie nach Anleitung ansetzen (Reformhaus).
Buttermilch & Co. sind pur schon sehr gesund. Aber es gibt viele leckere Möglichkeiten, sie mit Säften zu mixen und so aus ihnen wahre Fitness-Drinks zu machen. Ob süß mit Obstsäften oder pikant mit Gemüsesäften und Gewürzen: Sie sind eine ideale kleine Zwischenmahlzeit, die satt macht, jede Menge Vitalstoffe bietet und der Verdauung gut tut.

Buttermilch-Mandel-Mix

Mandeln sind Nervennahrung. Mit den Orangen und der Buttermilch ergeben sie ein köstliches Anti-Streß-Getränk.

Zutaten für 1 Person:
1 EL geriebene Mandeln
100 ml frisch gepreßter Orangensaft
150 ml Buttermilch

Die Mandelmasse zusammen mit dem Saft und der Buttermilch mit dem Pürierstab mixen, bis das Getränk eine sämige Konsistenz bekommen hat. In ein hohes Glas füllen und mit einer Orangenscheibe garnieren.

Kräuter-Tomaten-Kefir

Zutaten für 1 Person:
Kerbel • Petersilie • Basilikum
100 ml Tomatensaft
1 EL Zitronensaft
100 g Kefir
Salz • Pfeffer • Tabasco

1 Handvoll Kerbel, 2 Petersilienzweige und 4 Basilikumblätter waschen, trockenschütteln und fein hacken. Mit Zitronen- und Tomatensaft im Mixer kurz pürieren. Den Kefir dazugeben, mit Salz, Pfeffer und Tabasco abschmecken und noch mal kräftig durchmixen. In ein Glas gießen und mit Kerbel garnieren.

Früchtetee

Sie enthalten keine Teeblätter, sondern ausschließlich getrocknete Fruchtstücke oder Schalen. Beim Aufguß mit heißem Wasser geben diese ihre ätherischen Öle frei, deshalb haben Früchtetees einen so intensiv frischen Geschmack. Die ätherischen Öle haben darüber hinaus viele gesundheitsfördernde Eigenschaften. Sie können Früchtetees aus nur einer Sorte bekommen, beliebter sind jedoch fertige Mischungen in verschiedenen Geschmacksrichtungen.

➤ Welcher Geschmack soll's denn sein?

Im Teegeschäft oder Bioladen haben Sie die Qual der Wahl zwischen vielen Sorten. Aber außer Ihrem persönlichen Geschmack sollte gerade zum Entschlacken auch wichtig sein, welche Eigenschaften die Früchte haben.

Orange etwa ist appetitanregend, magenstärkend und gut für die Nerven. Brombeeren und Himbeeren entwässern, Heidelbeeren helfen bei Verdauungsbeschwerden. Hagebutten und Johannisbeeren wirken belebend, stärken das Immunsystem und fördern die Verdauung. Viele Früchtetee-Mischungen enthalten dazu Hibiskus, aber eher aus optischen Gründen: Er schmeckt erfrischend und gibt dem Tee eine hübsche rote Farbe. Achten Sie beim Kauf darauf, daß dem Tee keine künstlichen Aromastoffe zugesetzt wurden.

➤ Früchtetee richtig zubereiten

Die Früchte müssen ein bißchen länger ziehen, als Sie es von Schwarzem oder Grünem Tee gewohnt sind. Für eine große Tasse übergießen Sie 2 gehäufte Teelöffel der getrockneten Früchte mit $^{1}/_{4}$ Liter siedendem Wasser. Zugedeckt 10 Minuten ziehen lassen, dann die Früchte durch ein Sieb abseihen. Außer ihrem erfrischenden Aroma haben Früchtetees eine natürliche Süße, deshalb können Sie sie gut ohne Zucker trinken.

➤ Früchte-Punsch für kalte Tage

Ein warmer Früchte-Punsch ist eine gesunde Wohltat an kühlen Abenden. Für zwei Personen brauchen Sie 4 Teelöffel Früchtetee, zum Beispiel mit Orangenschalen und Hagebutten. Geben Sie, wäh-rend der Aufguß zieht, noch 2 Nelken und 1 Prise Zimt dazu. Pressen Sie 2 Orangen mit viel Fruchtfleisch aus und mischen Sie den Saft mit dem Tee. Heiß servieren.

➤ Eis-Tee für heiße Tage

Manche Teeläden bieten spezielle Eistee-Mischungen mit besonders fruchtigem Geschmack an. Wenn Sie selber mischen, probieren Sie Himbeeren, Hagebutten, Apfel- und Pfirsichstückchen. Den Früchtetee mit heißem Wasser zubereiten, etwas abkühlen lassen, in einen Glaskrug füllen und für 1 Stunde in den Kühlschrank stellen. Eiswürfel in Gläser füllen, den Tee aufgießen und mit einer Apfelscheibe garnieren.

Birkenblätter

Die Birke galt schon den alten Germanen als Heil- und Zauberbaum. In der Volksmedizin wurden die Rinde gegen Schmerzen, der frische Saft als Haarwasser und die Blätter gegen Rheuma, zur Blutreinigung und als Nieren-Blasen-Tee verwendet. Von diesen zahlreichen Anwendungen wird vor allem die entwässernde Wirkung der Blätter nach wie vor genutzt.
Sie enthalten Wirkstoffe, die die Funktion von Nieren und Blase stark anregen, dabei die Nieren aber nicht überreizen. Der harntreibende Effekt wirkt sich ausgleichend auf den Wasserhaushalt des Körpers aus, vor allem wenn sich zuviel Wasser und Schlackenstoffe in den Geweben angesammelt haben. Deshalb eignen sich Birkenblätter ausgezeichnet zu einer reinigenden Frühjahrskur, die hilft, die Winterschlacken loszuwerden und fit in das neue Jahr zu starten.

Beliebte Frühjahrskur

Getrocknete Birkenblätter können Sie in Apotheken oder Reformhäusern lose kaufen. Es gibt sie auch in Teebeuteln bereits fix und fertig zum Gebrauch. Sie sind außerdem Bestandteil vieler Teemischungen zur Blutreinigung, gegen Nieren- und Blasenbeschwerden, Rheuma und Gicht.
Wenn Sie Lust haben, können Sie Birkenblätter auch selbst sammeln. Beide bei uns vorkommenden Birkenarten, die (aufrechte) Moorbirke und die Hängebirke, eignen sich gleichermaßen. Pflücken Sie die jungen, hellgrünen Blätter im Frühjahr. Trocknen Sie die Blätter an der Luft oder im Backofen bei 40 °C und bewahren Sie sie lichtgeschützt an einem trockenen Ort auf. Ein kleiner Tip: Die jungen, frischen Birkenblätter schmecken übrigens fein gehackt als Beigabe zu Salaten, Frischkäse und in Frühlingssuppen.

Birkenblättertee

Zutaten für 1 Tasse:
1 EL getrocknete Birkenblätter
1/4 l Wasser

Die Birkenblätter mit siedendem Wasser übergießen und zugedeckt 10 Minuten ziehen lassen. Die Blätter anschließend durch ein Sieb abseihen. Den Tee mäßig warm in kleinen Schlucken trinken. 3 Tassen pro Tag sind die richtige Dosierung, damit sich die entwässernde Wirkung entfalten kann.

Junge Birkenblätter im Frühling

Birkenblätterkur

Birkenblättertee ist das ideale Begleitgetränk während einer Fastenkur (Seite 68), an Entlastungstagen (Seite 48) oder für eine reinigende Frühjahrskur. Trinken Sie dafür täglich morgens, vormittags und nachmittags je 1 Tasse mäßig warmen Tee zwischen den Mahlzeiten.
Sie können eine Birkenblätterkur bis zu 4 Wochen lang durchführen, dann sollten Sie den Tee aber für eine Zeitlang absetzen.
Während jeder Teekur müssen Sie weiterhin zusätzlich 2–3 Liter Flüssigkeit pro Tag trinken, um Niere und Blase gut durchzuspülen, keinesfalls weniger.

Wacholder

Die dunkelviolette Wacholderbeere ist nicht nur ein beliebtes Gewürz für Sauerkraut und Wildgerichte, das die Speisen bekömmlicher macht. Die intensiv duftenden und würzig schmeckenden Beeren werden auch als wirksames Heilmittel geschätzt. Wacholderbeeren enthalten ätherische Öle, die die Nierenfunktion stark anregen und somit entgiftend und harntreibend wirken. Deshalb empfahl schon Sebastian Kneipp eine Kur mit den Beeren, um die Reinigungs- und Entgiftungsorgane des Körpers in Schwung zu bringen.

➤ Beeren mit starker Wirkung

Auf herbstlichen Spaziergängen können Sie, wenn es Ihnen Spaß macht, Wacholderbeeren selbst sammeln. Dazu brauchen Sie allerdings Handschuhe, denn die spitzen Nadeln machen es einem nicht leicht. Trocknen Sie die Beeren an einem luftigen Ort und bewahren Sie sie in einem Leinensäckchen auf.

➤ Wacholderbeeren-Kur nach Sebastian Kneipp

Der berühmte Pfarrer Kneipp schätzte die Wirkung der Wacholderbeere zur Entschlackung und empfahl seinen Patienten die folgende 3wöchige Kur: Am ersten Tag 4 Beeren gründlich kauen und schlucken, am zweiten Tag 5 Beeren und an jedem folgenden Tag eine Beere mehr, bis man am 12. Tag insgesamt 15 Beeren verzehrt. Vom 13. Tag an wieder jeden Tag eine Beere weniger, bis es am 23. Tag wieder nur noch 4 sind.

➤ Wacholderbeeren-Tee

Wer die Beeren nicht gerne pur essen möchte, kann sich einen Teeaufguß bereiten und davon täglich 2 bis 3 Tassen trinken. 1 Teelöffel Beeren erst zerdrücken, dann mit $^1/_4$ Liter siedendem Wasser übergießen und zugedeckt 10 Minuten ziehen lassen. Es gibt eine Einschränkung: Wacholder reizt auf Dauer die Nieren. Machen Sie eine entwässernde Kur deshalb nicht länger als 3–4 Wochen. (Für Schwangere nicht geeignet.)

Wacholderbeere
nen Sie selbst sa

Brennessel

ALS Unkraut ist die Brennessel in ganz Europa heimisch: Sie wächst an Hecken und Zäunen, an Weg- und Waldrändern. Obwohl wir Brennesseln gerne aus dem Weg gehen, um uns nicht an ihren Haaren zu »verbrennen«, stecken gerade in diesem Kraut unschätzbare Heilkräfte. Sie zählt seit alters her zu den wichtigsten Entschlackungsmitteln, wirkt blutreinigend und hilft äußerlich bei Gicht und Rheuma. Ein Saft aus den Blättern vertreibt die Frühjahrsmüdigkeit, und Brennesselsamen gelten als Kräftigungsmittel für ältere Menschen. Übrigens schmecken die ganz jungen Brennesselblätter, die noch keine Brennhaare haben, ausgezeichnet in Frühlingssalaten. Für einen Entschlackungstee sammelt man im Frühsommer die ausgewachsenen Blätter (mit Handschuhen) und trocknet sie an der Luft.

➤ Das heilkräftige Unkraut

IN Apotheken und Reformhäusern bekommen Sie die getrockneten, kleingehackten Blätter der Brennessel lose oder als fertigen Tee in Aufgußbeuteln.

Zur Unterstützung während einer Fastenkur (Seite 68) oder als entwässerndes Getränk an Entlastungstagen (Seite 48) bietet sich Brennesseltee genauso an wie die vorher beschriebenen Birkenblätter und Wacholderbeeren.

Probieren Sie zur Abwechslung einmal den Frischpflanzen-Preßsaft aus Brennesseln. Sie erhalten ihn in Reformhäusern. Er soll zusätzlich zur entschlackenden Wirkung des Tees den gesamten Stoffwechsel anregen, Hautunreinheiten beseitigen und ein echter Muntermacher sein.

➤ Brennesseltee

Zutaten für 1 Tasse:
1 EL getrocknete Brennesselblätter
$^1/_4$ l Wasser

Die getrockneten Blätter mit kochendem Wasser übergießen und zugedeckt 5 Minuten ziehen lassen. Die Blätter durch ein Sieb abseihen. Den Tee mäßig warm in kleinen Schlucken trinken.

➤ Kur mit Brennesseln

Für eine Trinkkur sind 2 Tassen pro Tag die richtige Dosierung. Trinken Sie über 4 Wochen morgens und abends je 1 Tasse.

Auch wenn entwässernde Kräutertees nicht gerade wohlschmeckend sind, süßen Sie sie nicht, denn dadurch verlieren sie einen Teil ihrer entschlackenden Wirkung.

Brennessel

Kombucha

Die Frage: »Was genau ist eigentlich Kombucha?« ist gar nicht so einfach zu beantworten. Zu ganz normalem Tee mit etwas Zucker wird eine Pilzkultur gegeben. Bei Zimmertemperatur vergärt der Teepilz den Zucker, und heraus kommt ein prickelndes, leicht säuerlich schmeckendes, erfrischendes Getränk.

In Ostasien, wo das Teepilz-Getränk herkommt, wird Kombucha nicht nur zur täglichen Stärkung der Gesundheit getrunken, sondern auch als Heilmittel bei vielen Krankheiten angewendet. Die ihm zugeschriebenen Wirkungen grenzen an ein Wunderheilmittel. Tatsächlich ist der »Teepilz« nicht nur ein Pilz, sondern eine Art Lebensgemeinschaft verschiedener Organismen, darunter Hefe, Bakterien und Algen. Bei dem Gärprozeß geben diese ungewöhnlich viele gesundheitsfördernde Substanzen an den Tee ab, daher seine heilkräftige Wirkung. Dazu gehören viele Enzyme, die rechtsdrehende Milchsäure, die für einen gesunden Darm so wertvoll ist, die Glukuronsäure, die die Leber entlastet und den Körper entgiftet, und Polysaccharide, die dem Organismus jede Menge Energie liefern.

Je nachdem, welche Art von Tee Sie als Basis für das Getränk verwenden, können Sie noch für weitere gesunde Inhaltsstoffe sorgen. Grüner Tee etwa enthält viele wertvolle Mineralien, Früchte- und Kräutertees bieten die verschiedensten Wirkstoffe und Geschmacksvarianten.

➤ Der Wunderpilz aus China

Kombucha (sprich: Kombutscha) bekommen Sie als fertiges Getränk im Reformhaus und im Bioladen. Sie können sich aber auch eine Kombucha-Kultur (den Pilz gibt es im Reformhaus) einfach selbst herstellen. Zusammen mit gesüßtem Schwarzen, Grünen oder Kräutertee entsteht daraus ein Getränk, das wie Apfelwein mit einem Schuß Tee aussieht und auch so schmeckt.

➤ Kombucha selbst gemacht

Zutaten für 1 Liter Kombucha:
1 Liter Tee
100 g Zucker
Pilzkultur

Einen ganz normalen Tee zubereiten und in ein sauberes Gefäß füllen, am besten in ein großes Einweckglas. Den Zucker zugeben, umrühren und auf Zimmertemperatur (20–25 °C) abkühlen lassen. Mit einem Löffel die Pilzkultur hineingeben. Das Glas mit einem sauberen Stück Stoff und einem Gummi zudecken – der Pilz braucht nämlich Luft. Bei Zimmertemperatur ist das Getränk in 10–12 Tagen fertig gegoren. Die Pilzschicht, die sich oben gebildet hat, mit einem Löffel abnehmen – für den nächsten Ansatz. Die Kombucha-Flüssigkeit abseihen und in Flaschen abfüllen: Fertig ist das Power-Getränk!

➤ Schlank mit der Kombucha-Kur

Eine Kur mit Kombucha-Tee bringt sowohl den Stoffwechsel als auch die Verdauung in Schwung. Trinken Sie 4 Wochen lang 2–3 Gläser (je 150 ml) über den Tag verteilt. Schlacken werden besser ausgeschieden, und Ihr Körper wird gleichzeitig mit einer Extradosis an wichtigen Vitalstoffen versorgt.

Lapacho

Für die Ureinwohner Südamerikas, die Inkas, war er ein Geschenk der Götter. In der indianischen Naturmedizin wird die Heilwirkung der Rinde des Lapacho-Baumes schon seit Jahrhunderten genutzt. Doch erst vor rund 30 Jahren wurde der Lapacho-Baum durch einen brasilianischen Arzt auch der westlichen Welt bekannt. Die Innenseite der roten Baumrinde ist die Basis für Tees und Aufgüsse, die sowohl innerlich als auch äußerlich angewendet werden. Diese Rinde enthält eine Vielzahl von Mineralien und Spurenelementen und hat außerdem antibakterielle und antivirale Eigenschaften. Lapacho-Tee wirkt schmerzstillend, beruhigend, blutzuckersenkend, harntreibend, verdauungsfördernd und stärkt Leber und Galle. Er wird in der Krebstherapie begleitend empfohlen, denn er lindert die Nebenwirkungen einer Chemotherapie.

➤ Tee der Götter

Sie bekommen Lapacho-Rinde heute in den meisten Teeläden zu kaufen. Es gibt sie auch in fertigen Aufgußbeuteln in Reformhäusern und Bioläden. Der Tee schmeckt wie ein angenehm milder Schwarztee und hat ein zartes Raucharoma.

Lapacho-Tee eignet sich nicht nur als Heiltee bei Krankheiten, Beschwerden und für Entschlakkungskuren. Seine vielen Mineralien wie Kalzium, Eisen, Kalium, Kupfer, Mangan, Magnesium und Spurenelemente wie Jod machen ihn auch zu einem Aktiv-Tee für jeden Tag. Er hebt ganz allgemein die Vitalität, stärkt das Immunsystem, wirkt belebend und schafft ein Gefühl von entspanntem Wohlbehagen.

➤ Lapacho-Tee

Zutaten für 1 große Tasse:
2 TL Lapacho-Rinde
1/4 Liter Wasser

Bringen Sie das Wasser in einem Topf zum Kochen. Geben Sie die Lapacho-Rinde dazu und lassen Sie den Tee 5 Minuten weiter kochen. Den Topf vom Herd nehmen und den Tee zugedeckt 20 Minuten ziehen lassen. Dann die Rinde abseihen. Trinken Sie ihn nicht zu heiß und wenn möglich ohne Zucker, dann bleibt seine entschlackende Wirkung erhalten.

➤ Lapacho-Kur

Eine Kur mit Lapacho-Tee entgiftet den ganzen Organismus, versorgt ihn gleichzeitig mit Mineralien und schafft rundum Wohlbefinden.

Zutaten für 1 Tagesportion:
2 EL Lapacho-Rinde
1 Liter Wasser

Bereiten Sie sich morgens jeweils 1 Liter Lapacho-Tee auf die oben genannte Weise und trinken Sie ihn über den Tag verteilt, am besten zwischen den Mahlzeiten. Nach 4 Wochen Teekur machen Sie eine 4wöchige Pause. Danach trinken Sie nochmals 4 Wochen lang täglich 1 Liter Tee. Wenn Ihnen die Kur gut tut, können Sie sie mehrmals im Jahr wiederholen.

Lapacho

Entschlacken 1× pro Woche

WAS SIE bisher über die schlankmachende Wirkung einzelner Obst- und Gemüsesorten und bestimmter Getränke erfahren haben, können Sie nun für eine 1-Tages-Blitzkur mit Schlankheitsgarantie nutzen. Denn Ihr Körper reagiert schon nach einem Tag, an dem Sie ausschließlich gesunde Entschlackungskost zu sich nehmen, mit kleinen, aber spürbaren Gewichtsverlusten.

Ihr Körper macht Pause

EINEN Tag pro Woche beim Essen kürzerzutreten und nur ganz bestimmte Lebensmittel zu sich zu nehmen ist eine gesunde Strategie auf dem Weg zu einer guten Figur. Es ist aber auch eine gute Idee für Menschen, die eigentlich keine Probleme mit ihrem Gewicht haben, aber gerne etwas für ihr Wohlbefinden tun möchten.

»Entlastungstag« bedeutet, daß Ihr Stoffwechsel und Ihre Verdauung für einen Tag Urlaub machen dürfen. Sie bekommen Nahrung, die sie kaum beansprucht, sondern eben entlastet.

Figur und Gesundheit profitieren gleichermaßen

Entlastungstage bewirken, daß die Reinigungsorgane allgemein und die Nieren im besonderen in Schwung gebracht werden. Es kommt zu vermehrter Wasserausscheidung und damit zur Ausscheidung von Schlacken und Giftstoffen, die sich in den Geweben, Zellen und Gelenken angesammelt haben. Und sobald Ihr Körper mehr Wasser ausscheidet, verlieren Sie auch automatisch etwas an Gewicht. Dadurch verschwinden zwar noch lange keine unliebsamen Fettpölsterchen (dafür müssen Sie mehr tun!), aber es macht sich schon angenehm bemerkbar. Außerdem sind Ihnen Ihr Herz und Ihr Kreislauf dafür dankbar, zudem werden Ihre Haut glatter und Ihre Haare glänzender.

So verläuft Ihr Entlastungstag

➤ An diesem Tag besteht Ihre Ernährung ausschließlich aus pflanzlicher Kost, die sich als Entlastungsmittel bewährt hat. Sie können wählen zwischen Reis, Kartoffeln, Gemüse oder Obst.

➤ An einem Entlastungstag sollten Sie sich viel Zeit nehmen (das Wochenende ist dafür am besten geeignet), damit nicht nur Ihr Stoffwechsel, sondern auch Geist und Seele einen Tag Pause machen können.

➤ Welche Lebensmittel Sie auswählen, sollten Sie nach Gefühl und Geschmack entscheiden, es gibt keine Regeln. Quälen Sie sich jedenfalls nicht mit einem Kartoffeltag, wenn Sie Kartoffeln nicht mögen. Wie wär's, wenn Sie nach der Jahreszeit entscheiden: im Winter lieber warme und pikante Gerichte (Reis- und Kartoffeltag), im Sommer lieber kalte und saftige (Obst-, Gemüse-, Safttag).

➤ Verzichten Sie an diesem Tag ganz auf Genußmittel wie Kaffee, Schwarzer Tee, Alkohol und Zigaretten, aber auch auf Süßigkeiten, denn sie enthalten alle Wirkstoffe, die den Stoffwechsel aufputschen und dadurch anstrengen.

➤ Hören Sie auf Ihren Körper und essen Sie nur dann, wenn Sie wirklich Hunger verspüren – nicht weil gerade Essenszeit ist.

➤ Essen Sie immer nur so viel, bis eine leichte Sättigung eintritt. Lassen Sie den Rest ruhig auf dem Teller liegen.

➤ Setzen Sie sich in Ruhe an einen hübsch gedeckten Tisch. Nehmen Sie sich Zeit zum Essen, kauen Sie gründlich und trinken Sie nur langsam und schluckweise.

➤ Trinken Sie stets die Mindestmenge von 2–3 Litern Flüssigkeit pro Tag, denn die Schlacken sollen ja ausgeleitet werden.

➤ Gehen Sie am Entlastungstag wenn möglich viel an die frische Luft und atmen Sie dabei tief und bewußt, denn auch über die Atmung werden Schlacken freigesetzt.

TIP

Damit von den wertvollen Inhaltsstoffen nichts verlorengeht, sollten Sie frisch gepreßte Säfte stets sofort trinken!

Der Reistag

NATURREIS zählt zu den bewährten, natürlichen Entwässerungsmitteln. Im Gegensatz zum weißen, geschälten Reis enthält der braune, ungeschälte Reis besonders viele B-Vitamine, Mineralstoffe und Spurenelemente wie Kalium, Phosphor, Magnesium, Selen, Eisen und Natrium. Insbesondere das günstige Natrium-Kalium-Verhältnis bewirkt, daß dem Körper viel Wasser entzogen wird (Entwässerungseffekt). Außerdem besteht Reis zu 50 % aus Stärke, die leicht verdaulich und ein guter Energielieferant ist. Nicht zu vergessen die Ballaststoffe, die sättigen und für eine geregelte Verdauung unentbehrlich sind.

Frühstück: Reis mit Weintrauben

➤ *Für 1 Person:*
80 g brauner, ungeschälter Reis
80 g Weintrauben
1 TL Honig • 1 Prise Zimt

Den Reis mit der doppelten Menge Wasser aufsetzen, zum Kochen bringen, dann auf niedrige Hitze stellen und etwa 20–25 Minuten ziehen lassen. Die Weintrauben waschen, halbieren und von Kernen befreien. Weintrauben unter den Reis mischen und mit Zimt und Honig abschmecken.

Mittags: Apfel-Reis

➤ *Für 1 Person:*
100 g brauner, ungeschälter Reis
2 säuerliche Äpfel
1 EL Zitronensaft
1–2 TL Ahornsirup • 1 Prise Zimt

Den Reis wie oben beschrieben zubereiten. Die Äpfel waschen, entkernen und in kleine Stücke schneiden. Mit 3 EL Wasser, dem Zitronensaft und 1 Prise Zimt kurz dünsten. Das Kompott mit 1–2 TL Ahornsirup süßen, zum Reis servieren.

TIP

Für den Reistag

- *Den Reis beim Kochen nicht salzen.*
- *Wenn Sie lieber 5 kleine statt 3 große Mahlzeiten essen, zweigen Sie jeweils einen Teil vom Frühstück und Mittagessen für eine Zwischenmahlzeit ab.*
- *An jedem Entschlackungstag besonders reichlich trinken: 2–3 Liter Mineralwasser oder Kräutertee Ihrer Wahl.*

Abends: Reis mit Kräuter-Tomaten

➤ *Für 1 Person:*
100 g brauner, ungeschälter Reis
3 mittelgroße Tomaten • Pfeffer
frische Petersilie • Basilikum

Den Reis wie oben beschrieben zubereiten. Die Tomaten überbrühen, enthäuten und in Würfel schneiden. In einer Pfanne ohne Fett 5 Minuten schmoren, leicht pfeffern. 2 Stengel Petersilie und 1 Handvoll Basilikumblätter waschen, trocknen und kleinzupfen. Kräuter unter die Tomaten heben. Mit dem Reis anrichten.

Apfel-Reis schmeckt und entschlackt

Der Obsttag

Wer es lieber süß und saftig mag, sollte einen Entlastungstag mit verschiedenen Obstsorten ausprobieren. Die Früchte werden roh gegessen, also nicht gedünstet oder erwärmt, so daß die Vitalstoffe alle erhalten bleiben. So bekommen Sie eine Extradosis an Vitaminen, Mineralstoffen und Bioaktiven Substanzen (Seite 122). Günstig für Darm und Verdauung sind die im Obst enthaltenen Pektine und natürlich die Ballaststoffe.

Frühstück: Früchte-Joghurt

➤ *Für 1 Person:*
je 1 kleinen Apfel • Birne • Orange
1 rote Pflaume
1 Becher Magerjoghurt
2 EL Vollkorn-Haferflocken

Früchte schälen, entkernen und in schmale Spalten schneiden. Die Haferflocken mit dem Joghurt verrühren und über die Früchte geben.

TIP

Für den Obsttag

- *Kaufen Sie für diesen Tag die Früchte frisch. Ihre Tagesmenge liegt insgesamt bei 1–1 1/2 Kilo Obst. Nehmen Sie nur reifes Obst von bester Qualität.*
- *Bereiten Sie die Früchte nicht auf Vorrat zu, sondern immer frisch. Essen Sie sie dann sofort, denn sonst gehen Vitalstoffe verloren.*
- *Trinken Sie trotz des saftigen Obstes auch an diesem Tag 2–3 Liter. Manche Menschen vertragen die Kombination von Wasser und Obst nicht gut: Ungezuckerte Kräuter- und Früchtetees sind eine gute Alternative.*

Vormittags:

Eine halbe frische Papaya entkernen und mit dem Saft einer halben Zitrone beträufeln. Das Fruchtfleisch mit einem scharfkantigen Löffel herauslösen.

Mittags: Obstsalat

➤ *Für 1 Person:*
250 g Beeren
(je nach Saison)
1/2 kleine Honigmelone
1 Orange
1 Handvoll Minzblättchen

Die Honigmelone halbieren, entkernen und in mundgerechte Stücke schneiden. Die Beeren, zum Beispiel Erdbeeren, waschen, putzen, kleinschneiden und mit der Melone mischen. Den Saft der Orange mit den kleingehackten Minzblättchen verrühren und über das Obst gießen.

Nachmittags:

Einen Apfel und eine Birne waschen, mit Schale in Viertel teilen und entkernen. Langsam kauen.

Abends: Orangen-Lassi

➤ *Für 1 Person:*
2 Orangen
1 Becher Magerjoghurt
125 ml stilles Mineralwasser

Lassi ist ein mit Wasser verdünntes Joghurtgetränk aus Indien: Saft der Orangen mit Joghurt und Wasser im Mixer verquirlen, bis die Flüssigkeit schaumig wird. In ein großes Glas gießen und schluckweise trinken. Dazu essen Sie eine Banane.

Der Gemüsetag

DER Gemüsetag ist ein Rohkosttag – denn im Rohzustand steckt in der Pflanzenkost die geballte Kraft von Vitaminen, Mineralstoffen, basenbildenden Verbindungen (Seite 152), Bioaktiven Substanzen (Seite 122) und Ballaststoffen. Sie nehmen kaum Kalorien zu sich, dafür pflanzliches Eiweiß, pflanzliches Fett und damit viele essentielle (lebenswichtige) Fettsäuren. Achten Sie darauf, daß alle Lebensmittel, die Sie für diesen Tag einkaufen, auch wirklich naturbelassen sind.

Frühstück: Möhren-Müsli

➤ *Für 1 Person:*
1 Möhre
1 kleine Birne
100 ml Sojamilch
2 EL Vollkornflocken

Möhre putzen und fein raspeln. Vollkornflocken mit der Sojamilch und den Möhrenraspeln verrühren. Die Birne waschen, entkernen, würfeln und unter das Müsli heben.

Mittags: Vital-Salat

➤ *Für 1 Person:*
1 Handvoll Salatblätter (nach Saison)
1 kleiner Fenchel • 1 kleine Paprikaschote
2 EL Sprossen (wie Alfalfa)
1 EL Zitronensaft • 2 EL Olivenöl
1 EL Schnittlauch • 1 EL Sonnenblumenkerne

Die Salatblätter waschen und in Stücke zupfen. Fenchel und Paprika waschen, putzen und fein hobeln. Sprossen abbrausen und trockentupfen. Gemüsezutaten mischen. Zitrone, Öl und Schnittlauch verquirlen und die Marinade über den Salat geben. Mit Sonnenblumenkernen bestreuen.

Gemüse-Sticks mit Dip

Vormittags oder nachmittags als Snack zwischendurch: 200–250 g Gemüse nach Wahl – etwa Stangensellerie, Gurke, Kohlrabi, Fenchel oder Möhren – putzen und in lange Streifen schneiden. $^1/_2$ EL Nußmus mit wenig Wasser cremig rühren. Zum Essen das Gemüse in den Dip stippen.

Abends: Zucchini-Carpaccio

➤ *Für 1 Person:*
1 mittelgroße Zucchini
1 EL Obstessig • 1 EL Olivenöl
Pfeffer • 1 Messerspitze Meerrettich

Die Zucchini waschen, in dünne Scheiben hobeln und auf einem großen Teller ausbreiten. Obstessig, Olivenöl, Meerrettich und etwas Pfeffer verquirlen, die Marinade darüber träufeln.

TIP

Für den Gemüsetag

- *Kaufen Sie nur frisches Gemüse und verarbeiten Sie es jeweils erst kurz vor den Mahlzeiten, damit keine Vitalstoffe verlorengehen.*
- *Verzichten Sie ganz auf Salz, nehmen Sie statt dessen: frische Kräuter, Zitrone, Zwiebeln, Knoblauch, Meerrettich, Obstessig, kaltgepreßte Pflanzenöle und Gewürze.*
- *Ihre Rohkost-Rezepte können Sie mit Nüssen, Samen, Sprossen, Nußmus und Sojamilch anreichern und abwechslungsreicher machen.*
- *Bei Rohkost sollten Sie sich zum Essen Zeit lassen und alles gründlich kauen.*
- *Trinken Sie an diesem Tag besser nicht zu, sondern zwischen den Rohkostmahlzeiten.*

Der Safttag

An einem Safttag verzichtet man zwar auf feste Nahrung, führt aber im Gegensatz zum strengen Fasten mit den Säften doch Kalorien zu. Der Safttag wirkt nicht nur entschlackend und entgiftend, sondern stärkt auch das Immunsystem. Die tägliche Saftmenge sollte auf 5 Gläser à 200 ml – also insgesamt 1 Liter – beschränkt bleiben. Wechseln Sie zwischen Obst- und Gemüsesäften ab.
Die Säfte versorgen den Organismus mit allen lebenswichtigen Vitaminen, Mineralstoffen, Spurenelementen und vielen sekundären Pflanzenstoffen (Seite 122). Frisch gepreßte Säfte sind besonders wertvoll, aber auch Säfte aus der Flasche eignen sich (Seite 40).

TIP

Für den Safttag

- *Verteilen Sie die Saftmenge von 1000 ml auf mindestens 5 Portionen über den Tag. Wechseln Sie ab zwischen Obst- und Gemüsesäften.*
- *Trinken Sie den Saft nicht einfach, sondern nehmen Sie ihn in kleinen Schlucken zu sich und bewegen Sie ihn im Mund hin und her, bevor Sie ihn runterschlucken. Dann werden die Inhaltsstoffe besonders gut aufgenommen.*
- *Trinken Sie trotz Safttag zusätzlich mindestens 1 1/2 Liter Wasser oder Kräutertee.*

Frühstück: Saft mit Apfel

Für 1 Glas (200 ml):
1 Pfirsich • 2 Aprikosen • 1 mittelgroßer Apfel
1 TL Honig
2–3 Blättchen Minze

Trinken Sie morgens als erstes 1–2 Tassen Entschlackungstee Ihrer Wahl. Danach den Fruchtsaft, der Sie reichlich mit Pektin versorgt, das lange satt hält und den Darm sanft anregt: Dazu die Früchte waschen, entkernen und entsaften. Den Honig unterrühren und mit Minze bestreuen.

Vormittags: Möhrensaft

Etwa 300 g Möhren entsaften und mit ein paar Tropfen Distelöl oder Weizenkeimöl verrühren.

Mittags: Vital-Cocktail

Für 1 Glas (200 ml):
1/2 Papaya • 1/2 Baby-Ananas • 1 Orange

Die Früchte halbieren, schälen, wo nötig entkernen, entsaften und gut durchmixen.

Nachmittags: Traubensaft

Trinken Sie zwischendurch 200 ml roten Traubensaft, am besten frisch gepreßt.

Abends: Saft mit Sellerie

Für 1 Glas (200 ml):
80 g Sellerie • 1 gelbe Paprikaschote
1–2 Orangen • 1 TL Olivenöl
1 EL frische gehackte Petersilie

Gemüse putzen und entsaften. Mit dem Saft der Orangen auffüllen, Öl und Petersilie unterrühren.

Frische gepreßte Säfte haben die meisten Vitalstoffe

Der Kartoffeltag

Die Kartoffel stammt aus Südamerika und wurde von den Inkas dort schon jahrhundertelang gegessen, bevor die weißen Eroberer kamen. Seit dem 17. Jahrhundert wird sie in Europa systematisch angebaut und dient seitdem als Grundnahrungsmittel. Der Verzehr von Kartoffeln geht allerdings Jahr für Jahr zurück, worüber Ernährungswissenschaftler gar nicht glücklich sind, denn die Kartoffel versorgt uns mit wichtigen Nährstoffen.
Sie enthält biologisch hochwertiges Eiweiß, reichlich basenbildende Verbindungen (Seite 152) und eine ganz große Portion Vitamin C. Ein sehr hoher Kalium- und ein niedriger Natriumgehalt bieten beste Voraussetzungen zum Entschlacken. Ein weiterer Abnehm-Vorteil: 100 g Kartoffeln enthalten nur 70 Kalorien.

Frühstück: Kartoffeln mit Tomaten-Hüttenkäse

Für 1 Person:
2 mittelgroße Kartoffeln
1 feste Tomate
75 g körniger Frischkäse

Kartoffeln gründlich waschen und mit wenig Wasser gar kochen. Tomaten waschen, putzen und fein würfeln. Tomaten unter den Frischkäse heben und zu den Kartoffeln servieren.

Kartoffeln mit Apfelkompott

Ein Rezept für zwischendurch: 2 mittelgroße Kartoffeln waschen und in wenig Wasser gar kochen. Kartoffeln in Stücke schneiden und mit frischem Apfelkompott mischen (Rezept Seite 50).

TIP

Für den Kartoffeltag

- *Für diesen Tag brauchen Sie insgesamt etwa 1 Kilo Kartoffeln, je nach Rezept mehlige oder festkochende.*
- *Die meisten Vitalstoffe bekommen Sie, wenn Sie die Schale mitessen. Dafür sollten Sie aber nur Kartoffeln aus kontrolliertem Anbau verwenden.*
- *Und vergessen Sie auch an diesem Tag nicht: Trinken, trinken, trinken …*

Mittags: Kartoffelcremesuppe

Für 1 Person:
150 g mehlige Kartoffeln
1 Möhre • 1 Scheibe Knollensellerie
Liebstöckel • Muskat

Kartoffeln schälen, in $^1/_2$ l Wasser zusammen mit der Möhre, dem Sellerie und 2 Blättern Liebstöckel in 20 Minuten gar kochen. Das Wasser nicht abgießen, sondern alles mit dem Pürierstab zu einer cremigen Suppe verarbeiten. Mit Muskat würzen.

Abends: Kartoffeln mit Kräuterquark

Für 1 Person:
2 mittelgroße festkochende Kartoffeln
100 g Magerquark
3 Radieschen
1 Handvoll Schnittlauch • Petersilie • Rucola

Die Kartoffeln gründlich waschen und mit wenig Wasser gar kochen. Den Quark mit einem Schuß Mineralwasser schaumig rühren. Die Radieschen und die Kräuter waschen, trocknen, fein hacken und unter den Quark mischen.

Der Apfeltag

Wenn im Herbst die Äpfel reif sind, sollten Sie einen Apfeltag einlegen. Für Ihre Gesundheit läßt sich kaum etwas Besseres tun, denn der Entlastungstag mit Äpfeln entschlackt und entwässert gründlich. Äpfel enthalten natürlichen Fruchtzucker, aber so gut wie kein Eiweiß und kein Fett. Dagegen haben sie viel Kalium, das den Entwässerungseffekt auslöst. Und sie sind reich an Pektin, dem Ballaststoff, der satt, aber nicht dick macht und den Darm sanft reinigt und unterstützt.
Ergänzt wird die Kur durch einen Apfelessig-Drink morgens und abends. Der aus reinem Apfelsaft gewonnene Essig ist eine einzigartige Quelle an Mineralstoffen, Spurenelementen, Vitaminen und dem Ballaststoff Pektin. Und er ist ein tatkräftiger Verbündeter bei dem Wunsch abzunehmen.

Der Apfelessig-Drink

200 ml Wasser mit 2 EL naturtrübem Apfelessig und 1 TL Honig mischen. Morgens, mittags und abends langsam und in kleinen Schlucken trinken.

TIP

Für den Apfeltag

- *Für den Apfeltag eignen sich am besten reife, nicht allzu säuerliche Apfelsorten. Wenn Sie keine Äpfel im Garten haben, sollten Sie die Früchte im Bioladen kaufen.*
- *Sie brauchen insgesamt 1–1 1/2 Kilo Äpfel.*
- *Der Apfelessig sollte ebenfalls Bio-Qualität haben. Die trüben mit dem Bodensatz enthalten die meisten Vitalstoffe.*
- *Vergessen Sie nicht, auch heute zusätzlich 2 Liter Wasser oder Kräutertee zu trinken.*

Frühstück: Apfel-Müsli

100 g Magerjoghurt mit 2 EL Vollkornflocken mischen. 2 kleine Äpfel würfeln und unterheben.

Zwischendurch

Einen Apfel schälen, entkernen und in mundgerechte Stücke schneiden. Mit etwas Zitronensaft beträufeln und langsam kauen.

Mittags: Apfel-Sellerie-Salat

Als Aperitif zunächst 1 Glas Apfelessig-Drink trinken. Für den Salat 1 Stange Sellerie putzen und sehr fein würfeln. 2 kleine Äpfel waschen, putzen und ebenfalls fein würfeln. Beides zusammengeben, mit 2 TL Zitronensaft und 1 TL Olivenöl vermischen. Nach Geschmack mit Kräutern würzen.

Abendessen: Geriebene Äpfel

Mit einer Reibe 2 geschälte Äpfel reiben. Das Apfelmus mit 1 EL Zitronensaft beträufeln und nach Geschmack 1 TL Ahornsirup und 1 Prise Zimt dazugeben. Davor 1 Glas Apfelessig-Drink trinken.

2

Schlank und vital in 7 Tagen: Gönnen Sie sich eine Kur zu Hause, bei der Sie entschlacken und Ihr Inneres rundum erneuern. Schon nach einer Fastenwoche werden Sie belohnt mit schönerer Haut, guter Laune und garantiert einigen Pfunden weniger.

Fasten und Mayr-Kur – die intensiven Schlankmacher

Sanfte Reinigung mit starker Wirkung

Fasten – uralte Heilmethode zur Entgiftung

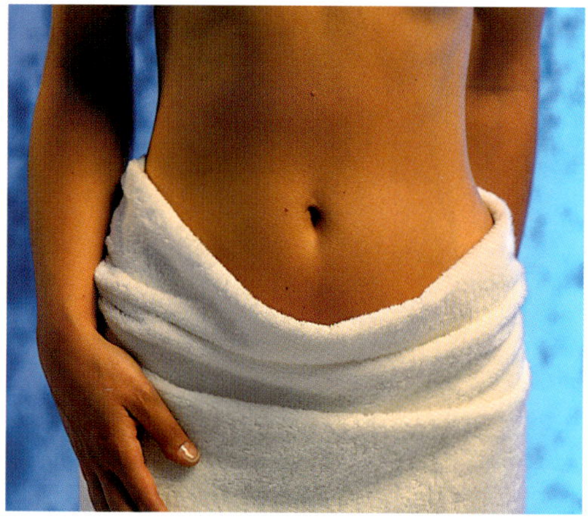

Fasten gilt seit Jahrtausenden in vielen Religionen als rituelle Reinigung von Körper und Seele. Anfang des 20. Jahrhunderts entdeckten Ärzte das Fasten auch als medizinische Therapie. So begründeten die Mediziner Otto Buchinger (1878–1966) und Franz Xaver Mayr (1875–1965) jeweils eigene Fastenmethoden.

Ziel beider Kuren ist es, den Darm zu entgiften und zu schonen, um damit die Selbstheilungskräfte des Körpers zu stärken. Bis heute wurde das Fasten zu einem ganzheitlichen Heilverfahren weiterentwickelt, das viele Kurkliniken anbieten. Und kurze Fastenkuren können Sie mit ein wenig Anleitung auch zu Hause durchführen.

Was unseren Körper belastet

Egal was Sie essen oder trinken: In jedem von uns sammeln sich mit der Zeit Schlacken an. Denn bei der Arbeit des Stoffwechsels bleiben Abfallprodukte übrig, die der Körper nicht mehr verwerten kann. Dazu zählen etwa Harnsäuresalze, Kohlendioxid oder das Cholesterin. Normalerweise sorgt unser Körper selbst dafür, daß Nieren, Leber, Haut und Lunge diesen »Stoffwechselmüll« wieder ausscheiden. Doch Bewegungsmangel, zu viel Streß, zu viele Genußmittel, allzu üppige Speisen und manche Medikamente überlasten die Reinigungsorgane. Sie werden der Schlackenflut nicht mehr Herr, und so werden die Abfallstoffe einfach abgelagert, zum Beispiel in den Gefäßen, im Bindegewebe oder in den Gelenken.

Die Zeichen erkennen

Daß Ihr Organismus überlastet ist, erkennen Sie beispielsweise an glanzlosen Haaren und einer grauen Haut, die trotz guter Pflege müde aussieht. Fühlen Sie sich zudem oft erschöpft, leiden Sie häufig unter leichten Verdauungsbeschwerden und nehmen Sie trotz Diäten nicht ab? All das können Symptome dafür sein, daß sich in Ihrem Körper zu viele Schlacken angesammelt haben. Dann helfen keine teuren Cremes und Pillen, weil sie die eigentliche Ursache nicht beheben. Was Ihnen helfen kann, ist eine konsequente, gründliche Reinigung von innen heraus. Das Ergebnis: Stoffwechsel und Verdauung arbeiten störungsfrei, und Sie fühlen sich wieder rundum wohl und vital.

Umwelt und Lebensweise

Anlässe für eine entgiftende und befreiende Fastenkur gibt es viele. Eine zu reichhaltige Ernährung mit viel Eiweiß, Fett und Alkohol sowie unsere bewegungsarme Lebensweise führen nicht nur zu den ungeliebten Fettpölsterchen, sondern lassen auch die Verdauung erschlaffen. Zusätzlich beeinträchtigen ein voller Darm und ein träger Körper das körperliche und das seelische Wohlbefinden ganz erheblich.

Daneben tragen auch Schadstoffe aus der Umwelt dazu bei, daß die inneren Organe überlastet werden. Manche dieser Stoffe sind bei bewußter

Ernährung vermeidbar, etwa die zahlreichen ungesunden Nahrungsmittelzusätze. Anderen hingegen kann man kaum entgehen, da sie in der Umwelt allgegenwärtig sind. Dazu zählen Schadstoffe wie PCB und Benzol, Schwermetalle wie Quecksilber, Blei und Kadmium oder auch natürliche Gifte wie Schimmeltoxine oder Röststoffe. All diese Substanzen können vom Körper kaum oder nur sehr langsam abgebaut und ausgeschieden werden. Daher reichern sie sich oft im Organismus an und schaden ihm auf die Dauer.

Schlacken aus der Nahrung

Den größten Anteil an der übermäßigen Ansammlung von Schlacken und Schadstoffen hat aber unsere Ernährungsweise. Wer sich zu einseitig mit Konserven und Fertigprodukten ernährt und dadurch die vitalstoffreiche, pflanzliche Nahrung vernachlässigt, überfordert auf Dauer seinen Körper.

➤ **Eiweiß** ist zwar ein lebenswichtiger Baustein für unsere Zellen, doch brauchen wir lange nicht so viel, wie wir täglich zu uns nehmen. Ein Zuviel an tierischem Eiweiß fördert die Übersäuerung der Zellen und des Gewebes (Seite 152). Deshalb sollten wir weniger Fleisch, Wurst und Käse essen.

➤ **Fett** im Überfluß macht Magen und Darm nicht nur träge, sondern schädigt auch die Leber und führt zu Übergewicht. Der heute übliche Fettverzehr liegt weit über dem tatsächlichen Bedarf unseres Körpers. Auch hier sind wieder ein Zuviel an Fleisch, Wurst, Käse und Sahne die Hauptursache. Hochwertige pflanzliche Öle mit ihrem Gehalt an ungesättigten Fettsäuren schaden hingegen nicht – sie fördern sogar unsere Gesundheit (Seite 132).

➤ **Kohlenhydrate** aus industriell verarbeiteten Lebensmitteln enthalten nur noch wenige Vitalstoffe. Das betrifft vor allem Zucker, Back- und Teigwaren aus weißem Mehl, polierten Reis und Süßigkeiten aller Art. Sie werden deshalb auch »leere Kohlenhydrate« genannt. Bei ihrer Verwertung im Stoffwechsel fallen unnötig viele Säuren an, die die Säure-Basen-Balance im Körper stören (Seite 152). Außerdem führt ihr Mangel an Vitaminen, Mineralstoffen und Spurenelementen dazu, daß der Organismus trotz Nahrungsüberfluß nicht ausreichend versorgt wird. Dazu enthalten sie kaum noch Ballaststoffe, die unsere Verdauung aber dringend braucht (Seite 120). Lassen Sie sich daher statt Weißmehl und weißem Reis öfter mal Vollkornbrot und Naturreis schmecken.

➤ **Genußmittel** im Übermaß bedeuten Gift für unseren Körper. Alkohol, Kaffee und Zigaretten enthalten Stoffe, die unsere Organe zusätzlich belasten. Wer mit diesen Genußmitteln nicht maßhalten kann, riskiert eine allmähliche Vergiftung seines Körpers, da sich die Schadstoffe in den Zellen und Geweben ansammeln.

➤ **Chemische Zusätze** sind in nahezu allen industriell verarbeiteten Lebensmitteln enthalten. Ob es sich dabei um gepökeltes Fleisch, konservierte Dosengerichte, farbige Süßigkeiten, Brot mit Antischimmelmitteln oder geschwefelte Trockenfrüchte handelt, ist einerlei. Die Liste der heute bei uns zugelassenen Zusatzstoffe ist lang. Manche dieser Stoffe sind natürlichen Ursprungs, bei vielen handelt es sich jedoch um künstlich hergestellte Substanzen. Sie sind zwar erlaubt, aber deshalb nicht unbedenklich. Das zeigen auch die Nahrungsmittelunverträglichkeiten und Allergien, unter denen immer mehr Menschen leiden.

Falsche Ernährung belastet unseren Körper

Heilsame innere Reinigung

Sie können Ihren Stoffwechsel dabei unterstützen, das auszuscheiden, was er nicht verwerten kann, was ihn belastet oder gar krank macht:

➤ Mit abwechslungsreicher Ernährung, viel Flüssigkeit und reichlich Bewegung sorgen Sie dafür, daß sich Stoffwechselschlacken und Giftstoffe in Zellen und Geweben erst gar nicht ansammeln.

➤ Mit einigen Fastentagen ist das Ausleiten bereits abgelagerter Schadstoffe auf einfache Weise möglich: Sie verzichten eine Zeitlang auf feste Nahrung, so daß Verdauungstrakt und Stoffwechsel entlastet sind. Gleichzeitig greift der Körper auf seine eigenen Energiereserven zurück und baut dabei auch Schlacken mit ab. Währenddessen müssen Sie viel trinken: Tees, Wasser, Molke, klare Gemüsebrühen und frische Obst- oder Gemüsesäfte. Sie vertreiben nicht nur das Hungergefühl, sondern versorgen den Körper in dieser Zeit mit den notwendigen Vitaminen, Mineralien und geringen Eiweißmengen. Vor allem aber braucht der Körper die Flüssigkeit zum Ausschwemmen der beim Fasten frei werdenden Substanzen.

➤ Sanfte Hilfen zur Darmentleerung, Einläufe und viel Bewegung helfen zusätzlich, sich von den Schlacken zu befreien.

➤ Wasseranwendungen, Massagen und Entspannungsübungen runden die Intensivkur ab und machen sie zu einer überaus gesunden inneren Reinigung mit Wohlfühlgarantie.

➤ Wenn Sie sich rundum verwöhnen lassen wollen und während des Fastens optimal betreut werden möchten, gönnen Sie sich einen Aufenthalt in einer Fastenklinik mit erfahrenen Ärzten und einem gezielten Sport- und Erholungsprogramm.

➤ Mit praxisgerechten Tips und einer Anleitung für jeden Tag gelingt Ihnen eine Fastenkur aber auch zu Hause (Seite 68).

Vitaler Darm – vitaler Mensch

Damit wir fit, gesund und schlank bleiben, brauchen wir einen gut funktionierenden Stoffwechsel und ein reibungslos arbeitendes Verdauungssystem: Gerade der Darm bildet die Basis unseres Wohlbefindens, oder wie es der österreichische Fastenarzt F. X. Mayr sagte: »Der Darm ist die Wurzel der Pflanze Mensch.« In dieser Aussage steckt die Erkenntnis, daß es der Darm ist, der uns mit den lebenswichtigen Nährstoffen versorgt. Wenn er nicht gesund ist, fühlen auch wir uns nicht wohl.

Heute leiden immer mehr Menschen an Verstopfung, Völlegefühl oder unangenehmen Blähungen. Ein sichtbar vorgewölbter Blähbauch stört aber nicht nur das allgemeine Wohlgefühl und unser Wunschbild von einer schlanken Figur. Er deutet auch auf eine Störung des empfindlichen Innenlebens des Darms hin. Was auf Dauer zu ernsthaften Erkrankungen führen kann.

Der Darm – Quelle des Wohlbefindens

Der Darm und die Verdauung spielen eine bedeutendere Rolle in unserem Leben, als uns bewußt ist. Solange alles reibungslos funktioniert, machen wir uns wenig Gedanken. Doch selbst wer unter Blähungen oder Verstopfung leidet, greift eher zu verdauungsfördernden Medikamenten oder Abführpillen, als der eigentlichen Ursache auf den Grund zu gehen:

Mit der richtigen Ernährung, viel Flüssigkeit und regelmäßiger Bewegung können die meisten Verdauungsbeschwerden auf natürliche Weise und ganz ohne Nebenwirkungen reguliert und langfristig behoben werden.

So funktioniert die Verdauung

Ob Obst, Gemüse oder Fleisch – was wir täglich essen, wird zerkleinert, bearbeitet, zersetzt, aufgespalten und als Nährstoffe ins Blut transportiert. Was der Darm nicht verwerten kann, wird als Abfall ausgeschieden.

- Die **Zähne** zerkleinern die Nahrung, bis sie – mit Speichel vermischt – zu einem Brei wird. Enzyme im Speichel beginnen damit, die Nahrung aufzuspalten.
- Im **Magen** wird der Speisebrei durch Muskelbewegungen kräftig durchgeknetet, durch Magensäure zersetzt und danach in kleinen Portionen in den ersten Darmabschnitt befördert.
- Der **Darm** besteht aus vier Abschnitten: Zwölffingerdarm, Dünndarm, Dickdarm und Mastdarm. Damit die Schleimhaut des Darmes auch umfangreiche Nährstoffmengen aufnehmen kann, benötigt sie eine große Oberfläche. Deshalb ist die Darmschleimhaut mehrfach gefaltet und besitzt unzählige kleine noppenartige Ausstülpungen, über die die Nährstoffe ins Blut gelangen.
- Im **Zwölffingerdarm** werden hauptsächlich Mineralien und Spurenelemente aus dem Speisebrei herausgelöst. Außerdem spalten Enzyme aus der Bauchspeicheldrüse Fette, Eiweiß und Kohlenhydrate.
- Im **Dünndarm** wird die Aufspaltung der Nahrung abgeschlossen, und die Spaltprodukte werden ins Blut aufgenommen.
- In den **Dickdarm** wird alles weitergeleitet, was nicht verdaut werden konnte. Ballaststoffe unterstützen ihn bei seiner Arbeit: Sie quellen auf und geben dem übriggebliebenen Darminhalt das nötige Volumen, so daß der Darm angeregt wird, sich schnell von den Verdauungsresten zu befreien.
- Der **Mastdarm** ist die Endstation des Speisebreis. Ein Dehnungsreiz regt ihn zur Entleerung an. Fehlt dieser Reiz, so kommt es unweigerlich zur Verstopfung.

Gesunde Darmflora für einen gesunden Körper

Im Darm siedeln unzählige Darmbakterien, die ganz grob in nützliche und schädliche unterteilt werden können. Normalerweise besteht in einer intakten Darmflora ein Gleichgewicht zwischen den vielen Bakterienarten, so daß sie ihre vielfältigen Funktionen erfüllen kann (siehe Kasten). Doch unsere Darmflora ist ständigen Angriffen von innen und außen ausgesetzt, die ihre Zusammensetzung empfindlich stören können, so daß schädliche Darmbakterienstämme die günstigen verdrängen.

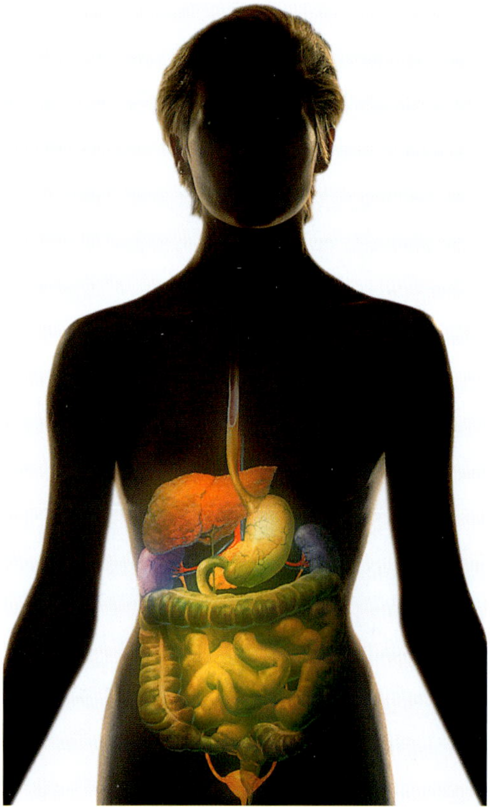

INFO

Aufgaben der Darmflora

Die nützlichen Bakterien in unserem Darm unterstützen ihn nicht nur bei der Verdauung. Sie übernehmen vielfältige andere Aufgaben, wie

- *die Neutralisierung von Giften*
- *die Stärkung des darmeigenen Immunsystems*
- *die Produktion von Abwehrstoffen, die schädliche Bakterien abtöten können*
- *die Produktion von B-Vitaminen und Vitamin K, die unter anderem für das Wachstum von Zellen, Haut, Haaren, Nägeln, Schleimhäuten, Nervenzellen, Blut- und Immunzellen wichtig sind*
- *die optimale Ernährung der Darmzellen*
- *die optimale Aufnahme der Nährstoffe, Mineralien, Spurenelemente und Vitamine über den Darm.*

Zu diesen Störungsfaktoren zählen:

- vorwiegend säurebildende Lebensmittel (Fleisch, Wurst, Süßigkeiten; Seite 152)
- falsche Ernährungsgewohnheiten wie hastiges Essen, wenig Flüssigkeit, Essen am späten Abend
- die Einnahme bestimmter Medikamente wie Antibiotika und Abführmittel
- übermäßig viel Alkohol und Nikotin
- Umweltgifte aus der Nahrung, dem Trinkwasser oder der Luft
- zu wenig Ballaststoffe, von denen viele der nützlichen Darmbakterien leben.

Der Säure-Basen-Test

Aus dem Chemieunterricht wissen Sie vielleicht noch, daß Flüssigkeiten einen Säurewert (pH-Wert) haben. Salzsäure beispielsweise hat

Mit Teststreifen den pH-Wert messen

einen sehr niedrigen pH-Wert, da sie sehr sauer ist. Natronlauge dagegen ist mit einem sehr hohen pH-Wert extrem basisch. Der Säurewert kann mit einem Teststreifen ermittelt werden, der sich je nach Säuregehalt unterschiedlich verfärbt.
Auch die Flüssigkeiten unseres Körpers wie Harn, Blut, Lymphe und Drüsensekrete haben einen charakteristischen Säurewert: Zum Beispiel sollte das Blut einen pH-Wert von 7,4 haben. Eine einfache Methode, wie Sie eine eventuelle Übersäuerung Ihres Verdauungstraktes feststellen können, ist die Messung des pH-Wertes im Harn. Teststreifen dafür gibt es in jeder Apotheke zu kaufen, mit einer pH-Skala von 5,2 bis 7,4.

So wird's gemacht:

- Tauchen Sie den Teststreifen in den Morgenurin, also den ersten Harn nach dem Aufstehen. Vergleichen Sie die Verfärbung des Streifens mit den Farbfeldern auf der Verpackung und lesen Sie den entsprechenden pH-Wert ab. In der Regel haben Sie am Morgen einen sauren pH-Wert (unter pH 7), weil der Körper nachts die sauren Stoffwechselschlacken verarbeitet und sie morgens ausscheidet.
- Wenn Sie im Laufe des Tages weitere Messungen durchführen, dann sollten neutrale (pH 7) bis basische Meßwerte (über pH 7) überwiegen. Diese Werte zeigen Ihnen, daß keine sauren Stoffwechselschlacken mehr über die Niere ausgeschieden werden.
- Einzelne Messungen sagen allerdings kaum etwas aus. Daher sollten Sie diesen Test an mehreren Tagen durchführen und die Werte jeweils notieren. Bleiben Ihre Werte mehrmals hintereinander auch tagsüber eher im sauren Bereich (also unter pH 7), sind eine Fastenkur und die Umstellung Ihrer Ernährung empfehlenswert. Um ganz sicherzugehen, sollten Sie in diesem Fall Ihren Hausarzt oder Heilpraktiker um Rat fragen.

Die sanfte Reinigungskur

Für Ihren Körper ist Fasten wie eine sanfte und trotzdem gründliche innere Reinigung – eine Art Generalüberholung. Denn das Fasten hilft Zellen und Gewebe, wieder freier zu »atmen«, sich zu regenerieren und zu verjüngen. Das werden Sie nicht nur auf der Waage und an Ihrer Haut merken. Auch Ihr allgemeines Wohlbefinden und Ihr seelisches Gleichgewicht profitieren davon, daß der Körper Ballast abwirft.
In den ersten Fastentagen verlieren Sie zunächst an Gewicht, was als überflüssiges Wasser im Bindegewebe abgelagert war. Gleichzeitig erholt sich Ihr Stoffwechsel, so daß er anschließend die Nähr-

INFO

Heilsame Wirkung der Entschlackungskur

- *Sie wirkt wie eine »Kosmetik von innen«, sorgt für glänzende Haare, einen strahlenden Teint und schöne Fingernägel.*
- *Sie stärkt die Abwehrkräfte und läßt eventuell vorhandene Alltagsbeschwerden ausheilen.*
- *Sie wirkt wie ein Jungbrunnen, denn sie beugt vorzeitigen Alterserscheinungen vor, die durch das Verschlacken des Gewebes und der Zellen begünstigt werden.*
- *Sie gibt dem Organismus einen Energieschub, der für mehr körperliche und geistige Vitalität sorgt.*
- *Entschlackungskuren, regelmäßig durchgeführt, beugen vielen Zivilisationskrankheiten wie Übergewicht, Arteriosklerose, Gicht, Rheuma und Herzerkrankungen vor.*

und Vitalstoffe aus der Nahrung wieder besser verarbeiten kann. Die Erfahrung zeigt, daß sich ein gut funktionierender Stoffwechsel schließlich von selbst auf ein den Lebensumständen entsprechendes, gesundes Gewicht einpendelt und es auch auf Dauer halten kann.

Loslassen – entspannen

Eine Fastenkur wirkt sich auch positiv auf Ihr Seelenleben aus. Denn man kann auch seelisch und geistig »verschlacken«. Der Alltag erfordert oft sehr viel Anpassung, Kompromißbereitschaft und Geduld. So mancher Konflikt wird dabei nicht offen ausgetragen, und die damit verbundenen »unverdauten« Gefühle werden ebenfalls »abgelagert«. Das wirkt sich mehr auf das seelische Befinden aus, als wir bewußt wahrnehmen.
Möglicherweise fühlen Sie sich oft unausgeglichen, ausgebrannt oder deprimiert. Eine Fastenkur – am besten weitab vom Alltag – kann dazu beitragen, daß Sie Abstand gewinnen und nicht nur Ihre Ernährungs-, sondern auch Ihre Lebensweise überdenken und wenn möglich ändern.
Außerdem werden im fastenden Organismus vermehrt Glückshormone gebildet. Vielen Fastenden geht es schon in den ersten Tagen spürbar besser, da ihr Körper nachhilft und das Hormon Serotonin ausschüttet: Die Stimmung steigt, sie fühlen sich ausgeglichen und sind in der Lage, belastende Gedanken einfach loszulassen.

Finden Sie Ihr Wohlfühlgewicht

Wenn Sie sich entschlossen haben, mit einer Reinigungskur etwas gegen Ihre überflüssigen Pfunde zu tun, sollten Sie sich auch ein paar grundlegende Gedanken über das Thema Abnehmen machen. Denn Figurprobleme entstehen zuallererst im Kopf. Genau dort müssen Sie auch mit dem Abnehmen anfangen.

Der Alptraum vom Traumgewicht

Wunschfigur, Traummaße und Idealgewicht sind oft benutzte Begriffe unserer stark an Äußerlichkeiten orientierten Zeit. Schlanke Körper berühmter Laufstegschönheiten dienen als Leitbilder, an denen wir die eigenen Wunschvorstellungen einer erstrebenswerten, tadellos aussehenden Figur festmachen. Dadurch lassen sich viele Frauen völlig unnötig unter Druck setzen. Denn jeder Mensch ist nun mal anders und besitzt eine ganz persönliche Konstitution. Oft kann sie gar nicht in das superschlanke Idealbild unserer Werbe- und Show-Welt passen.
Inwieweit Sie also Ihr Gewicht und Ihre Rundungen als störend und lästig empfinden, hängt nicht zuletzt auch von Ihren eigenen, vielleicht überzogenen Wünschen ab: Im schlimmsten Fall wird dadurch die eigene Figur zum »Alptraum«, oder das Traumgewicht bleibt für immer ein Traum.

Laut Umfragen ist jede zweite Frau mit ihrer Figur unzufrieden. Ebenso viele haben deswegen schon diverse Schlankheitskuren ausprobiert. Mittlerweile ist auch eine zunehmende Zahl von Männern unzufrieden mit ihrem Gewicht. Auch sie wollen etwas für ihre Figur tun, probieren Diäten aus oder rackern sich im Fitness-Studio ab.
Lösen Sie sich von unrealistischen Schlankheitswünschen. Es ist viel wichtiger, einen Körper zu haben, in dem Sie sich rundum wohl fühlen, der vielleicht keine Traummaße aufweist, aber für Sie eine Quelle der Zufriedenheit ist.

Der BMI zeigt Ihnen die Richtung

Was aber ist nun ein akzeptables Gewicht, mit dem Sie selbst zufrieden sein können und das auch Ihr Arzt als gesund und »normalgewichtig« einstufen würde? Mit Hilfe des »Body Mass Index« (BMI) können Sie einen Anhaltspunkt dafür bekommen, wie nahe Sie Ihrem persönlichen Wohlfühlgewicht sind. Möglicherweise haben Sie es sogar schon erreicht, oder aber Sie sollten etwas dafür tun, um es zu erreichen. Wie Sie den BMI berechnen, steht im Kasten oben.

TIP

So berechnen Sie den BMI

➤ *Bestimmen Sie Ihren Body Mass Index:*

$$BMI = \frac{\text{Körpergewicht in kg}}{\text{Körpergröße in } m^2}$$

Beispiel: *Bei 1,70 Meter und 70 Kilogramm*

$$BMI = \frac{70 \text{ kg}}{1{,}70 \text{ m} \times 1{,}70 \text{ m}} = 24{,}22$$

➤ *Bewerten Sie Ihren BMI mit dieser Tabelle, die Alter und Geschlecht berücksichtigt:*

	19–34 Jahre	35–44 Jahre	45–54 Jahre	55–64 Jahre	>64 Jahre
wünschenswerter BMI für Frauen	19–24	20–25	21–26	22–27	23–28
wünschenswerter BMI für Männer	20–25	21–26	22–27	23–28	24–29

Der BMI für Ihr Wunschgewicht liegt innerhalb der in der Tabelle angegebenen Spanne. Liegt Ihr BMI unterhalb des Bereiches, so sind Sie untergewichtig. Liegt er höher, haben Sie Übergewicht. Bei einem BMI über 30 sollten Sie mit Ihrem Arzt sprechen.

Um den BMI nicht nur von einer Tabelle abzulesen, sondern auch mit Ihrem persönlichen Körperempfinden in Einklang zu bringen, sollten Sie bei der Beurteilung der Werte zwei Dinge einbeziehen: Zum einen spielt Ihre persönliche Konstitution, Ihre Veranlagung, eine Rolle. Zum anderen hängt das Gewicht immer auch von Ihren augenblicklichen Lebensumständen ab.

Stimmen Sie sich ein

Bevor Sie mit einer Fastenkur beginnen, bedenken Sie, daß zu einem dauerhaften Erfolg auch nach der Kur mehr gehört, als nur 7 Tage nichts zu essen.

➤ Die Ernährungsgewohnheiten unter die Lupe nehmen

Sobald Sie erkannt haben, daß Ihre bisherigen Ernährungs- und Lebensgewohnheiten in direktem Zusammenhang mit Ihrem Übergewicht stehen, sind Sie auf dem richtigen Weg, um mit einer gesunden Entschlackungskur auch die Gewichtsprobleme in den Griff zu kriegen.

Damit Sie nach dem Fasten nicht sofort in Ihre alten Gewohnheiten zurückfallen, sollten Sie die ruhige Fastenzeit dazu nutzen, um sich über Ihre Fehler im Ernährungsverhalten klarzuwerden: »Was kann ich besser machen?«, »Wann fange ich damit an?«, »Welche Probleme könnte es dabei geben?«, »Wo kann ich Ratschläge bekommen?« Das sind nur einige der Fragen, die Sie sich beantworten sollten, damit die Waage nicht wenige Wochen nach der Entschlackungskur wieder so viel anzeigt wie vorher.

Eventuell hilft Ihnen ein Kochbuch mit fettarmen Rezepten beim allmählichen Abnehmen nach dem Fasten. So können Sie lernen, in Zukunft mit wenig Fett und doch schmackhaft zu kochen (Low Fat, Seite 132).

➤ Ein realistischer Blick in den Spiegel

Ihr »Konstitutionstyp« bildet die Grundlage für jeden Abnehmwunsch. Denn wer mit starkem Knochenbau und geringer Körpergröße ausgestattet ist, wird nie feingliedrig und groß werden. Und es wäre unrealistisch, durch Fasten den Körperbau eines zierlichen Menschen annehmen zu wollen, wenn man selbst von Natur aus eher ein stabiler Typ ist. Für manche ist es nicht einfach, sich von unrealistischen Schönheitsvorstellungen zu verabschieden, weil der Druck der Umwelt so groß zu sein scheint. Vielleicht hilft Ihnen aber der Abstand vom Alltag während einer Fastenkur, die Realitäten anzuerkennen und Ihren Körper anzunehmen, wie er ist.

Machen Sie sich immer klar, daß Ihre Attraktivität, Ihre Beliebtheit und die Anerkennung, die Sie von anderen erhalten, nicht in erster Linie von Ihrer Kleidergröße abhängt, sondern von Ihrer Persönlichkeit.

➤ Die eigenen Schwächen erkennen

Ob in Gefühlskrisen, bei beruflichem Streß oder nach dem Streit mit dem Partner – für viele wird in solchen Situationen der Gang zum Kühlschrank zum Zwang. Wenn Sie nicht gegensteuern, bildet sich mit der Zeit Kummerspeck. Denken Sie einmal nach: Sie spüren, daß Sie eigentlich etwas ganz anderes als Essen brauchen, um sich wohl zu fühlen. Wie wäre es, wenn Sie gezielt nach dem suchen, was Sie wirklich vermissen?

➤ Sich Zeit lassen

Abnehmen geht nicht von heute auf morgen. Ihr Körper hat auch eine Zeitlang gebraucht, um runder zu werden. Beim Fasten und Entschlacken verlieren Sie zwar in den ersten Tagen schnell einige Pfunde, aber das ist vor allem Wasser.

Danach reduziert sich Ihr Gewicht wesentlich langsamer, manchmal bleibt es sogar konstant. Deshalb ist es zum Abnehmen wichtig, daß Sie nach dem Fasten Ihre Ernährung tatsächlich umstellen, dann verlieren Sie sicherlich noch einiges an Ballast. Eine langsame, allmähliche Gewichtsabnahme ist ohnehin die gesündeste Art, um schlank zu werden und es dauerhaft zu bleiben. Alles, was Sie dafür brauchen, ist Vertrauen in Ihren Körper, etwas Disziplin und Geduld.

Die ersten Schritte in die Praxis

Wenn Sie zum ersten Mal vorhaben zu fasten, ist es vielleicht einfacher für Sie, wenn Sie sich Schritt für Schritt darauf vorbereiten.

Tageweise fasten

Probieren Sie das Fasten zunächst einmal an einzelnen Entlastungstagen aus (Seite 48). Beginnen Sie mit einem Tag pro Monat und steigern Sie dann auf einen regelmäßigen Entlastungstag pro Woche. Dafür sollten Sie immer einen bestimmten Tag – am besten am Wochenende – reservieren. Durch diesen Einstieg können Sie das bewußte Einschränken der Nahrung ganz einfach trainieren und schaffen sich damit eine gute Grundlage, um eine längere Fastenkur ohne Probleme durchzuhalten.
Schon die kleinen positiven körperlichen und seelischen Veränderungen, die Sie an diesen Tagen spüren werden, motivieren Sie auf dem Weg zu Ihrem Ziel: gesunde Gewichtsabnahme, körperliche und geistige innere Reinigung und die Möglichkeit, dauerhaft Ihr Gewicht zu halten.

Ziele formulieren

Überlegen Sie sich, welche Wünsche Sie durch eine längere Kur verwirklichen wollen. Versuchen Sie, diese Wünsche in positiven Sätzen zu formulieren. Zum Beispiel: »Ich möchte mein persönliches Wohlfühlgewicht finden und es auch halten« oder »Ich möchte meine Ernährung so umstellen, daß ich dauerhaft gesund bleibe« oder »Ich möchte meine Verdauungsbeschwerden auf natürliche Weise loswerden und mich einfach wohler fühlen«.
Sich auf diese Weise vorzubereiten wird Ihnen innere Sicherheit geben und dadurch Ihr Durchhaltevermögen für die Kur stärken.

Von körperlichem und seelischem Ballast befreit

Alle Jahre wieder

Gönnen Sie sich eine verjüngende und entspannende Fastenkur mindestens einmal im Jahr. Wählen Sie eine bestimmte Jahreszeit zu Ihrer persönlichen Entschlackungszeit, so können Sie sich innerlich einstellen und darauf freuen.
Das Frühjahr ist besonders gut geeignet, weil der im Winter träge gewordene Stoffwechsel nun einen »Kick« gut gebrauchen kann. Außerdem hat man im Winter meist mehr als üblich geschlemmt und sich weniger bewegt, so daß sich einiges an Ballast angesammelt hat, den man mit einer Frühjahrsfastenkur leicht wieder los wird.
Aber auch die anderen Jahreszeiten haben ihre Fastenreize: Der Sommer bietet viel Gelegenheit zu sportlichen Aktivitäten, die dem Fastenden gut tun. Der Herbst lädt dazu ein, auf ausgiebigen Spaziergängen Seelenballast loszuwerden. Und wer sich ganz in Ruhe seiner Gesundheit widmen will, kann im Winter in eine Fastenklinik gehen und sich dort mit begleitenden Anwendungen von Kneipp bis zur Massage verwöhnen lassen.

Fasten – Intensivkur für Körper und Seele

Fasten für die Gesundheit

Anfang des 20. Jahrhunderts entdeckte unter anderem der Arzt Dr. Otto Buchinger (1878–1966) den großen therapeutischen Nutzen des Fastens wieder. Erkrankt an einer lebensgefährlichen Form des Gelenkrheumas, lernte er am eigenen Leib die Heilkraft des Fastens kennen. Zwei Fastenkuren befreiten ihn von seinen Beschwerden. Daraufhin entwickelte er das »Heilfasten nach Buchinger« mit Brühen, Säften und Tees. Heute ist das Heilfasten eine anerkannte Therapie, die in Fastenkliniken durchgeführt wird (Dauer: mindestens drei Wochen). Basierend auf dem Buchinger-Fasten entwickelte der Fastenarzt Dr. med. Hellmut Lützener vor fast 25 Jahren die »Fastenwoche für Gesunde«.

So alt wie die Menschheit

Sie können unter verschiedenen Formen des Fastens wählen: von der Blitzkur in Form eines Entlastungstages (Seite 48) über mehrtägige Saft- und Teekuren, die Fastenwoche für Gesunde (Seite 74) bis hin zu ärztlich verordneten Heilfastenkuren in einer Fastenklinik. Der teilweise oder vollständige Verzicht auf feste Nahrung stellt für den Körper eine große Entlastung dar und ist ein natürliches Mittel, um Ballast abzuwerfen und körperlich und geistig wieder fit zu werden.

Das haben auch unsere Vorfahren schon gewußt, denn Fasten ist so alt wie die Menschheit selbst und wurde in allen Kulturen durchgeführt: Bei vielen Völkern war das Fasten Bestandteil religiöser und kultischer Rituale, damit man der Gottheit in völliger Reinheit und Offenheit gegenübertreten konnte. Gleichzeitig war es eine Übung, um die emotionalen und geistigen Fähigkeiten zu stärken. Gefastet wurde aber auch aus Gesundheitsgründen, da Heilkundige schon immer um den guten Einfluß gründlicher Reinigungskuren wußten.

Was ist Fasten?

Fasten wirkt tiefgreifend auf den Stoffwechsel und kann damit Körper und Gesundheit regenerieren. Der Nahrungsentzug aktiviert unseren »inneren Arzt«, denn in körperlicher Hinsicht ist Fasten ein instinktiver, natürlicher Mechanismus, um im Falle einer Erkrankung den Heilungsprozeß optimal zu unterstützen. Jeder hat schon einmal erlebt, daß er bei einer Grippe keinen Appetit mehr hat und deshalb weniger ißt. Auf diese Weise wird der Organismus entlastet und kann all seine Energie darauf verwenden, krank machende Erreger unschädlich zu machen und notwendige »Reparaturmaßnahmen« durchzuführen.

Mit dem Begriff Fasten verbinden manche die Vorstellung von unangenehmen, strengen Hungerkuren. Doch Fasten heißt lediglich, freiwillig und bewußt für einen begrenzten Zeitraum auf feste Nahrung zu verzichten. Denn dieser Verzicht

Für ein paar Tage nur flüssige Nahrung

Obstsäfte sorgen für Vitamine

auf Nahrung ist nicht nur für kranke, sondern auch für gesunde Menschen eine der besten Methoden, um Zivilisationskrankheiten aller Art vorzubeugen, das Wohlbefinden zu stärken und neue Lebenskraft zu schöpfen.

Wie der Körper auf Fasten reagiert

Wenn wir keine feste Nahrung mehr zu uns nehmen, versucht der Körper zunächst zur Deckung seines Energiebedarfs auf die leicht verfügbaren Zuckervorräte zurückzugreifen. Gleichzeitig drosselt er seinen Stoffwechsel, um Energie einzusparen. Der Körper schaltet auf Sparprogramm und reduziert seine Funktionen auf das notwendige Mindestmaß.
Schon nach etwa einem Tag sind die Zuckerreserven in Leber und Muskeln aufgebraucht. Danach zapft der Körper die Fett-Depots als Energiequelle an. Dabei werden auch nutzlose und überflüssige »Schlacken« frei, die von den Entgiftungsorganen ausgeschieden werden müssen. Deshalb ist es so wichtig, beim Fasten viel zu trinken.

Vorbeugen und heilen

Gesunde Menschen führen eine Fastenwoche auch deshalb durch, weil sie damit Erkrankungen effektiv vorbeugen können (siehe nebenstehenden Kasten). Wenn Sie gelegentlich unter leichten Befindlichkeitsstörungen leiden wie Kopfschmerzen, Muskelverspannungen, Erkältungskrankheiten, Erschöpfung, kalten Händen und Füßen oder leichten Verdauungsbeschwerden wie Völlegefühl, Blähungen, Sodbrennen, kann das Fasten eine ausgezeichnete Selbsthilfe-Maßnahme sein. Es stärkt die körpereigenen Abwehrkräfte und lindert die Beschwerden nachhaltig, wenn sie nicht sogar ganz verschwinden. Fragen Sie Ihren Arzt, ob er Ihnen zu einer Fastenwoche raten kann.
Heilfasten dagegen kann für Menschen, die unter bestimmten chronischen Krankheiten leiden, eine einfache und intensive Therapie sein (»Heilfasten nach Buchinger«). Es kann die täglichen Beschwerden mindern und sogar die Ursachen bekämpfen, indem es einen körpereigenen Heilungsprozeß in Gang setzt.
Dies gilt vor allem für Erkrankungen des Herz-Kreislauf-Systems, Neigung zur Thrombose, Bluthochdruck, chronische Erkrankungen der Verdauungsorgane, Magen-Darm-Erkrankungen, Erkrankungen der Bauchspeicheldrüse, Allergien, grünen Star (Glaukom), Krampfadern, Hautkrankheiten, rheumatische Erkrankungen, Gicht und schweres Übergewicht mit all seinen Folgeerkrankungen. Für eine Heilfastenkur müssen Sie sich aber unbedingt von Ihrem Arzt beraten lassen und dürfen die Kur nur unter ärztlicher Aufsicht in einer Fastenklinik durchführen.

INFO

Fastenwirkungen

Die Fastenwoche für Gesunde nach Dr. Lützner ist ein natürliches Stärkungsmittel, da es

- *den Abbau krank machender, überflüssiger Substanzen fördert, dabei das gesunde Gewebe schont*
- *den Stoffwechsel und das Bindegewebe entgiftet*
- *die Blutfettwerte und die Blutzuckerwerte normalisiert*
- *die Fließeigenschaften des Blutes verbessert*
- *den Magen-Darm-Trakt, die Gallenwege und die Bauchspeicheldrüse entlastet*
- *eine rasche Gewichtsabnahme bewirkt*
- *damit Gelenke und Wirbelsäule entlastet*
- *die Atmung verbessert*
- *das Herz kräftigt.*

INFO

Fastenwoche für Gesunde

Sie dürfen nicht selbständig fasten, wenn Sie
- *sehr nervös, überreizt, überfordert oder erschöpft,*
- *schwermütig oder labil sind,*
- *gerade eine schwere Krankheit oder Operation hinter sich haben,*
- *an Eßsucht oder Bulimie leiden,*
- *Medikamente einnehmen müssen.*

Außerdem sollten besser nicht fasten:
- *Schwangere und Stillende,*
- *Kinder unter 14 Jahren.*

Wenn Sie Zweifel haben, ob Sie fasten sollten, fragen Sie einen Arzt, der das Fasten kennt (Lützner, Dr. med. Hellmut: Wie neu geboren durch Fasten; Adressenliste).

Fasten und schlank werden

Eine mehrtägige Fastenkur zählt zu den beliebtesten Methoden, schnell ein paar Pfunde loszuwerden: Das aus dem Gleichgewicht geratene Stoffwechsel- und Verdauungssystem – eine der Hauptursachen für Übergewicht – kann sich auf natürliche Weise selbst regenerieren und seine Aufgaben anschließend wieder störungsfrei erfüllen. Wie wirkungsvoll sich diese Effekte an Ihrer Figur und Ihrem Wohlbefinden bemerkbar machen, spüren Sie schon nach wenigen Tagen. Ihr Körper reagiert dabei nach bestimmten Abläufen:

- Sie werden anfangs schnell an Gewicht verlieren, weil Sie zunächst viel Wasser aus dem Gewebe ausscheiden. Die meisten Menschen nehmen in den ersten Fastentagen durchschnittlich 400–500 Gramm pro Tag ab.
- Später, wenn Sie Ihre Fettreserven abbauen, geht es langsamer. Manchmal gibt es auch Tage, an denen das Gewicht konstant bleibt.
- Normalgewichtige verlieren insgesamt weniger Gewicht als Übergewichtige, denn Fasten befreit zwar den Körper von überflüssigem Ballast, für die Gesundheit notwendige Körpersubstanzen werden hingegen nicht angegriffen.

Wieviel dürfen Sie abnehmen?

Wie bereits erwähnt, werden beim Fasten Wasser, Zucker, Fett und Schlacken abgebaut. Die Tatsache, daß stark Übergewichtige beim Fasten mehr Gewicht verlieren als Menschen, die nur wenige Pfunde zuviel haben, ist ein Hinweis darauf, daß die Fastenkur das natürliche Regelwerk des Körpers wieder richtig einstellt und jeder so viel Gewicht verliert, wie es ihm entspricht:

- Wenn Sie gesund und normalgewichtig sind, beträgt Ihr Gewichtsverlust während einer Fastenwoche etwa 5 Prozent Ihres Gewichts. Bei einem Gewicht von 70 Kilogramm sind das also 3 $^1/_2$ Kilogramm.
- Wenn Sie Übergewicht haben, werden Sie vermutlich mehr als 5 Prozent an Gewicht verlieren. Erfahrungsgemäß können hier die Verluste von 5 bis zu 20 Prozent des Körpergewichts schwanken. Wenn Sie 80 Kilogramm wiegen, bedeutet ein Gewichtsverlust von 10 Prozent 8 Kilogramm. Diese Angaben hängen aber immer von den individuellen Reaktionen des Körpers ab und der Dauer einer Fastenkur. Verlieren Sie beim ersten Fasten weniger an Gewicht, sollten Sie dies als normale Reaktion Ihres Körpers akzeptieren.
- Sowohl für Normal- als auch für Übergewichtige gilt: Die Höchstgrenze von 20 Prozent Verlust des Körpergewichts innerhalb einer mehrwöchigen, ärztlich geleiteten Fastenkur sollte nicht überschritten werden. Was darüber hinaus geht, kann der Gesundheit schaden.

TIP

Fasten ist die wirksamste und natürlichste Methode, um das normale Gewicht wieder zu erreichen und zu halten.

Wie lange dürfen Sie fasten?

Wenn Sie beim erstmaligen Versuch Ihr Wohlfühlgewicht noch nicht ganz erreicht haben, sollten Sie nicht den Fehler machen, die Zeitspanne des Fastens einfach zu verlängern. Die normale, für die Selbsthilfe geeignete Fastenzeit beträgt 8 bis maximal 10 Tage. Längere Fastenkuren dürfen nur unter ärztlicher Aufsicht, am besten in einer Fastenklinik (Adressen, Seite 185), durchgeführt werden.

Den Jo-Jo-Effekt vermeiden

Wie bei den meisten Diäten kann auch nach dem Fasten das Gewicht wieder in die Höhe schnellen. Berücksichtigen Sie unbedingt, daß sich Ihr Körper während des Fastens an wenige Kalorien gewöhnt hat und jetzt mit viel weniger auskommt als vor der Kur. Die Folge: Sobald Sie Ihre alten Ernährungsgewohnheiten wieder aufnehmen, legen Sie schnell wieder an Gewicht zu. Die Gefahr des sogenannten Jo-Jo-Effekts droht. Das können Sie vermeiden, wenn Sie:

- schon während des Fastens für genügend Bewegung sorgen, damit Ihre Muskeln nicht erschlaffen und Sie mehr Kalorien verbrennen
- sich fettarm ernähren
- Ihre Ernährungsgewohnheiten so umstellen, daß sich kaum neue Schlacken bilden können
- sich nach dem Fasten eine Sportart suchen, die Sie auch in Zukunft regelmäßig betreiben.

Zu zweit macht alles noch mehr Spaß

Wie Sie selbständig fasten

Wenn Sie sich innerlich auf das Fasten eingestimmt haben und nun dazu entschlossen sind, ist bereits der wichtigste Schritt zu einer erfolgreichen und für Sie angenehmen Fastenkur getan.

Als nächstes vereinbaren Sie einen Arzttermin, um sich vorab untersuchen zu lassen und Ihr Vorhaben zu besprechen, vor allem, wenn Sie regelmäßig Medikamente einnehmen (etwa die Pille). Wenn Ihr Arzt oder Heilpraktiker keine Einwände hat, ist der Rest nur noch eine Frage von guter Organisation und ein wenig Disziplin. Um Ihnen beides zu erleichtern, haben wir ab Seite 76 den Ablauf einer Fastenwoche für Sie zusammengestellt.

Zeitdauer und Zeitpunkt

Für das Fasten zu Hause und für Fasten-Anfänger ist eine Kurz-Fastenkur am besten geeignet. Sie umfaßt acht Tage, und zwar

- einen Vorbereitungstag zum Einstimmen
- fünf Tage für das eigentliche Fasten
- zwei Tage Fastenbrechen, um sich wieder an feste Nahrung zu gewöhnen.

Beginnen Sie mit einer selbständigen Fastenkur nur dann, wenn Sie gesund sind. In Ihrem Terminkalender sollten in dieser Woche möglichst keine Familienfeiern, Einladungen oder sonstige Verpflichtungen stehen. Denn es macht weder Ihnen noch den Gastgebern Freude, wenn Sie bei einem schönen Fest nicht mitessen können und nur zum Mineralwasser greifen.

Gönnen Sie sich einen Fastenurlaub

Wenn Sie zum ersten Mal fasten, sollten Sie sich mindestens zehn Tage Urlaub nehmen. So können Sie die Kur in Ruhe vorbereiten, durchführen und langsam ausklingen lassen. Fastenkundige wissen, daß der Rückzug aus dem Arbeitsalltag mehr als angenehm ist, weil Sie sich besser auf die eigenen Fasten-Erlebnisse und Ihre Gedanken konzentrieren können.

Lassen Sie den Alltag hinter sich

Wollen Sie während der Arbeitszeit fasten, müssen Sie bedenken, daß man sich meist in den ersten Tagen nicht besonders fit fühlt. Die Konzentration kann nachlassen, und das Urteilsvermögen leidet.

Fernab vom Alltag

Sollte Ihre Familie oder Ihr Partner während Ihrer Fastenkur in gewohnter Weise zu Hause schlemmen, wird es Ihnen schwerfallen, mit ihnen an einem Tisch zu essen. Überlegen Sie, ob Sie Ihre Fastenkur nicht doch besser fernab von den Alltagsproblemen und der gut gefüllten Tiefkühltruhe durchführen wollen. Wenn Sie sich in einem bestimmten Klima oder einer Landschaft besonders wohl fühlen, wird Ihnen dort das Entschlaken unter Umständen leichter fallen. Falls Sie sich aber zu Hause am wohlsten fühlen und auch dort gut vom Alltag abschalten und entspannen können, ist das natürlich ein ebenso idealer Ort für Ihre Fastenwoche.

Solo, im Duo oder in der Gruppe?

Das »Verzichtenwollen« beim Fasten erfordert eine gewisse Disziplin. Nicht umsonst war das Fasten früher eine spirituell-religiöse Übung, die den Willen festigt und die Persönlichkeit stärkt. Wer allein fastet, braucht besonders viel Motivation und Durchhaltevermögen. Deshalb ist das Fasten mit dem Partner oder in einer Gruppe gerade für Anfänger wesentlich leichter. Es gibt die Möglichkeit, innerhalb eines Kurses unter Leitung von Fachleuten zu fasten. Der Erfahrungsaustausch hilft, mit eventuellen Stimmungstiefs oder Fastenkrisen leichter zurechtzukommen.

Ihr Fasten-Programm auf einen Blick*

	Fastenkost	Verdauung und Ausscheidung	Bewegung und Ruhe	Körperpflege	Wohltaten für die Seele
Der Entlastungstag					
Morgens	Mineralwasser, eines der Rezepte von Seite 50–55	viel Flüssigkeit und ballaststoffreiche Nahrung regen die Darmtätigkeit an	Entspannungs- und Atemübungen	Wechselarmbad	sich einstimmen und vom Alltag lösen
Vormittags	kleine Snacks		Gymnastik		
Mittags	Reis-, Kartoffel- oder Rohkostgericht		Mittagsschlaf		
Nachmittags	Obst		Spaziergang		
Abends	eines der Rezepte von Seite 50–55		Entspannungs- und Atemübungen	warmes Vollbad	
Erster Fastentag					
Morgens	Kräutertee, Glaubersalz oder Einlauf	Darm wird gründlich entleert	Entspannungs- und Atemübungen	Mundpflege, Wechseldusche	zur Ruhe kommen, zu Hause bleiben
Vormittags	Mineralwasser				
Mittags	Gemüsebrühe oder Gemüsesaft, Wasser		Mittagsschlaf		
Nachmittags	Tee und Wasser		Gymnastik und Atemübungen		
Abends	Obstsaft oder Gemüsesaft oder Gemüsebrühe, Wasser		Entspannungsübungen	Mundpflege	
Zweiter Fastentag					
Morgens	Kräutertee	auf die Farbe des Urins achten: dunkel = mehr trinken	Entspannungs- und Atemübungen, Gymnastik	Mundpflege, Wechseldusche	positiv denken, seelische und körperliche Reaktionen akzeptieren
Vormittags	Mineralwasser		Spaziergang	warme Auflage	
Mittags	Gemüsebrühe oder Gemüsesaft, Wasser		Mittagsschlaf	ansteigendes Fußbad	
Nachmittags	Tee und Wasser		Gymnastik oder Sport		
Abends	Obstsaft oder Gemüsesaft oder Gemüsebrühe, Wasser		Entspannungsübungen	Ölmassage, Mundpflege	den Tag überdenken
Dritter Fastentag					
Morgens	Kräutertee, Einlauf	gründliche Darmentleerung	Entspannungs- und Atemübungen, Gymnastik	Mundpflege, Wechseldusche	innerlich loslassen und auf Bedürfnisse des Körpers hören
Vormittags	Mineralwasser		Ausruhen		
Mittags	Gemüsebrühe oder Gemüsesaft, Wasser		Mittagsschlaf	Leberpackung	
Nachmittags	Früchte- oder Kräutertee		Gymnastik am offenen Fenster	Ölmassage	sich etwas Schönes vornehmen
Abends	Obst- oder Gemüsesaft oder Gemüsebrühe		Entspannungsübungen	warmes Vollbad, Mundpflege	den Tag überdenken

* Nach Dr. med. Hellmut Lützner

	Fastenkost	Verdauung und Ausscheidung	Bewegung und Ruhe	Körperpflege	Wohltaten für die Seele
Vierter Fastentag					
Morgens	Kräutertee	auf Farbe des Urins achten	Entspannungs- und Atemübungen, Gymnastik	Mundpflege, Wechseldusche	das veränderte Körpergefühl genießen
Vormittags	Mineralwasser		Spaziergang	Ölmassage	
Mittags	Gemüsebrühe oder Gemüsesaft, Wasser		Mittagsschlaf		
Nachmittags	Früchte- oder Kräutertee		Sport und Sauna		
Abends	Obst- oder Gemüsesaft oder Gemüsebrühe		Entspannungsübungen	Mundpflege, warmes Vollbad	den Tag überdenken
Fünfter Fastentag					
Morgens	Kräutertee, Einlauf	gründliche Darmentleerung	Entspannungs- und Atemübungen	Mundpflege, Wechseldusche	das neue Wohlbefinden genießen; sich zum Erfolg gratulieren
Vormittags	Mineralwasser		Ausruhen		
Mittags	Gemüsebrühe oder Gemüsesaft, Wasser		Mittagsschlaf	Leberpackung	
Nachmittags	Früchte- oder Kräutertee		Gymnastik		
Abends	Obstsaft oder Gemüsesaft oder Gemüsebrühe, Wasser		Entspannungsübungen	Mundpflege, baden oder duschen	den Tag überdenken
Erster Aufbautag					
Morgens	Kräutertee mit Honig, Mineralwasser	Stuhlgang und Urin weiterhin beobachten, allmähliche Umstellung auf feste Nahrung	Entspannungs- und Atemübungen, Gymnastik	Mundpflege, Wechseldusche	sich innerlich wieder auf Essen einstellen
Vormittags	Apfelkompott aus einem reifen Apfel			Ölmassage	
Mittags	Kartoffel-Gemüse-Suppe		Mittagsschlaf		
Nachmittags	Apfelkompott, Wasser		Sport treiben		sich etwas Schönes gönnen
Abends	Gemüsesuppe, Knäckebrot, Joghurt, Tee		Entspannungsübungen		den Tag überdenken
Zweiter Aufbautag					
Morgens	Sauerkrautsaft oder Trink-Molke	Darmentleerung unterstützen	Entspannungs- und Atemübungen, Gymnastik	Mundpflege, Wechseldusche, Ölmassage	das Essen genießen, Sättigungsgefühl beachten
Vormittags	1 geraspelter Apfel, Wasser, Tee		Spaziergang		
Mittags	Salat, Kartoffeln, Möhrengemüse, Joghurt		Mittagsschlaf	Leberwickel	
Nachmittags	Früchte- oder Kräutertee		Sport treiben		
Abends	Kräuterquark, Tomate, Knäckebrot		Entspannungsübungen		die Tage der Fastenkur überdenken

Die Fastenwoche

Dieses Fasten-Programm hat sich vielfach bewährt und ist mit seinen Anleitungen zugeschnitten auf das selbständige Fasten zu Hause. Sie trinken an den 5 Hauptfastentagen ausschließlich Mineralwasser, Kräutertees, warme Gemüsebrühen und mit Wasser verdünnte Gemüse- und Obstsäfte.
Vor dem Start sollten Sie jedoch einige wichtige Vorbereitungen treffen.

TIP

Ihre Fasten-Utensilien

- *Ein gutes Hautöl mit natürlichen Zusätzen, wie süßes Mandelöl, Jojobaöl oder Avocadoöl (kein Babyöl)*
- *Trockenbürste oder Luffahandschuh*
- *Leinentücher und Handtücher*
- *Wolldecke*
- *Wärmflasche*
- *Einlaufgefäß oder Klistiergummiball (in Apotheken erhältlich)*
- *wärmere Kleidung als sonst*
- *mehr Unterwäsche als sonst für häufigeren Wechsel*
- *Sportkleidung.*

Bereiten Sie sich in Ruhe vor

Falls Sie zu Hause fasten, erledigen Sie in den Tagen davor alle noch ausstehenden Arbeiten und Verpflichtungen. Schauen Sie sicherheitshalber in Ihren Kalender, denn auch kurze Termine oder kleine Besorgungen können die Fastentage stören. Sagen Sie alles ab und nehmen Sie sich vor, eine Woche ausschließlich für sich und Ihre Gesundheit dazusein.

Den Kühlschrank leeren

Damit nicht halbvolle Milchflaschen, Eier und Marmeladegläser Ihnen mehr Disziplin abverlangen, als Sie während des Fastens aufbringen können, sollten Sie Ihren Kühlschrank vorher leeren. Doch essen Sie nicht alles selbst auf. Solch ein »Reste-Essen« wäre der schlechteste Einstieg in Ihre Fastenkur. Besser verschenken Sie alle überflüssigen Lebensmittel, oder Sie geben sie Ihren Nachbarn für eine Woche zur Aufbewahrung.

Vorher einkaufen

Kaufen Sie vorher alles ein, was Sie für die Fastenwoche brauchen. Dazu sehen Sie auf dieser Doppelseite gleich zwei Kästen. Im kleineren Kasten finden Sie einige Fasten-Utensilien, die Sie auf alle Fälle im Haus haben sollten. Und wenn Sie nicht in der eigenen Wohnung fasten, gehören sie ins Reisegepäck. Die Lebensmittel im Kasten auf der nächsten Seite können Sie immer noch vor Ort kaufen. Sie sollten alle im Haus sein, bevor Ihre Fastenwoche beginnt. Denn während der Kur sollten Sie lieber nicht in den Supermarkt gehen. Die Düfte und Verlockungen könnten nur zu leicht Ihre guten Vorsätze zunichte machen.

Auf den Körper hören

Lernen Sie während des Entschlackens auf die gesunden Bedürfnisse Ihres Körpers zu hören. Schlafen Sie, wenn Sie sich müde fühlen; treiben Sie Sport, wenn Ihr Körper nach Bewegung verlangt; tanken Sie Sauerstoff, wenn das Wetter zum Spazierengehen einlädt; gehen Sie Ihren Hobbys nach, wenn Ihnen danach ist. Alles, was Ihnen Spaß macht und Sie in gute Stimmung versetzt, ist erlaubt! Ausnahme: feste Nahrung und Genußmittel. So lernen Sie ganz nebenbei, sich an den kleinen Dingen des Lebens wieder zu freuen.

TIP

Einkaufsliste für die ersten 6 Fastentage

- 2 Kästen natriumarmes, stilles Wasser
- verschiedene Sorten Kräuter- und Früchtetees (Seite 42–45)
- $1^1/_2$ kg Obst oder $1^1/_2$ kg Gemüse oder 200 g ungeschälten Reis oder 1 kg Kartoffeln (je nachdem, ob Sie als Entlastungstag einen Obst-, Gemüse-, Reis- oder Kartoffeltag wählen, Seite 50–55)
- Gemüse und Kräuter für die Gemüsebrühen
- 2–3 Flaschen reine Gemüsesäfte (100 % Fruchtgehalt)
- reichlich Obst zum Auspressen (Seite 53) oder 3 Flaschen reine Obstsäfte Ihrer Wahl
- 1 Liter Sauerkrautsaft oder Buttermilch
- 1 Packung Hefeflocken und 1 Packung Vitam R (beides aus dem Reformhaus)
- 1 Packung Glaubersalz oder Bittersalz oder F.-X.-Passage-Salz (aus der Apotheke).

Der Entlastungstag

An diesem ersten Tag stimmen Sie sich körperlich und seelisch auf die kommenden Fastentage ein. Sie sollten jetzt alles eingekauft haben und – falls Sie nicht zu Hause fasten – bereits an Ihrem Fastenort angekommen sein. Wählen Sie für den Entlastungstag eine der auf den Seiten 50–55 beschriebenen Varianten aus: Obst-, Gemüse-, Reis- oder Kartoffeltag.

➤ Nach dem Erwachen

Strecken und räkeln Sie sich und machen Sie, noch im Bett liegend, eine wohltuende Entspannungsübung: Atmen Sie durch die Nase ein und spannen Sie Ihren ganzen Körper an. Halten Sie die Luft kurz an, ballen Sie Ihre Hände zu Fäusten und bleiben Sie etwa 3 Sekunden lang in dieser angespannten Haltung. Danach atmen Sie durch den Mund aus, lösen Ihre Fäuste und bleiben entspannt liegen. Nach einer kleinen Atempause wiederholen Sie diese Übung (insgesamt 3mal). Lassen Sie sich für das Ausatmen etwa doppelt so viel Zeit wie für das Einatmen.

➤ Zum Wachwerden

Trinken Sie 2 Gläser zimmerwarmes, stilles Mineralwasser, um die Darmtätigkeit anzuregen. Danach machen Sie 5–10 Minuten lang Gymnastik am offenen Fenster. Das kann entweder Gymnastik sein, die Sie kennen, oder auch eine der Übungen, die wir ab Seite 174 für Sie zusammengestellt haben. Das ruhige Sonnengebet aus dem Yoga (Bücher, die weiterhelfen, Seite 184) ist ebenfalls eine sehr gute Morgengymnastik, weil es den Körper dehnt und hervorragend auf den Tag einstimmt. Gehen Sie anschließend wie gewohnt ins Bad. Empfehlenswert ist zum Schluß ein anregender Wechselarmguß.

WECHSELARMGUSS – SO WIRD'S GEMACHT:
Für den Armguß gehen Sie langsam mit einem weichen, warmen Wasserstrahl an der Armaußenseite von der Hand über den Ellbogen bis zur Schulter herauf und dann an der Innenseite von der Achsel über die Armbeuge bis zur Hand wieder zurück. Wenn der Arm warm ist, wechseln Sie die Temperatur und gehen mit etwa 15 °C kaltem Wasser nun schnell an der Armaußenseite hoch und an der Arminnenseite hinunter. Dann folgt der andere Arm. Diese Muntermacher-Dusche wiederholen Sie auf beiden Seiten je 2mal.

➤ Frühstück

Zum Frühstück gibt es eines der Gerichte aus dem von Ihnen gewählten Entlastungstag: je nachdem Reis, Kartoffeln, Säfte, frisches Obst oder rohes Gemüse. Dazu trinken Sie 1–2 Tassen Kräutertee sowie 1 Glas stilles Mineralwasser.

➤ Zwischenmahlzeit

Essen Sie einen der kleinen Snacks, die bei den jeweiligen Entlastungstagen empfohlen werden und trinken Sie danach mindestens 2 große Gläser Mineralwasser.

➤ Mittagessen

Sie essen nach Wahl Salate, Obst, ein Reis- oder ein Kartoffelgericht wie bei den Entlastungstagen beschrieben. Trinken Sie danach 2 Gläser stilles Mineralwasser. Nach dem Mittagessen sollten Sie einen Spaziergang machen, um die Verdauung anzuregen und frische Luft zu tanken. Atmen Sie dabei tief ein und aus, denn auch über die Lunge geben wir viele Schadstoffe ab. Während des Fastens sollten Sie möglichst oft an der Luft sein und bewußt tief ein- und ausatmen.

Gönnen Sie sich viel frische Luft und Bewegung

Eine Wechseldusche macht frisch für den Tag

➤ Zwischenmahlzeit

Essen Sie wieder einen der kleinen Snacks, die beim jeweiligen Entlastungstag empfohlen werden, und trinken Sie mindestens 2 große Gläser Mineralwasser.

➤ Am Nachmittag

Treiben Sie Sport, möglichst an der frischen Luft, oder machen Sie einen längeren Spaziergang. Und vergessen Sie das Trinken nicht!
Vielleicht können Sie sich schon vor dem Fasten für eine oder zwei Sportarten entscheiden, die Ihnen Spaß machen und die Sie während Ihrer Kur vor allem betreiben wollen. Es sollten leichtere Sportarten sein wie Wandern, Walking, Radfahren oder Schwimmen. Denn gerade in den ersten Tagen sollten Sie Ihrem Körper nicht zu viel zumuten, seine Muskeln aber dennoch fordern, damit sie nicht erschlaffen und sich abbauen. Organisieren Sie also vorher bereits alles, was Sie für Ihren Sport brauchen: Eine Zehnerkarte fürs Schwimmbad, Laufschuhe oder eine Umgebungskarte mit den besten Radtouren.

➤ Abendessen (möglichst vor 19 Uhr)

Wählen Sie ein Gericht aus den Entlastungstagen und trinken Sie danach 1 Tasse Kräutertee und 2 Gläser stilles Mineralwasser. Lassen Sie anschließend den Tag langsam ausklingen: Beginnen Sie beispielsweise mit dem Schreiben eines Fastentagebuchs oder hören Sie Ihre Lieblingsmusik – alles, was Sie entspannt, ist genau richtig!
Das Abendessen sollten Sie möglichst vor 19 Uhr einnehmen, damit Magen und Darm noch genügend Zeit zum Verdauen haben, bevor auch sie ihre Nachtruhe brauchen. Ohnehin fällt das Abendessen verglichen mit Frühstück und Mittagessen knapp aus. Denn am Abend verbraucht der Körper kaum noch Energie.

TIP

Entschlacken leicht gemacht

Helfen Sie während des Fastens Darm, Niere, Haut und Lunge, die anfallenden Schlackenstoffe auszuscheiden:

- ➤ *Trinken Sie stets die angegebene Flüssigkeitsmenge – mindestens 3, besser 4 Liter am Tag.*
- ➤ *Helfen Sie Ihrem Körper beim Schwitzen durch Sauna und regelmäßigen Sport.*
- ➤ *Atmen Sie intensiver als sonst, insbesondere an der frischen Luft, um die Ausscheidung über Lunge und Atemluft zu fördern.*
- ➤ *Pflegen Sie Ihre Haut mit Bädern und Massagen (Seite 179).*

➤ Vor dem Schlafengehen (möglichst vor 23 Uhr)

Machen Sie vor dem Schlafengehen für 5–10 Minuten eine leichte Dehngymnastik (Stretching). Sie finden einige Vorschläge auf Seite 176, oder Sie besorgen sich ein entsprechendes Buch mit Übungen (Bücher, die weiterhelfen, Seite 184). Gönnen Sie sich danach noch in Ruhe ein bißchen »Wohlfühl-Körperpflege«.
Wer zu Schlafstörungen neigt, kann vor dem Zubettgehen 1–2 Tassen Baldriantee (ohne Zucker) trinken. Oder Sie nehmen noch ein warmes Entspannungsbad (maximal 20 Minuten).

ENTSPANNUNGSBAD – SO WIRD'S GEMACHT: 5 Tropfen Sandelholzöl und 5 Tropfen Neroliöl oder 10 Tropfen Lavendelöl (Öle in Apotheken, Bioläden und Reformhäusern erhältlich) mit 3 Eßlöffeln Sahne verquirlen. Diese Mischung in das etwa 37 °C warme Badewasser rühren. Danach sofort ins Bett gehen.

Der erste Fastentag

Der erste Fastentag bedeutet für Sie eine große Umstellung und erfordert die meiste Disziplin: Zu sehr ist man an regelmäßige Nahrungsaufnahme gewöhnt und stellt sich deshalb vor, daß man nun »hungern« müsse. Versuchen Sie, diese Gedanken aus Ihrem Bewußtsein zu verbannen, und vertrauen Sie Ihrem Körper – er besitzt mehr Weisheit und gesunde, eigene Kräfte, als wir glauben.

Nach dem Erwachen

Strecken und räkeln Sie sich, gähnen Sie kräftig und entspannen Sie sich noch einmal bewußt, bevor Sie aufstehen.

Nach dem Aufstehen

An diesem wie auch am dritten und fünften Fastentag steht die gründliche Reinigung des Darms an erster Stelle (Fastenplan auf Seite 74/75). Deshalb sollten Sie an diesen Tagen in jedem Fall zu Hause bleiben, sich ausruhen, ein Buch lesen oder einfach nur faulenzen. Welche Art der Darmentleerung sie bevorzugen, liegt im Grunde bei Ihnen.

Darmentleerung mit Sauerkrautsaft oder Buttermilch

Wenn Sie keinerlei Probleme mit dem Entleeren Ihres Darms und normalem, regelmäßigem Stuhlgang haben, dann genügt es, wenn Sie am ersten Tag direkt nach dem Aufstehen 1 Glas Sauerkrautsaft oder 1–2 Gläser Buttermilch trinken. Beides bringt dank der darin enthaltenen Milchsäure Ihren Darm ordentlich in Schwung und führt zu einer guten Entleerung.

Darmentleerung mit Glauber- oder Bittersalz

Wenn Sie eher unter Verstopfung leiden, was bei vielen Menschen der Fall ist, sind allerdings intensivere Maßnahmen notwendig, um den Darm anzuregen und die Ausscheidung zu fördern.

So wird's gemacht:
Mischen Sie 40 Gramm Glaubersalz mit $^3/_4$ Liter zimmerwarmem Wasser und trinken Sie die Lösung innerhalb von 15 Minuten. Wer zu Verstopfung neigt, aber nicht übergewichtig ist, braucht nur 30 Gramm Glaubersalz mit $^1/_2$ Liter Wasser zu trinken. Da das Glaubersalz recht salzig schmeckt, können Sie vorher, zwischendurch und hinterher einen Kräutertee oder Fruchtsäfte trinken.
Alternativen zu Glaubersalz sind Bittersalz (2 Teelöffel Bittersalz auf 1 Glas warmes Wasser) oder F.-X.-Passage-Salz (4 Teelöffel auf 1 Glas warmes Wasser).
Innerhalb der nächsten 1–3 Stunden sollten Sie sich nicht allzu weit von Ihrer Toilette entfernen, denn Sie werden mehrere durchfallartige Stuhlgänge haben, die Ihren Darm reinigen.

Darmentleerung mit Einlauf

Wer einen empfindlichen Magen hat oder den bitter-salzigen Trunk überhaupt nicht mag, kann statt des Glaubersalztrunkes einen Einlauf machen. Er bedeutet zwar mehr Arbeit, ist aber einfacher, schonender und fast ebenso wirksam. Man macht ihn am besten in einem Badezimmer mit Toilette, da er bereits nach wenigen Minuten zur Darmentleerung führt.

So wird's gemacht:
Füllen Sie den Klistierbehälter mit 1 Liter lauwarmem Wasser. Vergewissern Sie sich, daß keine Luftblasen mehr im Schlauch sind, eventuell lassen Sie ein wenig Wasser herauslaufen. Klemmen Sie den Schlauch ab oder schließen Sie den kleinen Hahn und fetten Sie das Darmrohr

Genießen Sie Ihren Tee in entspannter Atmosphäre

etwas ein. Den gefüllten Einlaufbehälter an die Türklinke hängen oder an einen Haken an der Wand. Legen Sie sich auf eine niedrige Liege oder mit ein paar Kissen auf den Boden. Drehen Sie sich auf die Seite und führen Sie das bewegliche Darmrohr so tief wie möglich in den After ein, wobei Sie ein wenig dagegen pressen sollten.

Jetzt öffnen Sie den Hahn und lassen das Wasser aus dem Einlaufbehälter in den Darm laufen. Während das Wasser nun langsam einläuft, bleiben Sie so entspannt wie möglich, atmen ruhig und lassen Ihre Bauchdecke locker. Versuchen Sie, die Flüssigkeit möglichst lange zu halten. Nach einigen Minuten werden Sie einen heftigen Stuhldrang verspüren.

Wenn Sie zum Einlauf einen Klistierball benützen, müssen Sie ihn für die nötige Wassermenge drei- bis viermal nachfüllen.

➤ Morgens

Machen Sie nach der Darmentleerung eine kreislaufanregende Wechseldusche. Trinken Sie danach 2 Tassen Kräutertee oder milden Schwarztee mit ein paar Spritzern Zitronensaft. Sie können den Tee, wenn Sie möchten, mit einem $^1/_2$ Teelöffel Honig süßen. Trinken Sie ihn langsam und in kleinen Schlucken.

➤ Zwischendurch

Trinken Sie reichlich zimmerwarmes Mineralwasser (3–4 Gläser), langsam und in kleinen Schlucken, auch wenn Sie keinen Durst verspüren.

➤ Mittags

Essen Sie eine selbst zubereitete Gemüsebrühe (Rezepte Seite 83). Alternativ können Sie sich auch einen Gemüsetrunk mixen: 150 Milliliter

Gemüsesaft (frisch gepreßt oder fertig) mit 250 Milliliter Wasser mischen und langsam trinken. Trinken Sie danach noch mal 2–3 Gläser stilles Mineralwasser. Anschließend sollten Sie sich zurückziehen, Ihrem Körper eine Ruhepause gönnen, wenn möglich sogar einen Mittagsschlaf machen. Unterstützen Sie währenddessen Ihren Körper bei seiner Entgiftungsarbeit und machen Sie sich eine warme Leberpackung.

LEBERPACKUNG – SO WIRD'S GEMACHT:
Füllen Sie heißes Wasser in eine Wärmflasche. Tränken Sie ein Leinentuch in heißem Wasser, wringen Sie es aus und legen Sie es sich auf den rechten Oberbauch. Auf das nasse Tuch legen Sie die Wärmflasche und darüber ein großes trockenes Handtuch. Anschließend bedecken Sie Ihren ganzen Rumpf mit einer warmen Decke. Damit alles straff anliegt, sollten Sie sich von einer zweiten Person helfen lassen. Die Leberpackung kann so lange liegenbleiben, wie sie als warm empfunden wird. Dann entfernen Sie die Tücher und bleiben noch 30 Minuten liegen. (Nicht bei fiebrigen Infektionen und anderen kräftezehrenden Erkrankungen durchführen.)

➤ Nachmittags

Machen Sie bei geöffnetem Fenster ein paar Gymnastik- und Atemübungen oder gehen Sie spazieren, um Sauerstoff zu tanken und kräftig durchzuatmen. Trinken Sie im Laufe des Nachmittags 2–3 Gläser zimmerwarmes Mineralwasser oder 2 Tassen Früchtetee (ohne Zucker).

➤ Abends

Trinken Sie 1/4 Liter frisch gepreßten Obstsaft. Wenn Sie eher Lust auf Pikantes haben, darf es auch wieder eine Gemüsebrühe oder ein verdünnter Gemüsesaft sein. Danach folgen noch mal 2–3 Gläser Mineralwasser.

Frisch gepreßter Gemüsesaft zu Mittag

➤ Vor dem Schlafengehen

Sorgen Sie für frische Luft im Schlafzimmer. Wenn Sie leicht kalte Füße haben, wärmen Sie sich das Bett mit einer Wärmflasche am Fußende vor, denn warme Füße erleichtern das Einschlafen. Machen Sie am Abend keine anregende Wechseldusche, sondern besser eine Entspannungsübung im Bett.

ENTSPANNUNG – SO WIRD'S GEMACHT:
Schließen Sie die Augen, atmen Sie ruhig und gleichmäßig. Spüren Sie, wie sich Ihr Körper allmählich entspannt. Folgen Sie der Entspannung in Gedanken von den Füßen über Beine, Rumpf, Arme, Schultern bis hin zu Ihren Gesichtsmuskeln. Halten Sie bei jedem Körperteil inne und atmen Sie 3mal ruhig und tief ein und aus.

Rezepte für Gemüsebrühen

Kartoffelbrühe

➤ *Zutaten für 4 Portionen:*
1 Liter Wasser
250 g Kartoffeln
2 Karotten
1/2 Stange Lauch
1 kleine Petersilienwurzel
1 Stück Sellerieknolle
1 Prise Jodsalz • 1 Prise Muskatnuß
1 Prise Vitam R (aus dem Reformhaus)*
*2 TL Hefeflocken**
2 EL frisch gehackte Petersilie

SO WIRD'S GEMACHT:
Das Wasser zum Kochen bringen, Kartoffeln und Gemüse gut waschen und ungeschält kleinschneiden. Zugedeckt 15–20 Minuten gar kochen. Anschließend die Suppe durch ein Sieb streichen und mit Gewürzen abschmecken. Zum Schluß Hefeflocken und Petersilie darüberstreuen.

Karottenbrühe

➤ *Zutaten für 4 Portionen:*
1 Liter Wasser
250 g Karotten
1/2 Stange Lauch
1 kleine Petersilienwurzel
1 Stück Knollensellerie
3 Blättchen Liebstöckel
1 Prise Jodsalz
1 Prise Vitam R (aus dem Reformhaus)*
*2 TL Hefeflocken**
4 TL frisch gehackte Petersilie

SO WIRD'S GEMACHT:
Wasser zum Kochen bringen, Gemüse waschen und ungeschält kleinschneiden. Gemüse und Liebstöckel 15–20 Minuten gar kochen. Die Suppe durch ein Sieb streichen und würzen. Hefeflocken und Petersilie darüberstreuen.

Selleriebrühe

➤ *Zutaten für 4 Portionen:*
1 Liter Wasser
250 g Knollensellerie
1 Karotte
1/2 Stange Lauch
Sellerieblätter (vom Knollensellerie)
1 Prise Vitam R (aus dem Reformhaus)*
1 Prise Jodsalz
1 Prise Muskatnuß
*2 TL Hefeflocken**
4 TL frisch gehackte Petersilie

SO WIRD'S GEMACHT:
Wasser zum Kochen bringen, Gemüse waschen und ungeschält kleinschneiden. Gemüse und Sellerieblätter 15–20 Minuten garkochen. Die Suppe durch ein Sieb streichen und würzen. Hefeflocken und Petersilie darüberstreuen.

* Bei Gelenkbeschwerden und Neigung zur Gicht verwenden Sie statt der Hefeprodukte besser Würzmolke aus dem Reformhaus.

Der zweite Fastentag

Am zweiten Tag hat sich zwar Ihr Körper auf den Nahrungsentzug eingestellt, dennoch werden Sie erfahrungsgemäß einige »Unpäßlichkeiten« zu überwinden haben. Dieser Tag zählt deshalb zur intensivsten Phase der Umstellung. Im Prinzip verläuft Ihr Fasten-Programm genau wie am ersten Tag, allerdings ohne Einlauf beziehungsweise Glauber- oder Bittersalz. Sie werden neben eventuell auftretenden Hungerattacken möglicherweise noch weitere, teilweise recht intensive Reaktionen Ihres Körpers auf den Entgiftungs- und Entschlackungsprozeß spüren. Doch es gibt wirksame Hilfen.

Damit der Magen nicht knurrt

Sollten Sie quälende Hungergefühle verspüren und sie nicht mit dem Trinken von Wasser oder Tee verscheuchen können, hilft das nochmalige Durchführen eines Einlaufs.
Nehmen Sie gegen den Hunger niemals Appetitzügler ein, das würde die normalen Regulationsmechanismen Ihres Körpers nachhaltig aus dem Gleichgewicht bringen!

Damit keine Schmerzen quälen

Möglicherweise spüren Sie an diesem Tag Kopf-, Glieder- oder Rückenschmerzen. Vergewissern Sie sich zunächst, ob Sie auch wirklich an jedem Tag 3–4 Liter Flüssigkeit getrunken haben. Viel trinken verhindert, daß Sie während des Fastens mit unangenehmen Schmerzen zu kämpfen haben, die aufgrund einer allgemeinen Übersäuerung des Körpers auftreten. Beim Fasten entstehen nämlich im Organismus sogenannte Ketonkörper, die zu erhöhten Harnsäurewerten führen können. Wenn Sie reichlich trinken und dennoch Schmerzen haben, lindern warme Auflagen, Ölmassagen oder ein ansteigendes Fußbad die Beschwerden. Wie's gemacht wird, steht in den nachfolgenden Anleitungen.
Sollten die Schmerzen Sie jedoch beunruhigen oder länger als einen Tag anhalten, fragen Sie sicherheitshalber Ihren Arzt um Rat.

WARME AUFLAGE – SO WIRD'S GEMACHT:
Falten Sie ein Baumwolltuch zwei- bis dreimal übereinander, bis es die für den jeweiligen Körperteil passende Größe hat. Das Tuch in heißes Wasser tauchen, kurz abtropfen lassen und auf die Haut legen. Ein trockenes Tuch, das etwas größer als die feuchte Auflage ist, darum legen. Eine Wolldecke straff um das Ganze herumwickeln.
Sie sollten während der Auflage liegen und diese etwa 30 Minuten einwirken lassen, bis sie sich nicht mehr warm anfühlt. (Nicht bei Fieber und Herzbeschwerden durchführen.)

FUSSBAD – SO WIRD'S GEMACHT:
Für ein normales Fußbad baden Sie die Füße 15 Minuten lang in 37 °C warmem Wasser, am besten bis zu den Waden.
Bei einem ansteigenden Fußbad setzen Sie die Füße zunächst in etwa 32 °C warmes Wasser. Verwenden Sie einen breiten, hohen Eimer, damit

Ein warmes Fußbad zur Entspannung

Ihnen das Fußbad bis zu den Waden reicht (ideal dafür ist ein alter, ausgewaschener Farbeimer). Lassen Sie dann durch Einlaufen von sehr warmem Wasser die Temperatur innerhalb von 20 Minuten auf 40 °C ansteigen. Wenn das heiße Wasser langsam nachfließt, werden Sie ein wärmendes Gefühl im ganzen Körper spüren. Trocknen Sie nach dem Fußbad die Füße sehr gut ab und legen Sie sich für 20 Minuten hin.

Damit der Kreislauf nicht schwach wird

Schwankungen im Kreislauf sind normal und sollten Sie nicht beunruhigen. Es können gelegentlich Schwindel oder ein flaues Gefühl durch den Abfall des Blutdrucks auftreten. Hier helfen Atemübungen bei geöffnetem Fenster, ein Spaziergang an der frischen Luft, ein Schwall kaltes Wasser ins Gesicht oder eine Massage mit anregendem Rosmarinöl.

ÖLMASSAGE – SO WIRD'S GEMACHT:
Je nach den Ölen, die Sie verwenden, hat die Massage eine unterschiedliche Wirkung: Wählen Sie beispielsweise zum Entspannen Lavendelöl, zum Anregen Rosmarinöl oder zum Kühlen und Lindern von Schmerzen Pfefferminzöl. Nehmen Sie nur reine ätherische Pflanzenöle (in Apotheke und Reformhaus).
So stellen Sie sich die Grundmischung her: Je nach gewünschter Intensität 4–8 Tropfen ätherisches Öl mit 50 Milliliter süßem Mandelöl verrühren. Davon 1 Teelöffel bis 1 Eßlöffel leicht in die Haut einmassieren. Besonders wirkungsvoll sind Fußmassagen.

Damit die Seele baumeln kann

Nicht nur Ihr Körper, auch Ihr Seelenleben wird ein wenig aus dem Gleichgewicht geraten: Zweifel, ob Sie Ihr Fastenziel erreichen, Stimmungstiefs und Ängste werden Sie möglicherweise zu spüren bekommen. Jetzt hilft nur positives Denken: Akzeptieren Sie Ihre düstere Stimmung, aber lassen Sie sich nicht von Ihren Sorgen überwältigen! Rufen Sie sich vielmehr Ihre Ziele (Wohlfühlgewicht, Schönheit, Gesundheit) wieder in Erinnerung, und sagen Sie sich, daß Sie es schaffen werden! Gehen Sie ins Kino, Konzert oder Theater, besuchen Sie eine Ausstellung oder lassen Sie sich in einem Kosmetikstudio verwöhnen – alles, was Ihnen gut tut (und nicht ans Essen erinnert), erfreut auch Ihre Seele und bringt Sie auf andere Gedanken.
Wenn Sie Mitglied einer Fastengruppe sind oder in einem Kurhotel fasten, helfen Ihnen sicher die Gespräche mit Gleichgesinnten, über diese Fastenkrise hinwegzukommen.

Ätherische Öle für Massagen und Bäder: Lavendel entspannt, Rosmarin regt an

Der dritte bis fünfte Fastentag

Während Sie Ihr gewohntes Fasten-Programm weiterführen (wie am ersten und zweiten Tag), werden Sie bald wohltuend spüren, daß sich Ihr Allgemeinbefinden immer mehr stabilisiert: Sie fühlen sich körperlich so fit, daß Sie ein tägliches Sportprogramm ohne größere Einschränkungen absolvieren können – versuchen Sie aber nicht, irgendwelche Rekorde aufzustellen.
Auch emotional fühlen Sie sich mit jedem Tag ausgeglichener und gewinnen immer mehr Vertrauen in Ihre seelisch-geistigen Kräfte. Und sollte sich doch noch eine vorübergehende Fastenkrise einstellen, helfen Ihnen die Hinweise auf der vorherigen Doppelseite.

Darmreinigung jeden zweiten Tag

Am dritten und fünften Fastentag steht wieder eine gründliche Reinigung Ihres Darms auf dem Programm. Allerdings nehmen Sie diesmal keine Glauber- oder Bittersalzmischung zu sich – sie könnte den Darm zu sehr reizen –, sondern führen besser einen Einlauf durch (Seite 80).

Körperpflege

Der Pflege Ihres Körpers sollten Sie in diesen Tagen besondere Aufmerksamkeit schenken, denn Sie werden feststellen, daß mit dem Entgiftungsprozeß auch intensive Körperdüfte entstehen.

➤ Verwenden Sie Unterwäsche und Bettzeug aus Baumwolle, wechseln Sie beides häufiger als sonst.

➤ Da Ihre Haut jetzt sehr empfindlich ist, sollten Sie auf dekorative Kosmetik wie Make-up, Puder oder dergleichen verzichten. Außerdem könnten dadurch die Poren verstopfen, was die Entgiftung über die Haut beeinträchtigen würde.

➤ Waschen, duschen oder baden Sie sich immer dann, wenn Sie mögen. Schonen Sie aber Ihre Haut und benutzen Sie keine künstlich parfümierten Dusch- oder Badegele, sondern nur milde Produkte mit natürlichen Zusätzen.

➤ Tragen Sie danach stets ein gutes, pflanzliches Hautöl auf, beispielsweise süßes Mandelöl, Jojoba- oder Avocadoöl (in Apotheken, Reformhäusern oder Bioläden), denn Ihre Haut wird trockener als sonst sein.

➤ Mit Deodorants sollten Sie eher sparsam umgehen, damit es nicht zu Reizungen der empfindlichen Achselhaut kommt.

➤ Putzen Sie Zähne, Zahnfleisch und Zunge mehrmals täglich, denn auch über die Mundschleimhäute entgiften Sie intensiv und haben deshalb stärkeren Mundgeruch als sonst. Die Zunge putzen Sie einfach, indem Sie mit der Zahnbürste mehrfach sanft darüber reiben.

Auf Urin und Stuhlgang achten

Ihr Urin wird zeitweise recht dunkel sein und penetrant riechen. Das ist eine normale Entgiftungsreaktion. Auch hier hilft es, wenn Sie täglich die angegebene Menge an Wasser trinken, um Nieren

TIP

Sanfter Sport

Sie sollten Ihren Körper während des Fastens nicht überfordern. Aber bestimmte Sportarten sind durchaus empfehlenswert, wenn Sie sie nicht mit zu viel Ehrgeiz durchführen:

➤ *Gymnastik*
➤ *Radfahren*
➤ *Schwimmen*
➤ *Walking*
➤ *Wandern*
➤ *Bergwandern*
➤ *Skiwandern.*

Gegen Frösteln helfen Tee, eine warme Decke und eine gemütliche Sofaecke

und Harnwege gut durchzuspülen. Je mehr Sie trinken, desto mehr unterstützen Sie Nieren und Harnwege bei ihrer Entschlackungsarbeit.

➤ Grundsätzlich sollte Ihr Urin im Laufe der Fastenkur eine immer hellere Färbung annehmen. Ein dunkler Urin deutet darauf hin, daß Sie noch mehr trinken sollten.

➤ Auch Ihr Stuhlgang wird sich von anfänglich dunklen, intensiv riechenden zu hellen, nahezu geruchlosen Stühlen verändern.

➤ Helfen Sie keinesfalls mit Entwässerungspillen nach! Auch pflanzliche Präparate zur Entwässerung können Ihren Mineralstoffhaushalt stören und die Wasserbalance des Stoffwechsels nachhaltig beeinträchtigen.

Für Wärme sorgen

Wer fastet, friert schneller, denn der Körper arbeitet auf Sparflamme, weil er nur wenig Kalorien zu verbrennen hat, die er in Körperwärme umwandeln könnte.

➤ Starten Sie den Tag mit einer warm-kalten Wechseldusche oder einem Wechselarmguß (Seite 78). Reiben Sie vorher Ihren Körper mit einer Bürste oder mit einem Luffahandschuh kräftig ab. Das regt die Hautdurchblutung an, bringt Ihren Kreislauf in Schwung und fördert die Entgiftung über die Haut.

➤ Bewegen Sie sich, wann immer Sie Zeit und Lust haben, an der frischen Luft, dadurch werden Stoffwechsel und Herz angeregt.

➤ Tragen Sie wärmere Kleidung und Unterwäsche als sonst.

➤ Trinken Sie nur zimmerwarmes Wasser, warme Tees und warme Gemüsebrühen.

➤ Ein entspannendes ansteigendes Fußbad hilft gerade in der kalten Jahreszeit, den Körper gut aufzuwärmen (Seite 84).

➤ Wärmen Sie das Fußende Ihres Bettes mit einer Wärmflasche vor, denn mit warmen Füßen schlafen Sie gut ein.

Ruhe und Bewegung

Während der gesamten Fastenkur sollten Sie einen gleichmäßigen Rhythmus zwischen Aktiv- und Passiv-Sein einhalten. Nach jeder Bewegungsphase folgt eine Ruhephase. Diesen Wechsel braucht Ihr Körper, um seine inneren Prozesse gut durchführen zu können. Legen Sie sich daher mindestens 3mal täglich hin und ruhen Sie sich aus: auf dem Sofa, im Bett oder in der Natur auf einer Decke.

Gerade mittags sollten Sie sich zurückziehen, Ihren Gedanken nachgehen, einen Mittagsschlaf genießen und die Entgiftungsarbeit mit einer warmen Leberpackung unterstützen (Seite 82).

Die Aufbautage

Die Verdauungsorgane haben sich durch das Fasten tiefgreifend umgestellt und sind deshalb nicht sofort wieder in der Lage, feste Nahrung zu verarbeiten. Deshalb erfordern sämtliche Fastenkuren, die länger als zwei bis drei Tage dauern, eine schrittweise Umstellung. Auf diese Weise können Sie sich innerlich wieder auf das Thema Essen einstellen, und Ihr Körper kann sich Schritt für Schritt an feste Nahrung gewöhnen.
Dieses langsame Ausklingen, »Fastenbrechen« genannt, garantiert den Fastenerfolg und bewahrt Sie vor gesundheitlichen Störungen. Das Fastenbrechen umfaßt im Rahmen einer Fastenwoche zwei Aufbautage. Vergewissern Sie sich, daß Sie noch genügend Vorräte an Kräutertees, Mineralwasser, Obst- und Gemüsesäften im Haus haben.

Molke vor dem Frühstück regt die Verdauung an

TIP

Wichtige Essensregeln

Machen Sie sich die anschließenden Regeln nicht nur an diesen Tagen zur Gewohnheit!

- *Essen Sie in aller Ruhe, ohne auf die Uhr zu schauen.*
- *Kauen Sie jeden Bissen gründlich, denn die Verdauung beginnt bereits im Mund.*
- *Genießen Sie das Essen und richten Sie Ihre volle Aufmerksamkeit darauf.*

Der erste Aufbautag

Führen Sie Ihre Entspannungsübungen, die Gymnastik und Atemübungen, den Mittagsschlaf, die intensive Körperpflege und Ihr Sportprogramm in gewohnter Weise auch an diesem Tag durch. Der Unterschied ist nur, daß Sie ab heute wieder feste Nahrung in kleinen Portionen zu sich nehmen dürfen.

Frühstück

Trinken Sie 2 Gläser zimmerwarmes Mineralwasser und anschließend 1 Tasse Kräuter- oder Schwarztee, den Sie, wenn Sie mögen, mit einem Teelöffel Honig süßen können.

Zwischenmahlzeit

Heute dürfen Sie sich zweimal – vormittags und nachmittags – diesen kleinen Snack genehmigen: Einen Apfel waschen, putzen, kleinschneiden und ein paar Minuten in wenig Wasser dünsten. Lassen Sie das Kompott etwas abkühlen und »kauen« Sie es beim Essen gut durch. Trinken Sie danach 1 Tasse Kräuter- oder Schwarztee, je nach Geschmack mit oder ohne Honig.

➤ Mittagessen

Essen Sie einen Teller Gemüse-Kartoffel-Suppe (Rezept Seite 94) und trinken Sie danach 2 Gläser zimmerwarmes Mineralwasser.

➤ Abendessen

Essen Sie einen Teller warme Gemüsesuppe mit einer Scheibe Knäckebrot. Zum Nachtisch gibt es 1 Becher Joghurt, danach 1 Tasse Kräutertee und 2 Gläser Mineralwasser.

Der zweite Aufbautag

Führen Sie Ihr gewohntes Entspannungs- und Sportprogramm durch. Überlegen Sie, was davon Sie auch in Zukunft beibehalten können: die tägliche Gymnastik, einmal pro Woche aufs Fahrrad und ins Schwimmbad?
Heute dürfen Sie Ihre Verdauung etwas stärker belasten. Aber die Speisen sind weiterhin leichtverdaulich: Je länger Sie leichte Mahlzeiten wie diese zu sich nehmen, desto größer ist der Fastenerfolg und desto einfacher gelingt der Einstieg in eine gesündere Ernährung.

➤ Frühstück

Trinken Sie 1 Glas Sauerkrautsaft oder Molke, um die Verdauung anzuregen. Sie können auch 2 Backpflaumen essen, die Sie am Vorabend in etwas Wasser eingeweicht haben. Bei starkem Hunger verrühren Sie 50 Gramm Magerquark mit etwas Zitronensaft, geschnittenem Schnittlauch und Petersilie und bestreichen damit 2 Scheiben Knäckebrot. Trinken Sie 2 Gläser Mineralwasser und 1 Tasse Kräuter- oder Schwarztee.

➤ Zwischenmahlzeiten

Trinken Sie vormittags und nachmittags je 2 Gläser Mineralwasser und 1 Tasse Kräutertee. Raspeln Sie einen Apfel und essen Sie ihn langsam.

➤ Mittagessen

Bereiten Sie sich einen Blattsalat nach Ihrer Wahl und Pellkartoffeln mit Möhrengemüse zu (Rezept Seite 96). Zum Nachtisch essen Sie 1 Becher Joghurt, den Sie mit jeweils 1 Teelöffel Honig, Sanddorn und Leinsamen verrühren.

➤ Abendessen

Bereiten Sie sich aus 50–100 Gramm Magerquark, etwas Zitronensaft, Petersilie und Schnittlauch einen Kräuterquark zu, den Sie zusammen mit 1 Tomate und 2 Scheiben Knäckebrot essen. Trinken Sie anschließend 2 Tassen Kräutertee und 2 Gläser Mineralwasser. Eventuell für das morgige Frühstück wieder 2 Backpflaumen einweichen.

Sie beginnen mit frischer leichter Kost

Richtig essen nach dem Fasten

Herzlichen Glückwünsch! Sie haben Ihre Fastenkur erfolgreich durchgestanden und sind dabei sicherlich ein paar Pfunde losgeworden. Doch selbst wenn Sie mit Ihrem Gewicht noch nicht ganz zufrieden sind, können Sie stolz auf Ihr Durchhaltevermögen sein und Ihr neues Körpergefühl in vollen Zügen genießen.
Nun folgt die Phase des Nachfastens – eine Zeit, in der Sie sich wieder intensiver mit dem Essen und dem bewußten Umgang mit der Ernährung beschäftigen sollten. Ihr Körper braucht diese Zeit, um sich allmählich wieder an die herkömmliche Ernährung zu gewöhnen.
Gleichzeitig werden Sie feststellen, daß Sie dadurch Ihr Gewicht halten, vorausgesetzt Sie nehmen weiterhin fettarme, bekömmliche Lebensmittel zu sich, trinken viel, verzichten weitgehend auf Genußmittel wie Alkohol oder Süßigkeiten und führen Ihr Entspannungs- und Bewegungsprogramm in nun schon gewohnter Weise durch. Das gelingt Ihnen auch im Alltag – Sie müssen sich nur darauf einstimmen, etwas Zeit einplanen und auf die Bedürfnisse Ihres Körpers nach Ruhe und Erholung Rücksicht nehmen.

Ernährungstips

Für die Nachfastenzeit sollten Sie mindestens eine Woche, besser zwei Wochen einplanen. Mit den anschließenden Ernährungsempfehlungen geht's leichter. Sie gelten auch für die Zeit danach.

Beim Einkaufen

➤ Wählen Sie Leichtes und Fettarmes! Bevorzugen Sie Nahrungsmittel, die wenig Fett enthalten, wie Obst und Gemüse. Bei Milch und Käse achten Sie auf die Fettstufe. Essen Sie statt Fleisch öfter fettarmen Fisch, nehmen Sie zum Kochen pflanzliche Öle statt Butter. Und fette Wurst sollte nur noch selten auf Ihrem Speiseplan stehen.
➤ Wählen Sie Frisches! Greifen Sie immer zu knackig frischem Gemüse und Obst, das der Jahreszeit entsprechend geerntet wird und vorwiegend aus regionalen Anbaugebieten stammt (Ausnahme: Südfrüchte). Auf Konserven oder Fertiggerichte sollten Sie dagegen verzichten. Auch Kräuter sind frisch viel wertvoller als getrocknet.
➤ Wählen Sie Vollwertiges! Kaufen Sie beispielsweise bei Brot, Nudeln oder Mehl bevorzugt Produkte, in denen das volle Korn verarbeitet wurde.

Beim Kochen

➤ Kochen und garen Sie schonend! Damit beim Zubereiten der Speisen die wertvollen Inhaltsstoffe nicht verlorengehen, sollten Sie einen Dämpfeinsatz für Töpfe kaufen. Das Gemüse liegt dann nicht direkt im Wasser und wird vom aufsteigenden Wasserdampf schonend gegart.
➤ Verwenden Sie Jodsalz! Es enthält das lebenswichtige Spurenelement Jod und ist deshalb gesünder als herkömmliches Kochsalz. Gehen Sie jedoch mit Salz grundsätzlich sparsam um. Es bindet Wasser im Körper und schadet dem Blutdruck.
➤ Verwenden Sie frische Kräuter! Ihre Speisen erhalten viel Geschmack und Aroma, wenn Sie frische Kräuter als Würzmittel verwenden. Petersilie,

Kochen Sie mit viel frischem Gemüse

Schnittlauch, Kresse und Dill geben jedem Essen eine besondere Geschmacksnote und enthalten außerdem viele gesunde Vitalstoffe.

Beim Trinken

➤ Mindestens 2–3 Liter pro Tag sollten Sie auch nach dem Fasten trinken. Kohlensäure- und natriumarmes Mineralwasser, Früchte- und Kräutertees sowie Obstsaftschorlen sind die gesündesten Getränke. Warten Sie nicht, bis der Durst kommt. Sie spüren ihn erst dann, wenn Ihr Körper bereits unter Flüssigkeitsmangel leidet. Deshalb Getränke immer in Reichweite vor sich stehen haben und regelmäßig trinken.

➤ Schwarztee und Kaffee in kleinen Mengen! Ein bis zwei Tassen Schwarztee oder Kaffee am Morgen oder Nachmittag als Muntermacher sind erlaubt. Diese Genußmittel nicht als Durstlöscher und niemals zu den Mahlzeiten trinken!

➤ Verzichten Sie auf stark gesüßte Getränke! Nicht nur in der Nachfastenzeit, sondern grundsätzlich sollten Sie Cola- und Limonadengetränke und mit Zucker versetzte Fruchtnektare im Regal stehenlassen. Sie enthalten viele überflüssige Kalorien und treiben den Hunger noch extra an.

Beim Essen

➤ Frühstücken Sie wie ein Kaiser, speisen Sie mittags wie ein König und essen Sie abends wie ein Bettler! Diese alte Weisheit gilt immer noch: Nehmen Sie morgens ein großzügiges, abwechslungs- und nährstoffreiches Frühstück zu sich, damit Stoffwechsel und Verdauung in Schwung kommen. Essen Sie mittags eine warme Mahlzeit, die aus Vor-, Haupt- und Nachspeise bestehen kann, abends dagegen nur eine Kleinigkeit. Keine Zwischenmahlzeiten einlegen – zwischendurch nur viel trinken!

➤ Gut kauen und sich Zeit lassen! Genießen Sie in Ruhe und kauen Sie jeden Bissen gründlich.

Auch nach dem Fasten: viel trinken

Lassen Sie sich während der Mahlzeiten auch nicht ablenken: Sie sollten beim Essen weder lesen noch fernsehen oder zu viel reden.

➤ Beginnen Sie jede Mahlzeit mit Frischkost! Egal ob morgens, mittags oder abends: Essen Sie immer eine kleine Vorspeise aus Obst, Salat oder Rohkost – das versorgt Ihren Körper nicht nur mit wichtigen Vitalstoffen. Es bringt auch Ihre Verdauung in Gang und dämpft den ersten Appetit.

➤ Die nachfolgenden Rezepte auf den Seiten 92–97 bilden mit fettarmen, leicht verdaulichen Gerichten einen optimalen Übergang zur normalen Ernährung. Behalten Sie einiges davon auch in Zukunft bei, und Sie werden Ihr neues Wohlfühlgewicht auch halten.

Nach der Fasten-Kur: Rezepte

Schrot-Kräuter-Suppe

Für 2 Personen:
4 EL feingeschroteter Weizen
2 EL frisch gehackte gemischte Kräuter wie Petersilie, Dill und Schnittlauch
1 Msp. Meersalz

So wird's gemacht:
Den Weizenschrot in einem breiten Topf bei schwacher Hitze unter Rühren erwärmen, ohne ihn zu bräunen. $^1/_2$ l Wasser angießen, aufkochen lassen und den Schrot darin zugedeckt bei schwacher Hitze unter gelegentlichem Rühren in etwa 10 Minuten ausquellen lassen. Die Kräuter in die Suppe rühren und mit Salz abschmecken.

Beeren-Dickmilch

Für 2 Gläser:
200 g Dickmilch
2 TL gehackte Pistazienkerne
1 TL abgeriebene Zitronenschale (unbehandelt)
3 EL kernige Vollkorn-Haferflocken
2 TL Honig oder Ahornsirup
250 g gemischte Beeren (z.B. Erdbeeren, Himbeeren, Brombeeren, Johannisbeeren)
einige Blättchen Minze

So wird's gemacht:
Die Dickmilch mit den Pistazien glattrühren. Mit der Zitronenschale, dem Ingwer und Honig oder Ahornsirup abschmecken. Die Beeren waschen und putzen. Mit den Haferflocken in zwei Glasschälchen füllen. Die Dickmilch darüber verteilen und mit Minzeblättchen garnieren.

Beeren-Dickmilch

Hafermüsli

Für 2 Personen:
2 TL Rosinen
4 EL Haferschrot
4–5 EL Vorzugsmilch
2 TL Zitronensaft
2 kleine Birnen (je 100 g)
100 g Früchte der Saison

So wird's gemacht:
Die Rosinen mit warmem Wasser übergießen und darin etwa 15 Minuten einweichen. Den Haferschrot in eine Schüssel geben, 4 EL Wasser einrühren und den Schrot etwa 15 Minuten einweichen. Die Rosinen in einem Sieb abtropfen lassen.
Den Haferschot anschließend mit der Milch, dem Zitronensaft und den Rosinen mischen. Die Birnen waschen, vierteln, vom Kerngehäuse befreien, grob reiben und unter das Müsli heben. Das Hafermüsli mit Früchten der Saison garnieren.

Vital-Müsli

Für 2 Personen:
2 TL Rosinen
200 g Dickmilch
je 2 TL Zitronen- und Sanddornsaft
2 kleine Pfirsiche oder Äpfel
2 EL Weizenkeimlinge
2 TL Sesamsamen

So wird's gemacht:
Die Rosinen mit warmem Wasser übergießen und darin 10–15 Minuten einweichen. Inzwischen die Dickmilch mit dem Zitronen- und dem Sanddornsaft glattrühren und in zwei Müslischälchen füllen. Die Pfirsiche oder Äpfel waschen, abtrocknen, vierteln, vom Stein oder Kerngehäuse befreien und in feine Spalten schneiden. Die Rosinen abtropfen lassen, die Weizenkeimlinge waschen. Alles über die Dickmilch verteilen und mit dem Sesamsamen bestreut servieren.

Hinweis:
Weizenkeimlinge können Sie gut selber ziehen. Dazu die Weizenkörner kalt abwaschen und in der 4fachen Menge Wasser in einem Einmachglas 8 Stunden einweichen. Danach abgießen, mit frischem Wasser abspülen, tropfnaß zurück ins Glas geben und zum Keimen an einen hellen Platz stellen. Nach 2–4 Tagen können die Keimlinge verzehrt werden. Während der Keimzeit die Körner 2mal täglich mit frischem Wasser abspülen.

Rote-Bete-Frischkost

➤ *Für 2 Personen:*
4 EL saure Sahne
2 EL Zitronensaft
1–2 TL frisch geriebener Meerrettich
2 junge Rote Beten (je etwa 100 g)
1 kleiner Apfel
4 Salatblätter
einige Kürbiskerne

So wird's gemacht:
Die saure Sahne mit dem Zitronensaft verrühren und mit dem Meerrettich abschmecken. Rote Beten waschen und dünn schälen. Den Apfel waschen, vierteln, vom Kerngehäuse befreien. Rote Beten und den Apfel in die Sauce reiben. Alles locker mischen. Die Salatblätter waschen und trockentupfen. Die Frischkost darauf anrichten. Mit den Kürbiskernen garnieren.

Selleriesalat mit Sonnenblumenkernen

➤ *Für 2 Personen:*
100 g Joghurt • 1–2 TL Zitronensaft
1 Prise Meersalz • weißer Pfeffer
1 TL Apfeldicksaft
1/2 kleine Sellerieknolle
1 Stange Staudensellerie
1 EL Sonnenblumenkerne

So wird's gemacht:
Den Joghurt mit dem Zitronensaft, dem Salz, dem Pfeffer und dem Apfeldicksaft zu einer Sauce verrühren. Den Knollensellerie waschen, schälen und fein reiben. Unter die Sauce mischen. Den Staudensellerie waschen, putzen und sehr fein würfeln, unterheben. Das Selleriegrün waschen und fein hacken, zusammen mit den Sonnenblumenkernen unter den Salat heben.

Gemüse-Kartoffel-Suppe

➤ *Für 2 Personen:*
2 kleine Kartoffeln
je 50 g Möhre, Lauch und Sellerieknolle
600 ml Gemüsebrühe (Rezepte Seite 83)
1 Msp. frisch gemahlene Muskatnuß
1/4 TL Thymian
1 TL Hefeflocken
1 EL frisch gehackte Petersilie

So wird's gemacht:
Die Kartoffeln schälen. Möhre, Lauch und Sellerie waschen und putzen. Die Kartoffeln und das Gemüse klein würfeln. In einem Topf die Gemüsebrühe zum Kochen bringen. Gemüse und Kartoffeln zufügen und darin zugedeckt in etwa 15 Minuten gar köcheln. Suppe vom Herd nehmen, vom Gemüse 3 EL herausnehmen und bei-

Gemüse-Kartoffel-Suppe

Tomatensuppe

seite stellen. Die Suppe fein pürieren und das restliche Gemüse wieder unterheben. Die Suppe mit den Gewürzen und den Hefeflocken abschmecken. Mit Petersilie bestreuen.

Tomatensuppe

➤ *Für 2 Personen:*
500 g reife Tomaten
1 kleine Zwiebel • 2 TL Öl
$^1/_2$ l Gemüsebrühe (Rezepte Seite 83)
je 1 Prise Meersalz, frisch gemahlener weißer Pfeffer und getrockneter Oregano
2 TL Tomatenmark
2 Stegel Petersilie

SO WIRD'S GEMACHT:
Die Tomaten waschen, von den Stielansätzen befreien und würfeln. Die Zwiebel schälen, fein hacken. Petersilie waschen und trockenschütteln. Das Öl in einer großen Pfanne erhitzen. Zwiebel und Tomaten darin zugedeckt unter gelegentlichem Rühren in etwa 15 Minuten weichdünsten. Anschließend durch ein Sieb streichen.
Die Gemüsebrühe in einem Topf aufkochen lassen. Das Tomaten-Zwiebel-Püree einrühren. Die Suppe mit den Gewürzen und dem Tomatenmark abschmecken und noch 5 Minuten leicht köcheln lassen. In vorgewärmte Suppenschalen oder -teller füllen. Mit einigen Petersilien-Blättchen bestreuen und servieren.

Oliven-Reis mit Basilikum

Für 2 Personen:
1 Zwiebel • 1 Knoblauchzehe
2 TL Olivenöl
100 g Naturreis
1/4 l Gemüsebrühe (Rezepte Seite 83)
1 kleines Lorbeerblatt
1 Gewürznelke
100 g Cocktailtomaten
50 g Oliven ohne Stein
1 Stengel Basilikum
Meersalz • Pfeffer

SO WIRD'S GEMACHT:
Die Zwiebel und den Knoblauch schälen, fein hacken und im heißen Öl andünsten. Den Reis dazugeben und unter Rühren glasig werden lassen. Gemüsebrühe, Lorbeer und Nelke zufügen. Alles aufkochen und den Reis zugedeckt bei schwacher Hitze in 20–25 Minuten ausquellen lassen. Inzwischen die Tomaten waschen und halbieren. Die Oliven grob hacken. Das Basilikum waschen, trockentupfen und die Blättchen in Stücke zupfen. Alles unter den fertigen Reis mischen. Mit Salz und Pfeffer abschmecken. Dazu passen zum Beispiel gedünstete Zucchini.

Pellkartoffeln mit Möhrengemüse

Für 2 Personen:
6 mittelgroße Kartoffeln
1 TL Kümmel
300 g Möhren
2 TL Sonnenblumenöl
50 ml Gemüsebrühe (Rezepte Seite 83)
je 1 Prise Meersalz
frisch geriebene Muskatnuß
1 EL Schnittlauchröllchen

SO WIRD'S GEMACHT:
Die Kartoffeln unter fließendem Wasser gründlich bürsten. Mit Wasser knapp bedecken, den Kümmel zufügen, zum Kochen bringen und die Kartoffeln in 20–25 Minuten garen.
Inzwischen die Möhren waschen, schälen und schräg in Scheiben schneiden. Im heißen Öl andünsten, mit Brühe ablöschen und zugedeckt in 8–10 Minuten bißfest garen. Mit Salz und Muskat abschmecken, die Schnittlauchröllchen unterheben. Das Möhrengemüse mit den Pellkartoffeln anrichten.

Grünes Gemüse mit Safran

Für 2 Personen:
500 g gemischtes Gemüse (z. B. grüner Spargel, Staudensellerie, Zucchini, Zuckerschoten)
1 1/2 EL Olivenöl
1/2 TL Zucker
1/4 TL gemahlener Safran
200 ml Gemüsebrühe (Rezepte Seite 83)
1 Zweig Thymian
1–2 TL Zitronensaft
Meersalz • weißer Pfeffer

So wird's gemacht:
Das Gemüse waschen, je nach Sorte schälen oder putzen und in mundgerechte Stücke schneiden. In einem flachen Topf im Öl bei mittlerer Hitze unter gelegentlichem Rühren andünsten. Mit Zucker und Safran bestreuen. Die Brühe und den Thymian dazugeben. Das Gemüse zugedeckt bei schwacher Hitze in 10–15 Minuten garen. Mit Zitronensaft, etwas Salz und Pfeffer abschmecken. Dazu passen kleine Kartoffeln oder Reis.

Himbeerjoghurt

- *Für 2 Personen:*
  300 g Joghurt
  2 TL Sanddornsaft (gesüßt)
  1 Messerspitze gemahlene Vanille
  100 g Himbeeren
  2 TL gehackte Walnüsse

So wird's gemacht:
Den Joghurt mit 1 TL Sanddornsaft und der Vanille glattrühren. Die Himbeeren putzen, 6 Beeren beiseite legen. Den Rest mit einer Gabel zerdrücken, mit 1 TL Sanddornsaft süßen und in Dessertschälchen füllen. Den Joghurt darüber verteilen, mit den übrigen Himbeeren und den gehackten Walnüssen garnieren.

Vollkornbrote mit Apfel-Meerrettich-Quark

- *Für 2 Personen:*
  250 g Magerquark
  4–5 EL Vorzugsmilch
  1 kleiner Apfel
  2 TL frisch geriebener Meerrettich
  1 Prise Meersalz
  2 Scheiben Vollkornbrot
  4 Scheiben Knäckebrot
  1 EL frisch gehackte Kräuter

So wird's gemacht:
Den Quark mit der Milch in einer Schüssel glattrühren. Den Apfel waschen, abtrocknen, vierteln und vom Kerngehäuse befreien. Apfelviertel direkt in den Quark raspeln. Quark mit Meerrettich und Salz abschmecken, auf die Brote verteilen. Mit Kräutern bestreut servieren.

Vollkornbrot mit Apfel-Meerrettich-Quark

Mayr-Kur – Entschlacken mit Milch und Semmeln

Trockene Semmeln und frische Milch sind die Helfer bei einer anderen Form der Entschlakkungskur, die der österreichische Arzt Dr. Franz Xaver Mayr vor beinahe 100 Jahren entwickelte. Als junger Arzt arbeitete er schon in einer Kurklinik. Dort stellte er immer wieder fest, daß das Verdauungssystem der meisten seiner Patienten chronisch überlastet und in seinen Funktionen geschwächt war. Er entwickelte eine spezielle Bauchmassage, um den unter Verdauungsstörungen leidenden Patienten zu helfen.

Die Tastbefunde während des Massierens bestärkten Mayr in seiner Meinung, daß jede chronische Verdauungsschwäche schon an einer Veränderung der Bauchform abzulesen sei. Weit mehr als diese äußeren Merkmale interessierten ihn aber die Vorgänge im Inneren. Ebenso wie sein Kollege Dr. Buchinger (Seite 68) kam er zu dem Schluß, daß ein kranker Darm unweigerlich zu einem kranken Organismus führt.

Die Milch wird in kleinen Schlucken getrunken oder gelöffelt

Kranker Darm – kranker Mensch

Ein überlastetes Verdauungssystem kann die in der Nahrung enthaltenen Vital- und Nährstoffe nicht mehr richtig verarbeiten – und das hat Folgen: Weil die Nahrung nur unzureichend verdaut wird, kommt es einerseits zur Bildung von Giftstoffen im Darm. Zum anderen gehen durch die schlechte Aufnahme der Vitalstoffe dem Körper lebenswichtige Energieträger verloren. Das führt zu allgemeiner Müdigkeit, Antriebslosigkeit, fahler und erschlaffender Haut und nicht zuletzt auch zu Übergewicht.

Diese Erfahrungen verband Dr. Mayr mit seinen medizinischen Kenntnissen und entwickelte daraus ein ganzheitliches Ernährungskonzept, das neben der intensiven Reinigung des Darms auch eine umfassende Regeneration von Körper, Seele und Geist zum Ziel hat.

Die wohltuende Wirkung der F.-X.-Mayr-Kur

Ob Sie eine Mayr-Kur zur gesunden Entschlakkung und Gewichtsabnahme zu Hause durchführen oder als Heilkur unter ärztlicher Leitung in einem Mayr-Kurzentrum (Adressen, Seite 185): Die Ziele der Kur sind die Gesundung Ihres Verdauungsapparates durch *Schonung* und *Säuberung* und eine dauerhafte *Schulung* Ihres Eß- und Ernährungsverhaltens. Dr. Mayr nannte diese drei therapeutischen Wirkungsprinzipien seiner Kur auch »die drei großen S«:

Die Schonung

Wie für den ganzen Organismus auch, bedeutet Schonung für den Darm zunächst einmal größtmögliche Entlastung von schwerverdaulichen Nahrungsmitteln und dadurch die Möglichkeit, sich selbst zu regenerieren und zu genesen.

Die Basis der Kur: Milch und Semmeln

Diese Schonung erreichen Sie durch 1–2 Tage Teefasten, gefolgt von der berühmten Milch-Semmel-Diät. Zur sanften Kurausleitung und Vorbereitung auf eine normale Ernährung dient die anschließende Basenkost.

Die Schonung umfaßt aber nicht nur den Darm, sondern die gesamte Lebenssituation des Kurenden. Ruhe und Erholung sind das oberste Gebot bei einer Mayr-Kur, denn Streß und Hektik wirken sich negativ auf den Kurerfolg aus.

Die Säuberung

Gleichzeitig mit der Schonung erfolgt eine gründliche innere Reinigung. Diese betrifft nicht nur den Darm, der von abgelagerten Nahrungsresten und angesammelten Giftstoffen gesäubert wird. Der ganze Stoffwechsel wird von Schlackenstoffen, die sich im Gewebe abgelagert haben, befreit (Seite 58) und der Organismus durch betont basische Kost entsäuert (Seite 152).

Zur Unterstützung des Reinigungsprozesses muß besonders viel getrunken werden – etwa 3 Liter Mineralwasser und Kräutertee täglich –, damit die im Gewebe abgebauten Schlacken und Giftstoffe schnell aus dem Körper ausgeleitet werden. Durch die Kombination von Reinigung und Schonung bekommen das darmeigene Immunsystem, die Darmzellen und die Darmflora genügend Zeit, um sich zu regenerieren und zu gesunden.

Die innere Reinigung und das sichtbare Ausscheiden von Giftstoffen wird vom Fastenden als befreiend und vitalisierend erlebt: Das Gewebe lockert sich, die Gelenke werden beweglicher, die Muskeln entspannen sich. Nach den ersten Fastentagen ändert sich auch das Hautbild: Die Gesichtsfarbe wird wieder frisch, die Haut strafft sich.

Nach Dr. Mayrs Auffassung geht mit der körperlichen immer auch eine seelische Reinigung einher – eine Erfahrung, die jeder, der schon einmal gefastet hat, nur bestätigen kann.

Die Schulung

Unter diesem Begriff verstand Dr. Mayr in erster Linie, daß der Darm während der Kur lernen soll, seine Aufgaben wieder optimal zu erfüllen. Teil des Darmtrainings sind Atemübungen (Seite 106) und eine spezielle Bauchmassage, die den Darm anregt und entkrampft (Seite 101).

In zweiter Linie ist unter »Schulung« eine allgemeine Umstellung der Eß- und Ernährungsgewohnheiten zu verstehen. Denn nach der Kur soll die wiedergewonnene Gesundheit nicht gleich wieder aufs Spiel gesetzt werden.

Eßkultur nach Mayr

Nach Dr. Mayr ist die Art der Nahrungsaufnahme für eine gesunde Verdauung von größter Bedeutung. Er entwickelte deshalb einige Regeln, die zu einer gesunden Eßkultur dazugehören:

- Richtiges Kauen und Einspeicheln der Nahrung schont den Magen, denn die Verdauung beginnt bereits mit den Enzymen im Speichel.
- Wer lange kaut, macht viel intensivere geschmackliche Erfahrungen: Deshalb nicht schlingen, sondern Zeit lassen und genießen.
- Nur ein langsamer Esser bemerkt den natürlichen Sättigungsreflex. Wer schnell ißt, überhört ihn und ißt viel mehr, als er braucht.
- Reichliches Trinken über den Tag unterstützt die Verdauung – aber nicht während des Essens, sonst wird der Speichel verdünnt und kann seine Arbeit nicht tun.
- Der richtige Essenszeitpunkt trägt wesentlich zum Wohlbefinden bei: Das Frühstück darf ausgiebig sein, das Mittagessen ebenfalls, aber am Abend ist Zurückhaltung geboten, denn auch das Verdauungssystem braucht nachts eine Pause.
- Sorgen Sie für eine freundliche Umgebung, einen hübsch gedeckten Tisch und viel Zeit. Sie gewinnen mit der richtigen Eßkultur wahren Genuß bei jedem Bissen.

Tun Sie einen Spritzer Zitrone ins Bitterwasser

Für wen ist die Mayr-Kur geeignet?

Grundsätzlich gelten für eine Mayr-Kur die gleichen Empfehlungen wie für das Fasten nach Buchinger (Seite 69/70). Wenn Sie gesund sind, können Sie ohne weiteres eine 8tägige Kur zu Hause machen, sollten aber vorher mit Ihrem Arzt über Ihr Vorhaben sprechen, um eventuelle gesundheitliche Risiken auszuschließen. Das ist vor allem wichtig, wenn Sie regelmäßig Medikamente (etwa die »Pille«)einnehmen.
Bei der Mayr-Kur ist noch eine Besonderheit zu beachten: Wenn Sie unter einer Milch- und/oder Weizenallergie leiden, können Sie die Kur mit Milch und Semmeln naturgemäß nicht durchführen. Als Alternative bieten sich aber Gemüsebrühen, Haferschleim oder Reisschleimsuppen an.

TIP

Das Geheimnis der Kursemmel

- *Kaufen Sie normale Weizensemmeln; wenn Ihnen die nicht schmecken, können es auch Dinkel- oder Vollwertsemmeln sein, wichtig ist aber, daß sie aus feingemahlenem Mehl sind und keine Körner enthalten.*
- *Schneiden Sie jede Semmel in etwa 8 Scheiben und lassen Sie sie 2–3 Tage trocknen.*
- *Die ideale Konsistenz ist gummiartig und zäh, denn dann bleibt Ihnen gar nichts anderes übrig, als jeden Bissen 30–50mal zu kauen.*

Milch und Semmeln

Milch und Semmeln dienen während der Kur weniger als Nahrungsmittel, sondern zur Schonung des Darms und als Trainer für richtiges Eßverhalten. Die Milch enthält zwar ein paar wenige Kalorien, darüber hinaus aber Nährstoffe, Mineralien, Spurenelemente und Eiweiß, auf die Sie auch während der Kur nicht verzichten können. Die Semmel ist ein Weißmehlbrötchen ohne besondere Nähr- und Ballaststoffe, daher beansprucht sie den Darm praktisch nicht. Ihr Hauptzweck ist, den richtigen »Verzehr« der Milch zu ermöglichen.

Milch und Semmeln richtig essen

Beißen Sie ein kleines Stück Semmel ab und kauen Sie es gründlich. Wenn Sie es gut eingespeichelt haben, schmecken Sie nach etwa 30mal kauen ein süßliches Aroma: Der Speichel hat die Kohlenhydrate in einfache Zucker zerlegt. Nun nehmen Sie einen kleinen Schluck oder 2 Teelöffel Milch und vermengen sie im Mund ausführlich mit dem Brotbrei. Erst dann dürfen Sie alles hinunterschlucken.

Auf diese Weise verzehren Sie ganz langsam eine Semmelscheibe nach der anderen, bis Sie ein leichtes Sättigungsgefühl verspüren. Dann hören Sie auf zu essen, egal wieviel es war. Manchmal genügen schon $^{1}/_{2}$ Semmel und 1 Tasse Milch.
Das Wichtige dabei ist: Sie trainieren, richtig zu kauen, und lernen, Ihr Sättigungsgefühl wieder wahrzunehmen.

Das Bitterwasser

Im Gegensatz zur Fastenkur (Seite 68) wird bei der Mayr-Kur der reinigende Bittersalz-Trunk jeden Morgen eingenommen, so lange, bis der Stuhlgang die erforderlichen Zeichen der Gesundung zeigt. Er sollte nach anfänglichen dunklen, übelriechenden Stühlen im Verlauf der Kur immer heller werden, eine goldgelbe Farbe annehmen und fast geruchlos werden.
Nach Dr. Mayr besteht die Aufgabe des Bitterwassers in der »Durchrieselung« des Magen-Darm-Traktes. Wenn nämlich der Salzgehalt des Trunkes

richtig ist (0,9 %), dann wird die Flüssigkeit vom Körper gar nicht aufgenommen, sondern durchschwemmt einfach den Verdauungstrakt und reißt Rückstände und Schlacken mit sich, sorgt also für eine intensive Reinigung.

Die Bauchmassage

Form und Zustand des gesamten Bauchraums spielten für Mayr eine große Rolle bei der Beurteilung von Darmstörungen. Deshalb entwickelte er nicht nur genaue Kau- und Ernährungsregeln, sondern auch eine höchst wirkungsvolle Form der Bauchmassage. Dabei werden die unterschiedlichen Darmabschnitte durch gezielte Massagegriffe in ihren Funktionen sanft angeregt, so daß der Darm zu seiner geschmeidigen Beweglichkeit und natürlichen Größe zurückfindet. Das bringt auch ein vormals rundes, vorgewölbtes Bäuchlein im Laufe der Kur zum Verschwinden.
Eine optimale Bauchmassage erhalten Sie nur von einem geschulten Mayr-Arzt, ambulant oder in einem Mayr-Kurzentrum. Sie können aber auch selbst etwas für Ihren Darm tun und während der Kur diese wohltuende Selbstmassage ausführen. Nehmen Sie sich dafür täglich 15–30 Minuten Zeit.

So wird's gemacht:

➤ Legen Sie sich bequem auf den Rücken, winkeln Sie Ihre Beine leicht an und legen Sie ein Kissen unter Ihre Kniekehlen, so daß die Bauchdecke völlig entspannt ist.

➤ Nehmen Sie mit Ihrem Bauch Kontakt auf: Legen Sie beide Hände mit gespreizten Fingern auf Ihren Bauch, üben Sie keinen Druck aus, lassen Sie die Finger vielmehr leicht und entspannt auf dem Bauch ruhen und spüren Sie, wie sich die Bauchdecke beim Atmen hebt und senkt.

➤ Falten Sie nun Ihre Hände und legen Sie sie flächig auf den Bauch. Während Sie ruhig weiteratmen, wird ein leichter Druck auf Bauchdecke und Darmnerven ausgeübt (10 Atemzüge lang).

➤ Mit den Fingerspitzen beider Hände führen Sie nun Vibrationen auf der Bauchdecke aus. Das heißt: Üben Sie etwas Druck auf Ihre Fingerspitzen aus und streichen Sie mit schnellen, kleinen Bewegungen auf einem Punkt hin und her. Wandern Sie dabei mit beiden Händen vom Unter- zum Oberbauch hin. Unterhalb des Rippenbogens beenden Sie die Vibrationen und lassen Ihre Fingerspitzen wieder leicht nach unten zum Unterleib hin gleiten (10mal wiederholen).

➤ Nun beschreiben Sie mit den Fingerspitzen beider Hände kleine kreisförmige Bewegungen auf der Bauchhaut, wobei Sie die darunterliegenden Därme deutlich spüren können. Beginnen Sie rechts unten über dem Blinddarm und wandern Sie zentimeterweise im Uhrzeigersinn nach oben, dann unterhalb des Rippenbogens entlang und auf der linken Seite wieder nach unten bis zum Ausgangspunkt. Nach einer kleinen Pause wiederholen (insgesamt 10mal).

➤ Schließen Sie an die Bauchmassage die Atemübungen von Seite 106 an, um den Darm wieder zu beruhigen und zu entspannen.

Mit Bauchmassage den Darm sanft anregen

Die Mayr-Kurwoche

Die hier empfohlene Mayr-Kur umfaßt 8 Tage: einen Entlastungstag, einen ersten Kurtag mit Teefasten und 6 Tage mit Milch-Semmel-Diät. Darauf sollten unbedingt einige Tage der sanften Kurausleitung folgen, in denen Sie vor allem basische Kost zu sich nehmen und sich langsam wieder an eine normale Ernährung gewöhnen.

Wenn Ihnen 8 Tage zu lang sind, können Sie die Milch-Semmel-Tage auch abkürzen, Sie sollten nur keinesfalls plötzlich und ohne Übergang wieder normale Kost essen. Das könnte Darmreizungen und heftige Verdauungsbeschwerden zur Folge haben.

Sich innerlich und äußerlich vorbereiten

Fasten bedeutet nicht nur, die Nahrungszufuhr zu unterbrechen, sondern auch, sich von Gewohnheiten und von Äußerem zu lösen und ein paar Tage nur den inneren Abläufen zu widmen.

Es ist immer am besten, sich für diese Zeit Urlaub zu nehmen und sich ausschließlich um das eigene Wohlergehen zu kümmern. Gehen Sie also möglichst keiner beruflichen Tätigkeit nach und sagen Sie alle anderen Verpflichtungen ab.

Alles, was Sie brauchen, in Ruhe bereitlegen

TIP

Ihre Einkaufsliste

- *2 Kästen natriumarmes, stilles Wasser*
- *verschiedene Sorten Kräuter- und Früchtetees (Seite 104)*
- *Honig*
- *1 kg Kartoffeln oder 200 g ungeschälten Reis (je nachdem, welchen Entlastungstag Sie gewählt haben)*
- *Gemüse und Kräuter als Zutaten für Gemüsebrühen (Rezepte Seite 83)*
- *1 Packung Haferschmelzflocken*
- *200 g Bittersalz oder F.-X.-Passage-Salz*
- *5 Zitronen*
- *einen Vorrat an Semmeln (ca. 5 Stück) für die ersten Tage*
- *alle 1–2 Tage 1 Liter frische Vorzugsmilch aus dem Bioladen oder frische Vollmilch (jedoch keine H-Milch).*

Vorher bereitlegen

Für eine Mayr-Kur brauchen Sie die gleichen Utensilien wie für eine Fastenkur. Sie finden die entsprechende Liste auf Seite 76. Verschieben Sie nicht alle Besorgungen auf den letzten Tag vor der Kur, denn Sie sollten ohne Streß und Hektik in diese Woche gehen. Fangen Sie schon in den Tagen davor an, alles bereitzulegen.

Vorher einkaufen

Kaufen Sie nach und nach all die Lebensmittel ein, die Sie für die Kurwoche brauchen, die Liste oben hilft Ihnen dabei. Nur die Milch sollten Sie sich regelmäßig frisch besorgen, am besten Vorzugsmilch aus dem Bioladen. Landmilch aus dem Supermarkt tut's auch, aber keine H-Milch.

Ihr Mayr-Kur-Programm auf einen Blick

	KURKOST	VERDAUUNG UND AUSSCHEIDUNG	BEWEGUNG UND RUHE	KÖRPERPFLEGE	WOHLTATEN FÜR DIE SEELE
DER ENTLASTUNGSTAG					
Morgens	Mineralwasser, Frühstück von Seite 50 oder 54	vermehrte Flüssigkeitszufuhr und ballaststoffreiche Nahrung regen die Darmtätigkeit an	Entspannungs- und Atemübungen	Wechseldusche	sich einstimmen und vom Alltag lösen
Vormittags	Apfelkompott mit Reis oder Kartoffeln		Spaziergang		
Mittags	Reis- oder Kartoffelgericht		Mittagsschlaf		
Nachmittags	Apfelkompott und Tee		Spaziergang		
Abends	Abendessen von Seite 50 oder 54		Entspannung	warmes Vollbad	
ERSTER KURTAG					
Morgens	Bitterwasser, Morgentee	Darm wird entleert und geschont	Atemübungen	Wechseldusche, Trockenbürsten	zur Ruhe kommen und dem Körper vertrauen
Vormittags	Mineralwasser		Spaziergang		
Mittags	Mittagstee		Mittagsschlaf		
Nachmittags	Mineralwasser		Sport oder Gymnastik		
Abends	Abendtee		Atemübungen	Mundpflege	den Tag überdenken
ZWEITER BIS SIEBTER KURTAG					
Morgens	Bitterwasser, Milch und Semmeln	Säuberung und Schonung des Darms, Schulung des Eßverhaltens	Atemübungen und Bauchmassage	Wechseldusche, Mundpflege	seelische und körperliche Reaktionen akzeptieren, auf Bedürfnisse des Körpers hören
Vormittags	Kräutertee und Mineralwasser		Spaziergang	Ölmassage	
Mittags	Milch und Semmeln		Mittagsschlaf	aufsteigendes Fußbad	
Nachmittags	Tee und Wasser		Sport oder Sauna		
Abends	Abendtee		Atemübungen und Bauchmassage	warmes Vollbad oder Fußbad, Mundpflege	den Tag überdenken
SANFTE KURAUSLEITUNG					
Morgens	Sauerkrautsaft oder Buttermilch, Knäckebrot und Joghurt	die Darmtätigkeit anregen	Atemübungen und Bauchmassage	Wechseldusche	das Essen genießen, Eßkultur auch im Alltag beibehalten
Vormittags	Tee und Wasser		Spaziergang		
Mittags	Gemüsesuppe oder Pellkartoffeln		Ausruhen		
Nachmittags	Tee und Wasser		Sport oder Gymnastik	Ölmassage	
Abends	Knäckebrot und Kräuterquark		Atemübungen und Bauchmassage	warmes Fußbad	die Tage der Kur überdenken

Der Entlastungstag

Auch für die Mayr-Kur ist es empfehlenswert, das eigentliche Kurprogramm mit einem Entlastungstag zu beginnen. Sie nehmen an diesem Tag feste Nahrung zu sich, müssen also nicht hungern, die Beschränkung auf einige wenige Nahrungsmittel entlastet jedoch den Darm bereits. So wird der Übergang zum ersten Fastentag für Sie und für Ihren Stoffwechsel leichter werden. Als Vorbereitung zur F.-X.-Mayr-Kur eignen sich am besten ein Reistag (Seite 50) oder ein Kartoffeltag (Seite 54).

➤ Nach dem Erwachen

Springen Sie heute nicht gleich aus dem Bett, sondern entspannen Sie sich noch etwas und stellen Sie sich auf das ein, was Sie sich für die nächsten Tage vorgenommen haben. Trinken Sie als erstes 2 Gläser stilles, zimmerwarmes Mineralwasser, um die Darmtätigkeit anzuregen.

➤ Frühstück

Ihr Frühstücksrezept steht auf Seite 50 oder 54, je nachdem, welchen Entlastungstag Sie gewählt haben. Trinken Sie danach 1–2 Tassen Kräutertee und 1 Glas stilles Mineralwasser.

➤ Zwischenmahlzeit

Vormittags und nachmittags bereiten Sie sich ein Apfelkompott (Seite 50), entweder mit Kartoffeln oder Reis dazu. Trinken Sie danach 2 große Gläser Mineralwasser. Tee ist zu jeder Zeit erlaubt.

➤ Mittagessen

Nach Ihrem Reis- oder Kartoffelgericht trinken Sie wieder 2 Gläser Mineralwasser. Ruhen Sie sich nach dem Essen aus, machen Sie einen Mittagsschlaf oder legen Sie sich einfach nur aufs Sofa.

➤ Am Nachmittag

Wenn Sie mögen, ist jetzt wieder Apfelkompott an der Reihe, Sie können aber auch einfach nur einen Tee Ihrer Wahl trinken. Gehen Sie zwischendurch nach draußen an die frische Luft, egal wie das Wetter ist. Atmen Sie tief ein und aus, um Sauerstoff zu tanken.

➤ Abendessen

Dies ist das letzte üppige Abendessen für die nächsten Tage. Genießen Sie es und üben Sie schon mal die Eßkultur nach F. X. Mayr (Seite 99): Langsam kauen, viel Zeit lassen, bewußt genießen. Dazu gehören ein beruhigender Abendtee und noch 2 Gläser Mineralwasser. Gehen Sie früh zu Bett.

TIP

Tees für jede Tageszeit

- ➤ *Morgens:*
  Lindenblüten steigern die Abwehrkräfte
  Brombeerblätter beruhigen die Schleimhaut
  Pfefferminze verscheucht Übelkeit
- ➤ *Mittags:*
  Kamille beruhigt den Magen
  Birkenblätter unterstützen die Nieren
- ➤ *Abends:*
  Fenchel hilft bei Blähungen
  Melisse beruhigt und entspannt
  Hopfen fördert den Schlaf.

Der erste Kurtag

Nachdem Sie sich mit einem Kartoffel- oder Reis-Entlastungstag eingestimmt haben, beginnen Sie den ersten Tag der eigentlichen Kur mit einem »Teefasten«, um Ihren Darm zu schonen und weitgehend ruhigzustellen.

Nach dem Erwachen

Beginnen Sie den Morgen mit Atemübungen, wie sie auf der nächsten Seite beschrieben sind. Sie trainieren die Bauchatmung und regen den Darm an. Er steht für diese Woche im Mittelpunkt.

Nach dem Aufstehen

Trinken Sie unmittelbar nach dem Aufstehen ein Glas Bitterwasser: Geben Sie 1 Teelöffel Bittersalz in 250 Milliliter lauwarmes Wasser und rühren so lange um, bis sich alles aufgelöst hat. Ein Spritzer Zitronensaft verbessert ein wenig den Geschmack. Wenn Ihnen das Bittersalz gar nicht behagt, probieren Sie statt dessen F.-X.-Passage-Salz aus; es enthält einige geschmacksverbessernde Zutaten. Davon nehmen Sie 2 gestrichene Teelöffel auf 250 Milliliter Wasser. Trinken Sie die gesamte Menge zügig und in großen Schlucken aus, dann geht es leichter.
Anschließend nehmen Sie eine Dusche. Massieren Sie Ihren Körper vorher mit einer Trockenbürste oder mit einem Luffahandschuh, das regt Haut und Kreislauf an. Innerhalb der nächsten Stunde wird das Abführsalz wirken, und Sie werden durchfallartigen Stuhlgang haben.

Frühstück

Bereiten Sie sich 2–3 Tassen von einem Morgentee Ihrer Wahl zu, den Sie mit ein wenig Honig süßen dürfen. Der Tee sollte nicht einfach getrunken, sondern »gegessen« werden: Nehmen Sie den warmen Tee löffelweise in den Mund und bewegen Sie ihn mehrmals im Mund hin und her, bevor Sie ihn hinunterschlucken.

TIP

Soviel sollten Sie trinken

Zu den Eßregeln nach F. X. Mayr gehört, daß Sie direkt zu den Mahlzeiten nichts trinken, um das Einspeicheln nicht zu stören. Sie können bis eine halbe Stunde vor dem Essen und danach so viel Flüssigkeit zu sich nehmen, wie Sie wollen, mindestens jedoch 2–3 Liter täglich.
Empfohlene Getränke sind Kräuter- und Früchtetees sowie zimmerwarmes gutes Trinkwasser oder stilles Mineralwasser.
Die zum Entschlacken optimale Flüssigkeitsmenge hängt auch von Ihrem Körpergewicht ab:

- *Wer unter 50 Kilo wiegt, sollte täglich mindestens 2 Liter trinken*
- *Wer bis zu 90 Kilo wiegt, braucht täglich etwa 3 Liter*
- *Wer schwerer als 90 Kilo ist, sollte bis zu 4 Liter täglich trinken.*

Vormittags

Trinken Sie reichlich stilles Mineralwasser. Gehen Sie an die frische Luft und machen Sie einen gemütlichen Spaziergang. Atmen Sie dabei tief ein und aus, denn auch über die Atemluft befreit sich der Körper von Schlacken und Reststoffen.

Mittags

Bereiten Sie sich 2–3 Tassen Mittagstee zu, den Sie wieder langsam »essen«, das heißt kauen, ausreichend einspeicheln und dann erst hinunterschlucken. Anschließend genießen Sie Ihre Mittagsruhe: Machen Sie einen längeren Mittagsschlaf oder setzen Sie sich einfach in einen bequemen Sessel, legen die Füße hoch und schließen die Augen.

Gehen Sie viel spazieren und atmen Sie tief durch

➤ Nachmittags

Trinken vertreibt den Hunger, sorgen Sie also für reichlich Flüssigkeitszufuhr. Wenn Sie sich fit genug fühlen, treiben Sie ein wenig Sport: Schwimmen, Walking, Wandern oder Radfahren sind ideale Sportarten während der Kur. Empfehlenswert ist auch ein Saunabesuch – sofern Ihr Kreislauf mitmacht –, denn starkes Schwitzen unterstützt die Entgiftung Ihres Körpers ganz ideal.

➤ Abends

Bereiten Sie sich 2–3 Tassen beruhigenden Abendtee zu, den Sie wie schon beschrieben »essen«. Bevor Sie ins Bett gehen, machen Sie nochmals die nachfolgend beschriebenen Atemübungen. Gehen Sie früh schlafen, am besten vor 22 Uhr.

Die Atemübungen

Diese Übungen dienen der Massage des Darms. Machen Sie sie 2mal täglich morgens und abends im Bett oder auf einem Sofa. Legen Sie sich dazu ein zusammengerolltes Kissen unter die Kniekehlen, damit Ihre Bauchdecke entspannt ist.

➤ Legen Sie beide Hände flach auf den Unterbauch. Atmen Sie tief durch die Nase ein und spüren Sie, wie sich Ihr Bauchraum dabei ausdehnt. Halten Sie kurz inne, bevor Sie langsam durch den Mund wieder ausatmen. Halten Sie wieder inne, bis Sie von selbst das Bedürfnis zum Einatmen verspüren. Atmen Sie nicht zu schnell, sonst treten Schwindelgefühle auf (15 Atemzüge).

➤ Nun unterstützen Sie die Bewegungen der Bauchdecke mit den Händen: Wenn die Bauchdecke sich beim Ausatmen nach innen senkt, helfen Sie mit sanftem Druck ein wenig nach. Beim Einatmen lassen Sie Ihre Hände locker und beim Ausatmen üben Sie wieder sanften Druck aus (15mal).

INFO

ATMEN FÜR EINEN GESUNDEN DARM

Die meisten Menschen atmen sehr flach, daß heißt, sie nutzen nicht das gesamte Lungenvolumen aus, sondern atmen nur mit dem Oberkörper. Eine intensive Bauchatmung ist aber ein natürliches Mittel, um die Verdauungsorgane von innen her zu massieren: Mit jedem Atemzug hebt und senkt sich das Zwerchfell, unser wichtigster Atemmuskel. Dabei übt es rhythmisch Druck auf den Darm aus und unterstützt so die Darmbewegungen. Richtiges Atmen hält also den Darm fit und leistungsfähig.

Der zweite bis siebte Kurtag

An diesem Tag beginnen Sie mit der von F. X. Mayr entwickelten Milch-Semmel-Diät, die Sie nun für insgesamt 6 Tage durchführen. Die hier beschriebenen Anwendungen und Essensregeln gelten auch an allen folgenden Kurtagen.

➤ Nach dem Erwachen

Beginnen Sie den Tag mit den nebenan beschriebenen Atemübungen. Anschließend folgt für 15–30 Minuten eine intensive Bauchmassage (Seite 101), die nochmals mit den Atemübungen abgeschlossen wird. Nun ist auch Ihr Darm bereit für den kommenden Tag.

➤ Nach dem Aufstehen

Trinken Sie nun jeden Morgen gleich nach dem Aufstehen Ihr Bitterwasser (Seite 105). Wenn Sie mögen, legen Sie sich noch einmal ins Bett, bis der Darm sich zur Entleerung meldet.

Nehmen Sie sich in den Kurtagen für die Mund- und Körperpflege viel Zeit. Durch die frei werdenden Giftstoffe werden Sie besonders viel schwitzen und Mund- und Körpergeruch absondern. Baden und duschen Sie, sooft Ihnen danach ist, und pflegen Sie Ihre Haut anschließend sorgfältig.

INFO

ALTERNATIVE ZU MILCH UND SEMMELN

Wenn Sie auf Milch oder Weizen allergisch reagieren, können Sie die Kur mit anderen Nahrungsmitteln trotzdem durchführen. Alternativen sind eine leichte Gemüsebrühe (Seite 83) oder eine einfache Haferschleim- oder Reisschleimsuppe. Bei den Suppen gelten die gleichen Essensregeln (30–50mal kauen) wie bei Milch und Semmeln.

Morgens bringt eine Wechseldusche oder ein Wechselarmguß (Seite 78) den Kreislauf in Schwung. Vorheriges Trockenbürsten oder Abreiben mit einem Luffahandschuh unterstützt zusätzlich die Entschlackung.

➤ Frühstück

Konzentrieren Sie sich nun ganz auf Ihr erstes Frühstück mit Milch und Semmeln. Genießen Sie beides langsam und beachten Sie die Essensregeln, wie auf Seite 100 beschrieben. Das Essen einer einzigen Semmel kann auf diese Weise bis zu einer Stunde dauern. Sobald Sie ein leichtes Sättigungsgefühl verspüren, beenden Sie die Nahrungsaufnahme, egal wieviel Sie bis dahin gegessen haben.

➤ Vormittags

Verbringen Sie den Vormittag gemütlich mit Lesen oder einem Spaziergang. Vergessen Sie nicht, viel zu trinken: zimmerwarmes Wasser und 2–3 Tassen Kräutertee, insgesamt etwa 1 Liter im Laufe des Vormittags.

Wenn Sie das Gefühl haben, die morgendliche Darmentleerung war nicht erfolgreich genug, können Sie zur Entlastung des Darms einen Einlauf durchführen (Seite 80).

➤ Mittags

Zum Mittagessen gibt es die gleiche Kost wie zum Frühstück: eine altbackene Semmel und teelöffelweise Milch dazu. Alternativ darf es auch ein Teller Gemüsebrühe, Haferschleim- oder Reisschleimsuppe sein (siehe Kasten).

Anschließend folgt eine ausgiebige Entspannungspause, in der Sie sich einen Bauchwickel machen sollten (Seite 108). Er verbessert die Durchblutung im Bauchraum, aktiviert die Verdauungsdrüsen und fördert die Entgiftung. Versuchen Sie während des Wickels ein wenig zu schlafen oder schließen Sie nur einfach die Augen.

➤ Nachmittags

Viel trinken läßt Sie den Hunger vergessen: Auch am Nachmittag sollten es insgesamt wieder 1–1 1/2 Liter Wasser und Tee sein.

In den ersten Tagen, während der Körper vor allem mit der Ausscheidung der Gift- und Schlakkenstoffe beschäftigt ist, werden Sie sich so manches Mal nicht wohl fühlen. Das sind vorübergehende kurze Fastenkrisen, die ein natürlicher Teil des Entgiftungsprozesses sind (Seite 84). Helfen Sie sich mit warmen Fußbädern, entspannenden Ölmassagen und viel Ruhe darüber hinweg (Anleitungen Seite 84/85).

Nach ein paar Tagen werden Sie aber die vitalisierende Wirkung des Entschlackungsprozesses spüren. Die Stimmung steigt, Sie fühlen sich fit und beweglich und haben Lust, etwas zu unternehmen. Gehen Sie jetzt viel an die frische Luft und treiben Sie Ihren Lieblingssport. Achten Sie aber auf Ihre Leistungsgrenze und überfordern Sie sich nicht.

➤ Abends

Bereiten Sie sich am frühen Abend 2–3 Tassen Abendtee zu, etwa mit Hopfen, Melisse oder Passionsblume. Wenn Sie mögen, ist auch 1 Teelöffel Honig erlaubt. Trinken Sie ihn ganz langsam und behalten Sie jeden Schluck eine Weile im Mund. Wenn Sie Lust auf etwas Pikantes haben, können Sie sich auch eine Gemüsebrühe (Seite 83) zubereiten und diese ebenso langsam essen.

➤ Vor dem Schlafengehen

Zur Entspannung können Sie ein warmes Vollbad mit beruhigenden ätherischen Ölen nehmen, zum Beispiel mit Lavendel, Melisse oder Baldrian. Auch ein ansteigendes Fußbad hilft gegen kalte Füße und fördert das Einschlafen (Seite 84). Im Bett massieren Sie Ihren Bauch noch einmal (Seite 101) und machen die Atemübungen (Seite 106).

Der Bauchwickel

Ein Bauchwickel entspannt den ganzen Bauchraum, fördert die Auflösung und Ausschwemmung von Gift- und Schlackenstoffen, aktiviert den Blut- und Lymphkreislauf und regt die Verdauungsdrüsen an.

So wird's gemacht:

➤ Für einen feuchtheißen Bauchwickel benötigen Sie zwei Tücher (ein kleineres Leinentuch und ein großes Badehandtuch) und eine Wärmflasche. Breiten Sie das größere der beiden Tücher auf dem Bett aus.

➤ Füllen Sie die Wärmflasche mit heißem Wasser (bis 60 °C) und tauchen Sie das kleinere Leinentuch in heißes Wasser. Prüfen Sie die Temperatur am Unterarm, damit sie nicht als zu heiß empfunden wird.

➤ Wickeln Sie das feuchtheiße Tuch um die Wärmflasche. Legen Sie sich dieses Paket auf den nackten Unterbauch und schlagen Sie das große Badetuch von hinten nach vorn darüber. Je nach Jahreszeit können Sie sich noch mit einer Wolldecke zudecken oder eine zweite Wärmflasche an Ihre Füße legen.

➤ Lassen Sie den Wickel so lange liegen, wie Sie ihn noch als warm empfinden (etwa 30 Minuten).

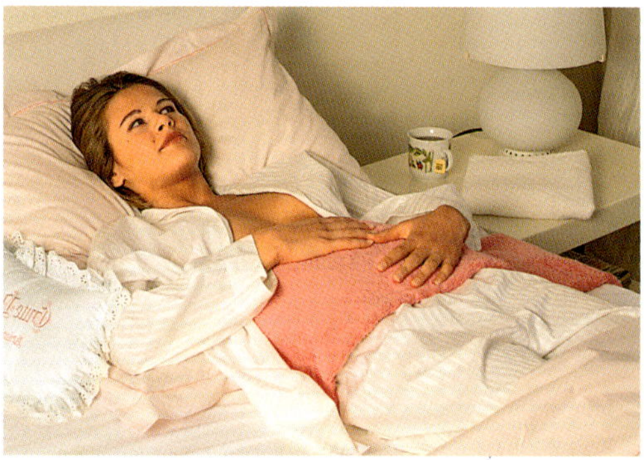

Ein Bauchwickel aktiviert die Verdauungsdrüsen

Die sanfte Kurausleitung

Wie immer nach dem Fasten ist auch nach der Milch-Semmel-Diät eine »Nachkur-Zeit« unbedingt notwendig. Ihr Körper braucht Zeit, um sich allmählich wieder an feste Nahrung zu gewöhnen. Am besten wären 6 Wochen, in denen Sie sich aus der Kur »ausschleichen«. Wenn Sie die Ernährungsumstellung auf diese Weise Schritt für Schritt vollziehen, werden Sie auch nicht so schnell in Ihre alten Ernährungsgewohnheiten zurückfallen.

Die ersten Tage nach der Kur

Steigern Sie die Nahrungsaufnahme nur langsam, denn Ihr gesamter Verdauungsapparat war für eine Woche ruhiggestellt und kann seine Tätigkeit nicht sofort wieder im gewohnten Maß aufnehmen. Er reagiert sonst mit Unwohlsein.

➤ Beginnen Sie in den ersten Tagen morgens mit Knäckebrot (ohne Körner) und Magerquark oder Biojoghurt. Trinken Sie vormittags wie gewohnt große Mengen an Wasser und Kräutertee.

➤ Mittags genügt am ersten Tag eine Gemüsebrühe (Seite 83), steigern Sie am nächsten Tag dann zu einer Gemüsesuppe mit festeren Bestandteilen (Seite 94). Wenn Sie dies gut vertragen, folgen am darauffolgenden Tag Pellkartoffeln mit Gemüse (Seite 96).

➤ Trinken Sie nachmittags weiterhin Wasser und Tee. Das Abendessen sollte sehr leicht sein und die Verdauung über Nacht nicht belasten: Knäckebrot mit magerem Schinken oder Kräuterquark.

➤ Sie werden in den ersten Tagen nach der Kur für Ihre Verdauung noch etwas Hilfe brauchen. Versuchen Sie, ob statt Bittersalz und Einläufen nicht auch Sauerkrautsaft oder 2 Gläser Buttermilch am Morgen ihre Wirkung tun.

Wenn Sie diese Nahrungsmittel gut vertragen haben, fügen Sie nach und nach auch Salate, Obst und magere Milchprodukte in Ihren Speiseplan mit ein. Seien Sie mit tierischem Fett und Fleisch aber noch sehr zurückhaltend.

Milde Aufbaudiät mit leckeren Gemüserezepten

Gesunde Basenkost

In der zweiten Woche nach der Kur können Sie sich Ihr Menü aus den nachfolgenden Rezepten zusammenstellen. Ähnlich wie bei den Rezepten der Säure-Basen-Diät (ab Seite 156) liegt der Schwerpunkt auf Nahrungsmitteln, die im Körper basisch wirken (Seite 152), also einer Übersäuerung und Verschlackung des Körpers vorbeugen und entgegenwirken.

Das erklärte Ziel von Dr. Mayr war, nicht nur den Körper durch ein kurze Fastenkur zu entlasten, sondern bei seinen Kurpatienten eine dauerhafte Ernährungsumstellung zu erreichen. Sie werden an sich selbst merken, daß Sie seit der Kur deutlicher spüren, was Ihnen bekommt und was nicht. Ihr Geschmacksempfinden und das Empfinden für den Sättigungszeitpunkt sind geschärft.

Wenn Sie die Regeln der Eßkultur nach Dr. Mayr auch nach der Kur beibehalten und sich in Zukunft an einer der im nächsten Kapitel beschriebenen Ernährungsformen orientieren, werden Sie Ihr Ziel mit Sicherheit erreichen: dauerhaft schlank, fit und gesund!

Nach der Mayr-Kur: Rezepte

Birnen-Frischkäse auf Knäckebrot

Für 2 Personen:
2 kleine Birnen
1 TL Rosinen
200 g körniger Frischkäse
4 Scheiben Knäckebrot

So wird's gemacht:
Die Birnen waschen, vierteln und vom Kerngehäuse befreien. Die Viertel grob raspeln. Zusammen mit den Rosinen unter den Frischkäse rühren. Den Birnen-Frischkäse gleichmäßig auf die Knäckebrote verteilen. Rasch servieren.

Porridge mit Zimt

Für 2 Personen:
100 g feine Haferflocken
Meersalz
4 EL Sahne
2 EL Ahornsirup
1/4 TL Zimtpulver

So wird's gemacht:
In einem Topf 1/4 l Wasser mit 1 Prise Salz zum Kochen bringen. Die Haferflocken einrühren und unter Rühren aufkochen lassen.
Den Topf vom Herd nehmen, die Flocken mindestens 10 Minuten zugedeckt quellen lassen.
Den Porridge in eine Schüssel oder zwei Portionsschälchen füllen. Mit Sahne und Ahornsirup beträufeln und mit Zimt bestreuen.

Frische Beeren fürs Müsli

Beerenmüsli

Für 2 Personen:
300 g gemischte Beeren (z. B. Himbeeren, Johannisbeeren, Brombeeren)
80 g Weizenkeimlinge (siehe Seite 93)
200 g Sahnejoghurt
Mark von 1 Vanilleschote
2 TL Honig oder Birnendicksaft
1 EL ungesalzene Pistazienkerne

So wird's gemacht:
Die Beeren kurz waschen und putzen, die Weizenkeimlinge abspülen und gründlich abtropfen lassen. Den Joghurt mit dem Vanillemark glattrühren, mit Honig oder Birnendicksaft nach Belieben süßen. Beeren, Weizenkeimlinge und Pistazienkerne locker vermengen und mit dem Joghurt anrichten.

Friséesalat mit Pinienkernen

Rote-Bete-Salat mit Linsensprossen

Für 2 Personen:
2 junge Rote Beten (etwa 200 g)
2 EL kaltgepreßtes Pflanzenöl
1/2 Tasse Linsensprossen
1 kleine Schalotte
Meersalz • Pfeffer
1 EL Weißweinessig
1 EL Walnußöl

So wird's gemacht:
Die Roten Beten schälen und in nicht zu feine Streifen raspeln. Das Öl in einem Topf erhitzen und die Raspel darin zugedeckt bei schwacher Hitze bißfest dünsten. Die Linsensprossen waschen, dazugeben und 1 Minute mitdünsten. Abkühlen lassen. Die Schalotte schälen, fein würfeln und unter die Rote Bete mengen. Salz, Pfeffer, Essig und Öl verschlagen. Über die Gemüse-Sprossen-Mischung gießen, den Salat auf Tellern anrichten.

Friséesalat mit Pinienkernen

Für 2 Personen:
1/2 Kopf Friséesalat
1/2 Fenchelknolle
2 EL Pinienkerne
1/2 Bund gemischte Kräuter
1 EL Apfelessig • 1 EL Olivenöl
2 EL Gemüsebrühe (Rezepte S. 83)
40 g Roquefort (30 % Fett i. Tr.)

So wird's gemacht:
Salat und Fenchel waschen, putzen und abtropfen lassen. Die Pinienkerne in einer Pfanne ohne Fett anrösten. Die Kräuter waschen, trockenschütteln und fein hacken. Apfelessig mit Gemüsebrühe, Öl und etwas Pfeffer kräftig zu einem Dressing verrühren. Die Kräuter untermischen. Den Salat im Kräuterdressing wenden und auf Tellern anrichten. Den Käse grob zerbröckeln und mit den gerösteten Pinienkernen darübergeben.

Gemüseteller mit Kräuter-Aioli

Für 2 Personen:
Für das Gemüse:
1 kleine Fenchelknolle
200 g schlanke Möhren
1 junger Kohlrabi mit Blättern
2 mittelgroße Kartoffeln
200 g grüne Bohnen
Meersalz • 2 Eier
Für den Aioli:
1/2 Scheibe Toastbrot
3 EL Milch
1–2 Knoblauchzehen
1 ganz frisches Eigelb
75 ml Olivenöl
1–2 EL Joghurt
1 EL gehackte, gemischte Kräuter
1–2 TL Zitronensaft
Meersalz • weißer Pfeffer

SO WIRD'S GEMACHT:
Das Gemüse putzen, waschen und bei Bedarf schälen. Das Fenchel- und Kohlrabigrün beiseite legen. Den Fenchel in dünne Spalten schneiden. Die Möhren längs halbieren. Kohlrabi vierteln und in Scheiben schneiden, Kartoffeln vierteln, die Bohnen ganz lassen.
Einen Topf 5 cm hoch mit Salzwasser füllen. Das Gemüse in den Dämpfeinsatz legen, in den Topf stellen. Wasser aufkochen lassen, das Gemüse zugedeckt im Dampf bei mittlerer Hitze in 20–25 Minuten knackig garen.
Inzwischen die Eier in 7 Minuten nicht ganz hart kochen. Für den Aioli das Brot entrinden, mit der Milch übergießen und kurz einweichen. Dann das Brot gut ausdrücken.
Den Knoblauch schälen und dazupressen. Mit dem Eigelb zu einer homogenen Masse vermischen. Das Öl nach und nach unterschlagen, bis eine feste Mayonnaise entsteht. Joghurt und Kräuter unterheben und mit Zitronensaft, Salz und Pfeffer abschmecken.
Die Eier schälen und längs halbieren, mit dem Gemüse und den Kartoffeln auf Tellern anrichten. Gemüsegrün in kleinere Stücke zupfen, die Teller damit garnieren. Den Kräuter-Aioli getrennt dazu in kleinen Schüsseln reichen.

Reis-Gemüse-Eintopf

Für 2 Personen:
50 g Naturreis • Meersalz
1 Möhre • 1 kleiner Kohlrabi
100 g grüne Bohnen
250 g Blumenkohl oder Brokkoli
50 g Mungobohnensprossen
100 g Maiskörner
3/4 l Gemüsebrühe (Rezepte Seite 83)
2 EL frisch geriebener Parmesan

So wird's gemacht:
Den Reis nach Packungsangabe in Salzwasser bißfest garen. Inzwischen das Gemüse waschen, putzen, bei Bedarf schälen und in mundgerechte Stücke beziehungsweise in Röschen teilen. Die Sprossen waschen, die Maiskörner in einem Sieb abtropfen lassen.
Die Brühe aufkochen lassen, Möhre, Kohlrabi und Bohnen darin in 15 Minuten bißfest garen. Nach 5 Minuten Garzeit den Blumenkohl oder nach 10 Minuten den Brokkoli dazugeben. Kurz vor Garzeitende Mais, Reis und Sprossen in den Eintopf geben. Alles zusammen noch 5 Minuten zugedeckt ziehen lassen. Den Eintopf abschmecken und mit dem Parmesan bestreut servieren.

Forellenfilets mit Gemüse

Für 2 Personen:
3–4 Forellenfilets mit Haut
1 EL Öl
200 g Kartoffeln
300 g Möhren
1 kleines Stück frischer Ingwer
4 EL helle Sojasauce
1 TL Chiliöl
einige Petersilienblättchen

So wird's gemacht:
Die Forellenfilets waschen, gut trockentupfen und auf eine leicht eingeölte Platte legen.
Kartoffeln und Möhren waschen und putzen. Die Kartoffeln klein würfeln, die Möhren schräg in dünne Scheiben schneiden. Den Ingwer schälen und fein hacken.
Restliches Öl, Sojasauce und Chiliöl miteinander verrühren. Die Forellen damit rundherum einpinseln. Kartoffeln, Möhren und Ingwer zwischen dem Fisch verteilen.
Einen breiten Topf 5 cm hoch mit Wasser füllen. Die Platte auf einem Dämpfeinsatz in den Topf stellen. Das Wasser zugedeckt aufkochen lassen. Die Forellen und das Gemüse im Wasserdampf bei mittlerer Hitze in 15 Minuten gar dämpfen. Vor dem Servieren mit Petersilienblättchen bestreuen.

Forellenfilets mit Gemüse

Gemüsecremesuppe

Die Brotscheibe in kleine Würfel schneiden und im heißen Öl unter gelegentlichem Rühren goldbraun rösten. Mit den Petersilienblättchen über die Suppe streuen.

Marinierter Schafkäse

➤ *Für 2 Personen:*
2 reife Tomaten
150 g Schafkäse
1 EL Olivenöl
1 TL Aceto balsamico
1 Msp. getrockneter Oregano
Pfeffer
einige Basilikumblättchen
4 Scheiben Mehrkornbaguette

So wird's gemacht:
Die Tomaten waschen, abtrocknen und von den Stengelansätzen befreien. Schafkäse und Tomaten jeweils in dünne Scheiben schneiden und auf Tellern anrichten.
Aus Öl, Essig, 2 EL Wasser und dem Oregano eine Marinade rühren. Schafkäse und Tomaten damit beträufeln und etwas durchziehen lassen. Vor dem Servieren mit etwas Pfeffer übermahlen und mit Basilikum bestreuen. Dazu das Baguette reichen.

Variation:
Sie können den fertig marinierten Schafkäse samt den Tomaten mit gewaschenen und geputzten Salatblättern zu einem Salat vermengen. Verfeinern Sie diesen noch mit einigen Rucolablättchen. Anstatt mit Schafkäse schmeckt der Salat auch mit Mozzarellascheiben oder gewürfeltem Schnittkäse. Der Aceto balsamico läßt sich gut durch Kürbiskernöl austauschen.

Gemüsecremesuppe

➤ *Für 2 Personen:*
200 g gemischtes Gemüse (z.B. Möhren, Zucchini, Kohlrabi)
400 ml Gemüsebrühe (Rezepte Seite 83)
100 g saure Sahne
Meersalz • Pfeffer
1 Scheibe helles Vollkornbrot
1 EL Öl
einige Petersilienblättchen

So wird's gemacht:
Das Gemüse waschen, putzen und klein würfeln. Die Gemüsebrühe aufkochen lassen, das Gemüse zufügen und darin zugedeckt in etwa 10 Minuten weich köcheln. Anschließend mitsamt der Brühe fein pürieren. Die saure Sahne einrühren, die Suppe mit wenig Salz und Pfeffer abschmecken.

Gefüllte Crêpesrollen

➤ *Für 2 Personen:*
70 g Weizenvollkornmehl
$^{1}/_{4}$ l Milch
Meersalz
2 Eier
200 g gemischtes Gemüse (z. B. Lauch, Möhren, Paprikaschoten)
6 EL Magerquark
2 EL frische, gehackte Kräuter
2 TL Olivenöl

So wird's gemacht:
Das Mehl mit der Milch, 1 Prise Salz und den Eiern zu einem glatten Teig verrühren, mindestens 20 Minuten quellen lassen.
Inzwischen das Gemüse waschen, putzen und in kleine Würfel schneiden. In wenig Salzwasser zugedeckt bißfest garen. Dann abgießen, kalt abschrecken und gut abtropfen lassen. 2 TL davon beiseite stellen. Den Quark mit etwas Wasser glattrühren, die Kräuter bis auf ein paar zum Garnieren und das restliche Gemüse untermischen.
In einer beschichteten Pfanne das Öl erhitzen. Aus dem Teig darin dünne Crêpes ausbacken. Crêpes mit dem Gemüsequark bestreichen, aufrollen und in etwa 2 cm breite Scheiben schneiden. Mit den Schnittflächen nach oben anrichten, mit den übrigen Gemüsewürfeln und Kräutern garnieren.

Obst-Joghurt-Gratin

➤ *Für 2 Personen:*
500 g gemischtes Obst (z. B. Aprikosen, Pfirsiche, Pflaumen, Beeren)
2 EL ungesalzene Pistazien oder Mandeln
3 kleine Eier
250 g Vollmilchjoghurt
2 EL Mehl
Mark von 1 Vanilleschote
Zitronenmelisse zum Garnieren

So wird's gemacht:
Den Backofen auf 200 °C vorheizen. Das Obst waschen, putzen und in kleine Stücke schneiden, Beeren ganz lassen. Pistazien oder Mandeln hacken. Die Eier trennen. Den Joghurt mit den Eigelben, dem Mehl, dem Vanillemark und 1 EL Pistazien oder Mandeln glattrühren. Die Eiweiße steif schlagen und unterheben.
Das Obst in eine flache feuerfeste Form geben und die Joghurtmasse darüber verteilen. Im Ofen (Mitte) in 20–25 Minuten goldgelb überbacken. Mit den übrigen Pistazien oder Mandeln und den Melisseblättchen bestreut servieren.

Gefüllte Crêpesrollen

3

Genußvoll essen und schlank bleiben: Mit der richtigen Ernährungsweise ist das kein Problem. Viel knackiges Obst und Gemüse, frische Kräuter, kaum Fett, beste Pflanzenöle und jede Menge Vitalstoffe: Diese Mischung ist das Erfolgsrezept der modernen Fitness- und Schlankheitsküche.

Für immer schlank – gute Ideen und tolle Rezepte

Ihre Wunschfigur ein Leben lang

Schlank schlemmen – gesund leben

SIE wollen überflüssige Pfunde verlieren, nicht aber Ihre Lust am Essen? Kein Problem mit den fünf Ernährungsformen, die Sie in diesem Kapitel kennenlernen werden. Alle fünf haben gemeinsam: Sie regen Ihre Sinne an, bereiten Ihnen Gaumenfreuden und halten Ihren Körper langfristig fit und schlank. Und ganz nebenbei tun Sie damit noch das Beste für Ihre Gesundheit.

Natürlich gibt es keine Patentrezepte für die einzig wahre Ernährungsform mit Abnehmgarantie: Deswegen stellen wir mehrere Konzepte ausführlich vor. Sie erfahren alles über die Grundzüge der einzelnen Ernährungsformen und können anhand vieler Rezepte auch praktische Erfahrungen sammeln. So fällt es Ihnen leichter, Ihr persönliches Ernährungskonzept zu finden, mit dem Sie auf Dauer problemlos, gesund und genußvoll abnehmen, entschlacken und sich rundum wohl fühlen.

Dazu sollten Sie zunächst wissen: Die Grundlage jeder Ernährungsweise, die Sie ein Leben lang durchführen können, bildet eine gesunde Mischkost, damit Sie mit allen notwendigen Nährstoffen, Vitaminen, Mineralstoffen, Spurenelementen und Ballaststoffen versorgt werden. Diese Ernährung sollte:

- vollwertig
- abwechslungsreich
- fettarm und
- ballaststoffreich sein.

Vollwert statt Fast-Food

UNSER Organismus braucht täglich Stoffe aus der Nahrung, um Energie zu gewinnen, zu wachsen, das Körpergewebe zu erhalten und zu erneuern sowie wichtige physiologische Vorgänge zu regulieren. Die Energie dazu liefern Nährstoffe wie Kohlenhydrate, Fette und Eiweiß. Eiweiß liefert außerdem den nötigen Baustoff für Zellen, Hormone und Enzyme. Zusätzlich brauchen wir Vitalstoffe wie Vitamine, Mineralien, Spurenelemente, Ballaststoffe sowie Wasser, um uns fit zu halten und Krankheiten vorzubeugen. All diese lebenswichtigen Stoffe nehmen wir nur auf, wenn wir frische Lebensmittel essen, die noch ihren »vollen Wert« haben. Denn je mehr ein Lebensmittel verarbeitet wurde, desto geringer ist in der Regel sein Gehalt an Nährstoffen.

Wer auf eine solche »Vollwerternährung« achtet, muß weder zum Vegetarier werden noch ab jetzt nur noch selbstgeschrotetes Müsli und Körnerbratlinge essen. Schon wenn Sie beim Bäcker Vollkornbrot statt Mischbrot einkaufen, lieber in einen Apfel als in einen Schokoriegel beißen und Ihren Durst mit einem Fruchtsaft anstelle von Cola oder Limonade löschen, wird Ihre Ernährung ein gutes Stück »vollwertiger«. Denn Sie nehmen die gesamte Palette der Nährstoffe auf, die Ihnen die Nahrung bietet. Zusätzlich können Sie durch den richtigen Umgang mit Lebensmitteln dafür sorgen, daß möglichst viele Nährstoffe beim Lagern, Putzen, Garen und Warmhalten erhalten bleiben. Dazu finden Sie viele praktische Tips im Kasten auf der nächsten Seite.

Abwechslung auf dem Teller

Zu einem ausgewogenen Speiseplan gehören sowohl frisches Obst, Gemüse und Vollkornprodukte als auch tierische Produkte wie Käse, Eier und Fisch. Auch gegen Fleisch ist grundsätzlich nichts einzuwenden – nur zu fett sollte es nicht sein. Achten Sie bei Ihrem Speiseplan darauf, daß Sie nicht immer das gleiche essen. Denn jedes Lebensmittel bietet besondere Vorzüge. Damit Sie alle in gleicher Weise für sich nutzen, sollten Sie möglichst alle Lebensmittelgruppen regelmäßig auf den Tisch bringen, wobei die Fleischportionen gerne etwas kleiner ausfallen dürfen.

Das Fett muß weg

Wer gesund abnehmen will, sollte vor allem auf das Fett achten. Denn zuviel Appetit auf Schweinebraten und Sahnetorten läßt die Fettpölsterchen wachsen und den Zeiger der Waage nach oben wandern. Im Schnitt nimmt jeder von uns doppelt so viel Fett auf, wie es die Deutsche Gesellschaft für Ernährung empfiehlt. Der Körper kann den Überschuß nicht verwerten und speichert ihn an Bauch, Hüfte, Po und Oberschenkeln. Wer die Fettzellen einschmelzen will, muß um fette Lebensmittel einen Bogen machen und sie durch fettärmere Produkte ersetzen.

Bestimmte Fette brauchen wir allerdings zum Überleben, so daß wir nicht ganz auf Fett verzichten sollten: Spezielle mehrfach ungesättigte Fettsäuren dienen dem Körper als Vorstufe für hochwirksame Gewebshormone. Außerdem senken sie den Cholesterinspiegel. Diese gesunden Fettsäuren verbergen sich in Pflanzenölen und in Fisch. Deshalb sollte man auch beim Abnehmen nicht auf das wertvolle, kaltgepreßte Salatöl verzichten und durchaus auch fettere Fische wie Hering, Makrele oder Lachs einplanen.

TIP

So kochen Sie schonend

- *Schonend gedünstetes oder gedämpftes Gemüse wie Brokkoli, Blumenkohl, Karotten sollte noch etwas Biß haben. Denn wenn Gemüse zu lange im Wasser liegt oder zu lange gekocht wird, verliert es nicht nur einen Großteil seines Eigengeschmacks, sondern auch lebenswichtige wasserlösliche Vitamine und Mineralstoffe. Zum Dampfgaren gibt es spezielle Töpfe (Dampfdrucktopf) oder Einsätze für den Kochtopf.*
- *Machen Sie es wie die Asiaten: Schneiden Sie das Gemüse sehr klein, und wenden Sie es ganz kurz in wenig heißem Fett. Das kleingeschnittene Gemüse ist sofort gar. Und je kürzer die Garzeiten, desto weniger Vitalstoffe gehen verloren.*

- *Schütten Sie das Kochwasser nicht weg, wenn das Gemüse gar ist. Darin befinden sich viele Mineralstoffe und wasserlösliche Vitamine. Verwenden Sie es nach Möglichkeit als Saucenfond oder für eine Suppe.*
- *Damit die Vitamine und Mineralstoffe nicht auslaugen, lassen Sie Obst und Gemüse beim Waschen nie im Wasser liegen, sondern spülen Sie es nur kurz, aber gründlich ab.*
- *Fleisch schmort am besten im eigenen Saft. Dafür gibt es spezielle Töpfe (zum Beispiel den Römertopf). Außerdem brauchen Sie so nur wenig Fett zuzugeben.*

Auch Naschen ist in Maßen erlaubt

Ballaststoffe – die gesunden Sattmacher

Ballaststoffe kann der Körper nicht abbauen, deshalb werden sie weitgehend unverdaut ausgeschieden. Trotzdem zählen sie zu den Bioaktiven Substanzen (Seite 122), weil sie den Darm von Stoffwechselschlacken wie Gallensalzen und Cholesterin befreien, ihn anregen und vor Verstopfung schützen. Außerdem helfen die Ballaststoffe ganz nebenbei, das Körpergewicht zu regulieren: Weil sie schwer verdaulich sind, läßt nach einer ballaststoffreichen Mahlzeit der Hunger länger auf sich warten. Wenn Sie sich ballaststoffreich mit viel Vollkorn, viel Gemüse, Kartoffeln und Hülsenfrüchten, Beeren und anderem Obst ernähren, wird Ihr Magen seltener knurren.

Von dünnen Menschen kann man lernen

Es gibt Menschen, die können essen, was Sie wollen, und bleiben trotzdem schlank. Andere wiederum haben den Eindruck, sie würden schon zunehmen, wenn sie eine Tafel Schokolade nur ansehen. Ob Sie ein schlechter oder guter Futterverwerter sind, ist Ihnen auch in die Wiege gelegt: Ob Ihr Körper sehr verschwenderisch mit den Kalorien umgeht und sie schnell wieder abgibt, oder ob er spart und die Kalorien in Form von Fettpölsterchen für »magere Zeiten« zurücklegt.
Daneben spielt beim Abnehmen auch unsere innere Einstellung eine entscheidende Rolle. Die Ergebnisse von Ernährungsstudien belegen deutlich: Schlankwerden beginnt im Kopf! Schlanke Menschen bleiben vor allem deshalb schlank, weil sie zum Essen eine andere Einstellung haben und mit den Lebensmitteln anders umgehen als Menschen, die zu Gewichtsproblemen neigen.

Hören Sie auf Ihren Magen

Hunger ist nicht immer der Motor, der uns zum Essen treibt. Langeweile, Streß, Frust oder Lust sind bei vielen die eigentlichen Gründe für den Griff in den Kühlschrank. Schlanke Menschen lassen sich weit weniger von äußeren Reizen – wie Gerüchen oder Schaufensterauslagen, bestimmten Essenszeiten in der Kantine oder von eingefahrenen Ritualen wie dem nachmittäglichen Kaffee und Kuchen – zum Essen anregen. Vielmehr hören schlanke Menschen auf die Signale ihres Körpers: Sie warten auf den Hunger und stillen ihn, egal um welche Uhrzeit. So kann sich kein Hunger anstauen, und sie werden nie mit knurrendem Magen unvernünftig viel essen.

Alles in Maßen

Oftmals essen übergewichtige Menschen nichts anderes als Schlanke, doch sie essen mehr, weil sie verlernt haben, auf ihr Sättigungsgefühl zu achten. Lieber mehrmals täglich kleine Portionen verzehren als dreimal am Tag ein üppiges Menü. Machen Sie es genauso bei fett- und kalorienreichen Leckereien. Genießen Sie besser eine wirklich feine Praline als eine ganze Tafel gewöhnlicher Schokolade.

Bewußt genießen macht schlank

Genuß beim Essen steht bei schlanken Menschen an erster Stelle. Sie konzentrieren sich auf ihr Essen und lassen jeden Bissen im Mund zergehen, um den vollen Geschmack zu erleben. So kann sich auch das Sättigungsgefühl viel besser einstellen. Denn es dauert mindestens 20 Minuten, bis Magen und Darm dem Gehirn das Signal »satt« melden.
Wer die Speisen schnell hinunterschlingt, bringt sich nicht nur um wunderbare Geschmackserlebnisse, er ißt in dieser Zeit auch wesentlich mehr als ein langsamer Esser.

Naschen erlaubt

Süßigkeiten in Maßen gehören für schlanke Menschen zum Lebensgenuß. Weil sie sich diese Wohltat nicht verbieten, können sie auch leichter mal auf eine Nascherei verzichten.
Außerdem ist es bei einer insgesamt »schlanken« Ernährungsweise durchaus möglich, sich an besonders düsteren Tagen auch mal eine süße Köstlichkeit zur Aufmunterung zu gönnen.

Schlank denken – auch im Restaurant

Nicht alles, was die Speisekarte oder der Kellner empfiehlt, muß auch bestellt werden: Als Auftakt Baguette mit Kräuterbutter oder Schmalz, dann Vorspeise, Hauptgang und Dessert – das ist für schlanke Menschen eine Essensfülle, die sie kaum bewältigen können. Tun Sie's ihnen nach: Bestellen Sie lieber nur eine Vor- und eine Nachspeise oder nur ein Hauptgericht, oder teilen Sie sich den Nachtisch mit Ihrem Partner.

In Bewegung bleiben

Bewegung ist der beste Figurformer. Viele schlanke Menschen bleiben ständig in Bewegung, und zwar nicht nur im Fitness-Studio, sondern auch im Alltag. Sie sind nicht zu faul, die Treppe zu nehmen, statt auf den Lift zu warten. Und manche fahren schon morgens mit dem Fahrrad statt mit dem Auto zur Arbeit.
Bewegung bringt Stoffwechsel und Verdauung in Schwung, verbrennt zusätzliche Kalorien, strafft die Muskeln und trainiert damit die Figur (Seite 172). Und nicht zuletzt: Nur durch Bewegung können Sie die Fettposter wirklich abbauen.

Das Geheimnis der Schlanken: großer Genuß, aber kleine Portionen

Bioaktive Substanzen – Power aus der Natur

In Obst, Gemüse, Salaten, Kräutern, Hülsenfrüchten und Getreide steckt die geballte Kraft der Natur: Ihre wertvollen Inhaltsstoffe versorgen uns nicht nur mit vielen Vitaminen und Mineralien, sie bringen auch den Stoffwechsel in Schwung und helfen dadurch, Schlacken und Schadstoffe auszuschwemmen. Ein Speiseplan, der überwiegend aus pflanzlichen und weniger aus tierischen Produkten besteht, ist eine der besten langfristigen Ernährungsstrategien, weil sie zum Beispiel Krebserkrankungen und Herz-Kreislauf-Beschwerden vorbeugt.

Wie Pflanzen unsere Gesundheit schützen

Pflanzen sind für uns lebenswichtig: Ihre Vitamine, Mineralstoffe und Spurenelemente, ihre Kohlenhydrate, Proteine und Fette zählen zu den für uns lebensnotwendigen (essentiellen) Nährstoffen. Weil unser Körper diese Stoffe nicht alle selbst produzieren kann, müssen wir sie aufnehmen. Daß Pflanzen darüber hinaus Krankheiten vorbeugen und sie sogar heilen können, weiß man aus der jahrhundertealten Naturheilkunde. Heute entdecken moderne Ernährungswissenschaftler zahlreiche Wirkstoffe in unseren pflanzlichen Lebensmitteln, die sogenannten Bioaktiven Substanzen, die Krankheiten bekämpfen können.

Was sind Bioaktive Substanzen?

Im Unterschied zu den Vitaminen und Mineralstoffen sind diese Bioaktiven Substanzen für den Menschen zwar nicht lebensnotwendig, jedoch helfen sie ihm, sich besser vor Schadstoffen, Streßbeschwerden, hohen Ozonwerten und auch vor den aggressiver werdenden Sonnenstrahlen zu schützen. Zu den Bioaktiven Substanzen zählen:

- sekundäre Pflanzenstoffe
- Ballaststoffe sowie
- bestimmte Inhaltsstoffe in vergorenen und fermentierten Lebensmitteln.

TIP

5 Punkte für Bioaktive Substanzen

Mit dieser Ernährungsform können Sie:

- *genußvoll Obst und Gemüse essen, so viel Sie wollen*
- *Ihr Immunsystem stärken und sich vor Krankheiten schützen*
- *oft auf dem Markt frisches Gemüse aussuchen und mit den Marktfrauen plaudern*
- *sich auch mal nur an Salaten satt essen*
- *wenn es Ihnen Spaß macht, Ihren Speiseplan nach Farben oder Aroma zusammenstellen.*

Sekundäre Pflanzenstoffe halten uns gesund und fit

Substanzen, die in den Pflanzen vorkommen, aber nicht zu den »primären Nährstoffen« wie die Vitamine, Mineralstoffe oder Ballaststoffe zählen, heißen in der Fachsprache auch Sekundäre Pflanzenstoffe. Sie dienen den Pflanzen dazu, sich vor ihren Feinden wie Insekten, Bakterien und Pilzen zu schützen oder Nützlinge anzulocken, um damit ihr Überleben zu sichern.

Auch uns Menschen können sie damit zu mehr Gesundheit verhelfen. Zahlreiche Studien haben gezeigt, daß Sekundäre Pflanzenstoffe an vielen

Stellen unseres Stoffwechsels eingreifen, die Abwehr stärken und damit Krankheiten vorbeugen. Sie können:

- das Wachstum bösartiger Tumorzellen bremsen, so daß eine Krebsentwicklung verzögert und sogar verhindert wird
- gegen freie Radikale wirken, jene aggressiven Substanzen, die an den Zellen zum Teil irreparable Schäden anrichten
- Blutdruck und Blutzuckerspiegel regulieren und Blutfette reduzieren
- Bakterien, Pilze und Viren unschädlich machen und damit Entzündungsprozesse hemmen
- das Immunsystem anregen
- die Verdauung fördern.

Da die Erforschung dieser Stoffe noch am Anfang steht, dürfen wir mit weiteren, für unsere Gesundheit positiven Wirkungen rechnen.

Die wichtigsten Sekundären Pflanzenstoffe

Sie haben komplizierte Namen und geben den Pflanzen mehr als nur Farbe und Geschmack:

- **Karotinoide** sind in Aprikosen, Grapefruits, Grünkohl, Karotten, Nektarinen, Paprika, Rosenkohl, Spinat, Tomaten und vielen Salatpflanzen reichlich vorhanden und geben diesen Lebensmitteln ihre Farbe. Zu den Karotinoiden zählt auch das Beta-Karotin, die Vorstufe vom Vitamin A. Die Karotinoide können die zellschädigenden freien Radikale sehr gut abfangen. Dadurch schützen sie vor Krebs, Gefäßschäden und unterstützen das Immunsystem bei seiner Abwehrarbeit.
- **Glukosinolate**, von denen vor allem die Senföle bekannt sind, geben Senf, Meerrettich, Kresse und Kohlgemüse ihr scharf-würziges Aroma und schützen uns vor Krebs, Viren und Bakterien.
- **Phytoöstrogene** nehmen im menschlichen Organismus teilweise den Platz des Hormons Östrogen ein, ohne aber dessen volle Wirkung zu haben. Phytoöstrogene kommen vorwiegend in Sojabohnen, Leinsamen und Getreide vor. Sie helfen dabei, Krebsarten wie Brust- und Gebärmutterkrebs vorzubeugen, bei deren Entstehung das Östrogen beteiligt ist. Studien haben gezeigt, daß Japanerinnen vermutlich aufgrund ihres hohen Sojakonsums sehr viel seltener an Brustkrebs erkranken als Frauen in Mitteleuropa oder den USA.
- **Phytosterine** befinden sich hauptsächlich in Sonnenblumenkernen, Nüssen, Sesam sowie in kaltgepreßtem Weizen-, Sesam- oder Sonnenblumenöl. Sie zeichnen sich vor allem durch ihre cholesterinsenkenden Eigenschaften aus.
- **Polyphenole** bestehen aus einer Vielzahl von Verbindungen, die in allen Pflanzen vorkommen. Zu dieser großen Gruppe gehören die Flavonoide, pflanzliche Farbstoffe, die etwa als Anthocyane für die rote bis blaue Farbe von Kirschen, Rotkohl und Beeren sorgen. Ein anderes Flavonoid, das Quercetin, steckt in gelben Zwiebeln, Äpfeln und auch im Tee. Gerbsäuren gehören zur zweiten großen Klasse der Polyphenole. Sie kommen in Säften, Wein, grünem und schwarzem Tee vor.

Polyphenole befinden sich hauptsächlich in den Schalen von Obst sowie in den Randschichten von Gemüse und Getreide, um das darunterliegende Pflanzengewebe vor dem Verderben zu schützen.

Frisches Gemüse auf dem Markt kaufen macht Spaß

Beim Menschen schützen sie vor bösartigen Zellveränderungen und fördern die körpereigenen Abwehrkräfte. Sie regulieren den Blutdruck, den Blutzuckerspiegel und die Fließfähigkeit des Blutes. Damit wird gleich mehrfach für ein junges, gesundes Herz-Kreislauf-System gesorgt.

➤ **Protease-Inhibitoren** finden sich in allen Hülsenfrüchten, insbesondere in Sojabohnen, aber auch in Getreide, Nüssen und Kartoffeln. Diese Pflanzenchemikalie schützt vermutlich ebenfalls vor Krebs, wirkt entzündungshemmend und reguliert den Blutzuckerspiegel.

➤ **Saponine** kommen vor allem in Hülsenfrüchten wie Sojabohnen und Kichererbsen vor. Bakterien und Viren werden von den Saponinen im Wachstum gehemmt. Außerdem wirken sie gegen bestimmte Krebsarten. Darüber hinaus senken sie den Cholesterinspiegel, indem sie sich im Darm an das Cholesterin hängen, so daß es ausgeschieden wird.

➤ **Sulfide** sind schwefelhaltige Substanzen, die sich vor allem in Knoblauch, Zwiebeln und Lauch finden. Sie geben diesen Gemüsen ihr Aroma. Eines der am besten erforschten Sulfide ist das Alliin im Knoblauch. Es dämpft einen zu hohen Blutdruck, stärkt das Immunsystem, hemmt Entzündungen und fängt Sauerstoffradikale ab, die Gefäßwände und Zellen schädigen können.

➤ **Terpene** verleihen vielen Pflanzen ihr charakteristisches Aroma, denn viele ätherische Öle gehören zu dieser Gruppe. Terpene sind in Kräutern, Gewürzen und Früchten enthalten, wie das Menthol in der Pfefferminze, das Carvon im Kümmel oder das Limonen in Zitrusfrüchten. In Tierversuchen haben Terpene ihre krebsvorbeugende Wirkung bewiesen.

Ballaststoffe

Früher wurden unverdauliche Ballaststoffe wie die Fasern von Gemüse, die Schalen von Obst, Hülsenfrüchten und Getreidekörnern von Ernährungsexperten als überflüssiger, nutzloser »Pflanzen-Ballast« abgetan. Heute dagegen wird ihre verdauungs- und gesundheitsfördernde Wirkung nicht mehr bestritten:

➤ Ballaststoffe tragen dazu bei, daß die Kohlenhydrate langsamer ins Blut gelangen und damit der Blutzuckerspiegel nur leicht, dafür aber um so länger angehoben wird. Für den Menschen heißt das: mehr Energie, mehr Glückshormone und weniger Hunger.

➤ Ballaststoffe bringen die Darmtätigkeit in Schwung und fördern eine regelmäßige, gute Verdauung. Mit reichlich Flüssigkeit quellen Ballaststoffe im Darm auf und füllen ihn. Daraufhin reagieren die Darmwände und befördern den Darminhalt. Die beste Medizin gegen Verstopfung ist es deshalb, ballaststoffreich zu essen und dabei viel zu trinken.

➤ Die gequollenen Ballaststoffe nehmen Cholesterin und andere Stoffwechselschlacken, aber auch viele Gifte auf und sorgen so dafür, daß sie schnell aus dem Körper abtransportiert werden.

Milchsäure und Milchsäurebakterien

Nicht nur die in Pflanzen vorkommenden Ballast- und Sekundären Pflanzenstoffe spielen für unser Wohlbefinden eine große Rolle, auch die Milchsäurebakterien und die von ihnen gebildete Milchsäure haben sich als Gesundheitshelfer erwiesen. Sie verbessern die Zusammensetzung der Darmflora, stärken die Abwehrfunktion des Darms und

Vollwertiges Brot bietet viele Vital- und Ballaststoffe

verhindern somit das Entstehen krankheitserregender »böser« Darmbakterien. Jüngste Untersuchungen bestätigten außerdem, daß Milchsäurebakterien auch Krebs, insbesondere dem Dickdarmkrebs, vorbeugen können.
Milchsäurebakterien befinden sich hauptsächlich in vergorenen Milchprodukten wie Joghurt und Dickmilch (Seite 41) sowie in fermentiertem Gemüse wie Sauerkraut. Die Milchsäurebakterien werden allerdings beim Erwärmen größtenteils zerstört. Deshalb sollten Sie beim Einkauf auf nicht wärmebehandelte Sauermilchprodukte und auf nicht-erhitztes Sauerkraut achten.
Leider tötet auch die Magensäure viele Milchsäurebakterien ab, bevor sie in den Darm gelangen können. Deshalb bieten findige Lebensmittelhersteller seit wenigen Jahren neuartige »probiotische« Joghurts an, deren Milchsäurebakterien der Magensäure besser gewachsen sind und sich leichter im Darm ansiedeln können.

Frisch gepreßte Frucht-Shakes – ein Genuß

Ihr Speiseplan mit Bioaktivstoffen

➤ Oben auf dem Speisezettel stehen knackfrische Obst- und Gemüsesorten, die Sie der Jahreszeit entsprechend einkaufen. Optimal sind täglich fünf Portionen Gemüse oder Obst. Dabei zählt auch ein Glas Fruchtsaft oder der Apfel zwischendurch als eine Portion. Vergessen Sie Rohkost in Form von Salaten oder mariniertem Gemüse nicht, denn im rohen Gemüse stecken die meisten Sekundären Pflanzenstoffe.

➤ Frische Kräuter sollten bei keinem Gericht fehlen. Sparen Sie nicht an Petersilie, Schnittlauch, Kerbel & Co. Ein Tip: Geben Sie die frischen Kräuter erst kurz vor dem Servieren dazu. Härtere Kräuter wie Estragon, Rosmarin oder Lorbeerblätter kochen Sie mit, damit sie ihr Aroma abgeben.

➤ Vollkornprodukte wie Vollkornbrot, Naturreis oder Vollkornnudeln, Nüsse und Samen, hochwertige Pflanzenöle (kaltgepreßtes Oliven- oder Rapsöl) sowie milchsaure Produkte (Joghurt, Dick- und Buttermilch, saure Sahne, Kefir) sollten Sie ebenfalls täglich auf den Tisch bringen.

➤ Ob als Suppe oder als Gemüsebeilage – Gerichte mit Hülsenfrüchten (Erbsen, Bohnen, Linsen) sind sehr gesund. Wenn Sie sie vorher längere Zeit einweichen, aber nicht im Einweichwasser kochen und dann mit Essig, Kümmel und Kräutern würzen, sind sie besser verdaulich.

➤ Fleisch, Fisch und Eier spielen bei der bioaktiven Ernährungsweise nur eine untergeordnete Rolle: 1–2mal pro Woche können Sie vor allem mit Fisch den Speiseplan ergänzen.

Natürlicher Genuß: Rezepte

Avocado-Brotaufstrich

Für 2 Personen:
1/2 Zwiebel
1/2 rote Paprikaschote
2 EL Rettichsprossen
1 EL Zitronensaft
1 Msp. Meersalz
1–2 TL helle Sojasauce
weißer Pfeffer
1 reife Avocado
3–4 Schnittlauchhalme

So wird's gemacht:
Die Zwiebel schälen und in feine Würfel schneiden, die Paprikaschote waschen, vierteln, putzen und das Fruchtfleisch klein würfeln. Die Sprossen gründlich abspülen, abtropfen lassen. Den Zitronensaft mit Salz und Sojasauce verrühren. Die Sauce mit Pfeffer kräftig würzen.
Die Avocado schälen, rund um den Kern einschneiden. Die Hälften gegeneinander drehen und trennen, den Kern entfernen. Das Fruchtfleisch mit einer Gabel zerdrücken, unter die Sauce mischen. Die Masse so lange verrühren, bis sie glatt und cremig ist. Zwiebel-, Paprikawürfel und die Sprossen unter die Avocadocreme heben. Mit dem Schnittlauch garnieren.

Feigen-Reis-Müsli

Für 2 Personen:
1/4 l Milch
1/4 TL gemahlene Vanille
60 g Naturreis
75 g frische oder getrocknete Feigen
2 EL Ahornsirup oder Honig
150 g Joghurt
Minze zum Garnieren

So wird's gemacht:
Die Milch mit der Vanille in einem Topf aufkochen lassen. Den Reis unter Rühren einstreuen und zugedeckt bei schwacher Hitze nach Packungsangabe ausquellen lassen. Inzwischen frische Feigen waschen, abtrocknen und würfeln. Getrocknete Feigen unter heißem Wasser abspülen, abtropfen lassen und kleinschneiden. Je nach Sorte eventuell noch in warmem Wasser einweichen und abtropfen lassen.
Den Reis mit einer Gabel auflockern und mit Ahornsirup oder Honig süßen, abkühlen lassen. Frische oder getrocknete Feigen unter den Reis mischen. Zuletzt den Joghurt unter das Müsli ziehen und mit Minzeblättchen garnieren.

Avocado-Brotaufstrich

Erdbeer-Shake

Putenbrust-Papaya-Sandwich

Für 2 Personen:
4 Scheiben Mehrkornbrot
2 TL Butter
2 TL mittelscharfer Senf
4 Scheiben Putenbrust-Aufschnitt
1/2 reife Papaya
schwarzer Pfeffer
einige Petersilienblättchen

So wird's gemacht:
Die Brotscheiben zuerst mit Butter, dann mit Senf bestreichen. Zwei Brote locker mit dem Aufschnitt belegen. Die Papayahälfte schälen, entkernen und in Spalten schneiden. Auf dem Aufschnitt verteilen. Mit Pfeffer leicht übermahlen und mit Petersilie belegen. Die übrigen Brote obenauf legen und die Sandwiches jeweils diagonal halbieren.

Erdbeer-Shake

Für 2 Gläser:
150 g Erdbeeren
1 EL Cashewkerne
250 g Joghurt
1 EL Ahornsirup
Zitronenmelisse zum Garnieren

So wird's gemacht:
Die Erdbeeren in stehendem Wasser behutsam waschen, trockentupfen und putzen. Die Cashewkerne grob hacken. Den Joghurt mit dem Ahornsirup und den Cashewkernen im Mixer auf kleinster Stufe aufschlagen. Die Erdbeeren zufügen und alles einmal kräftig durchmixen. Den Erdbeer-Shake in zwei Bechergläser füllen und mit Melisseblättchen garniert servieren.

Rucola-Orangen-Salat

➤ *Für 2 Personen:*
1 EL Pinienkerne • 1 Bund Rucola
1 kleine rote Zwiebel • 1 Orange
1 EL Sherryessig
Meersalz • weißer Pfeffer
1 Msp. Senf • 1 EL Walnußöl

So wird's gemacht:
Die Pinienkerne in einer trockenen Pfanne unter Rühren goldbraun rösten. Den Rucola verlesen, waschen und abtropfen lassen. Die Zwiebel schälen, halbieren und in feine Ringe schneiden. Die Orange schälen, halbieren und in dünne Scheiben schneiden, dabei den Saft auffangen.
Aus Essig, Salz, Pfeffer, Senf, Öl und dem aufgefangenen Orangensaft eine Marinade rühren. Rucola, Zwiebel und Orange darin wenden und den Salat mit den Pinienkernen bestreuen.

Paprikasalat mit Bohnensprossen

➤ *Für 2 Personen:*
1 EL Weißweinessig • 1/4 TL Meersalz
weißer Pfeffer • 1 TL Kräutersenf
1 EL kaltgepreßtes Olivenöl
1/2 Zwiebel • 1 Knoblauchzehe
50 g Bohnensprossen
je 1/2 rote, gelbe und grüne Paprikaschote
(zusammen etwa 100 g)
1 Tomate • 3 Stengel Petersilie
6 schwarze Oliven ohne Stein

So wird's gemacht:
Für die Salatsauce den Essig mit Salz, Pfeffer, Senf und Öl kräftig verrühren. Zwiebel und Knoblauch schälen und klein würfeln. Die Bohnensprossen abspülen und gut abtropfen lassen. Sprossen, Zwiebel und Knoblauch mit der Sauce mischen.

Die Paprikahälften waschen, putzen und in feine Streifen schneiden. Die Tomate waschen, vom Stielansatz befreien und ebenfalls in Streifen schneiden. Das Gemüse zum Salat geben, unterheben und den Salat abschmecken. Die Petersilie waschen, trockentupfen und die Blättchen mit den Oliven darüberstreuen.

Möhrencremesuppe mit Thymian

Für 2 Personen:
250 g Möhren • 1 kleine Zwiebel
2 EL Olivenöl • 3/8 l Gemüsebrühe
1 TL frische Thymianblätter
Meersalz • weißer Pfeffer
100 g Sahne

So wird's gemacht:
Die Möhren schälen, putzen und klein würfeln, die Zwiebel schälen und hacken. Das Öl in einem Topf erhitzen, Möhren und Zwiebel darin 5 Minuten unter Rühren andünsten. Die Gemüsebrühe, den Thymian, etwas Salz und Pfeffer zufügen. Alles aufkochen und zugedeckt bei mittlerer Hitze 15 Minuten köcheln lassen.
Die Suppe mit einem Pürierstab oder im Mixer fein pürieren. Nach Belieben noch durch ein Sieb streichen. Die Sahne einrühren, die Suppe noch einmal kurz aufkochen lassen und mit Salz und Pfeffer abschmecken.

Kräutertomaten auf Hirse

Für 2 Personen:
250 g Hirse • Meersalz
500 g reife Fleischtomaten
1 Zwiebel • 1–2 Knoblauchzehen
2 Stangen Staudensellerie
je 1/2 Bund Petersilie und Basilikum
2 EL Olivenöl • 1 Msp. Zucker
2 TL Aceto balsamico • Pfeffer
30 g frisch gehobelter Parmesan

So wird's gemacht:
Die Hirse mit 350 ml Wasser und etwas Salz unter Rühren aufkochen lassen und zugedeckt bei schwacher Hitze in etwa 25 Minuten garen.
Inzwischen die Tomaten überbrühen, häuten und ohne die Stielansätze grob hacken. Zwiebel und Knoblauch schälen und fein würfeln. Den Sellerie waschen, putzen und in dünne Scheiben schneiden. Die Kräuter waschen, trockentupfen und die Blättchen fein schneiden.
Das Öl in einer großen Pfanne erhitzen. Das Gemüse darin 5 Minuten unter ständigem Rühren anbraten. Die Kräuter, den Zucker und den Essig unterrühren. Die Tomaten mit Salz und Pfeffer abschmecken. Auf der heißen Hirse anrichten und mit dem Käse bestreuen.

Fischpfanne mit Fenchel

➤ *Für 2 Personen:*
300 g Kabeljaufilets • 1 EL Zitronensaft
Meersalz • weißer Pfeffer
250 g Fenchel • 3 Frühlingszwiebeln
1 EL Öl • 75 ml Gemüsebrühe
2 kleine Orangen (davon 1 unbehandelt)
1 TL Zucker • 4 EL Sahne
1 EL halbtrockener Sherry nach Belieben

SO WIRD'S GEMACHT:

Die Fischfilets trockentupfen, in große Stücke schneiden und mit Zitronensaft, Salz und Pfeffer würzen. Das Gemüse waschen und putzen. Den Fenchel längs halbieren und in dünne Scheiben schneiden, die Frühlingszwiebeln schräg in 2 cm lange Stücke schneiden. Das Öl in einer Pfanne erhitzen und die Fischstücke darin von beiden Seiten anbraten, aus der Pfanne heben und zugedeckt warm stellen.

Fenchelscheiben und Zwiebelstücke im verbliebenen Fett anbraten, mit Brühe ablöschen und in 4–5 Minuten bei mittlerer Hitze zugedeckt bißfest garen. Mit Salz und Pfeffer würzen.

Die unbehandelte Orange heiß waschen, abtrocknen und 1 TL Schale fein abreiben. Anschließend die Frucht schälen und filetieren. Die andere Orange auspressen. Den Zucker in einer zweiten Pfanne schmelzen und goldgelb karamelisieren lassen. Orangensaft, abgeriebene Orangenschale und die Sahne dazugeben. Die Sauce unter Rühren etwas einköcheln lassen. Mit Salz, Pfeffer und nach Belieben mit Sherry abschmecken.

Die Fischstücke und die Orangenfilets in der Orangen-Sahne-Sauce erwärmen und auf das Gemüse geben. Als Beilage körnig gekochten Reis oder Kartoffeln servieren.

Sauerkraut-Puten-Gulasch

Für 2 Personen:
1/2 Zwiebel
1/4 TL getrockneter Thymian
1 EL kaltgepreßtes Olivenöl
1 kleiner Apfel
200 g Sauerkraut
1 TL Paprikapulver, edelsüß
50 ml Gemüsebrühe
1 rote Paprikaschote
200 g Putenbrustfilet
1 kleine Kartoffel
50 g saure Sahne
Meersalz • Pfeffer
1 EL Butterschmalz
1 EL gehackte Petersilie

SO WIRD'S GEMACHT:
Die Zwiebel schälen, fein hacken und mit dem Thymian im Öl anbraten. Den Apfel waschen, halbieren, entkernen und klein würfeln. Das Sauerkraut grob hacken, mit dem Apfel, dem Paprikapulver und der Brühe zum Zwiebel-Thymian-Gemisch geben. Alles aufkochen und zugedeckt bei schwacher Hitze 20 Minuten köcheln lassen.
In der Zwischenzeit die Paprikaschote waschen, putzen und würfeln. Die Putenbrust trockentupfen und in mundgerechte Stücke schneiden.
Die Kartoffel schälen, fein reiben, unter das Sauerkraut mischen und alles kurz aufkochen lassen. Die saure Sahne unter das Kraut ziehen, abschmecken.
Das Butterschmalz in einer Pfanne erhitzen und das Putenfleisch mit den Paprikawürfeln darin unter ständigem Wenden etwa 5 Minuten braten, bis das Fleisch durchgebraten ist. Mit Salz würzen. Den Pfanneninhalt über das Sauerkraut geben und locker unterziehen. Das Puten-Gulasch auf vorgewärmten Tellern verteilen und mit Petersilie bestreuen.

Feigen-Kiwi-Salat

Für 2 Personen:
2 reife Kiwis • 2 frische Feigen
1 Aprikose
50 ml roter Himbeersaft
1 EL grobgehackte Mandeln
1 kleine Banane

SO WIRD'S GEMACHT:
Die Kiwis schälen, in Scheiben schneiden und auf Tellern auslegen. Feigen und Aprikose waschen. Feigen vierteln, Aprikose in Spalten schneiden, auf den Kiwis anrichten. Den Himbeersaft sirupartig einköcheln lassen, über das Obst verteilen. Die Mandeln darüberstreuen. Die Banane fein zerdrücken und als dekorativen Klecks auf das Dessert setzen, sofort servieren.

Low Fat – Genießen mit leichter Küche

Der Hauptschuldige für Übergewicht versteckt sich in Wurstbroten, Schweinebraten, deftigen Soßen, in Sahnetorten und Schokolade, aber auch in üppig belegten Käsebrötchen und knusprigen Chips: Es ist das Fett in unserer Ernährung.
Wir essen doppelt so viel, wie wir sollten. Und unser Körper weiß nicht, wohin mit dem Überschuß. Anders als bei Kohlenhydraten und Eiweiß kann der Körper nur sehr schwer auf einen Fettüberschuß reagieren. Wer dagegen drastisch weniger Fett ißt und seine Lebensmittel streng nach den Fettwerten auswählt, wird schnell einen Abnehmerfolg spüren.
Die Deutsche Gesellschaft für Ernährung rät, nur 30 Prozent der Kalorien in Form von Fett zu sich zu nehmen. Specken Sie also Ihren Speiseplan ab, denn die Fettaufnahme zu drosseln ist das wichtigste Ziel einer gesunden Ernährungsweise, die Sie auf Dauer schlank und fit hält.

TIP

5 Punkte für Low Fat

Mit dieser Ernährungsform können Sie:

- *schnell und gesund abnehmen*
- *Ihre Cholesterin- und Blutfettwerte senken*
- *sich sehr bald leichter und vitaler fühlen*
- *verhindern, daß Sie demnächst eine andere Kleidergröße brauchen*
- *sich im Sommer einen neuen Bikini kaufen.*

Fett ist nicht gleich Fett

Nun muß nicht jedes Gramm Fett, das Sie täglich mit dem Essen aufnehmen, sofort zu den gefürchteten Fettpölsterchen führen. Es gibt gute Gründe, beim Essen nicht ganz auf Fett zu verzichten, denn

- die lebenswichtigen fettlöslichen Vitamine A, D, E und K können sehr viel besser mit Hilfe von Fett verwertet werden
- Fett liefert lebenswichtige Fettsäuren, die der Körper braucht, aber nicht selbst herstellen kann
- Fett ist ein Geschmacksträger, weil sich viele Aromastoffe im Fett gut lösen.

Gesättigte und ungesättigte Fettsäuren

Fette sind sowohl in pflanzlichen als auch in tierischen Lebensmitteln enthalten. Pflanzliche Fette stecken zum Beispiel in Nüssen, Samen, Avocados sowie in Pflanzenölen und Margarine. Tierische Fette sind in Sahne, Butter, Käse, Wurst, fettem Fleisch und Fisch enthalten. Doch Fett ist nicht gleich Fett: Die Nahrungsfette unterscheiden sich nämlich nicht nur in ihrer Herkunft, sondern auch in ihrer chemischen Zusammensetzung. Viele tierische Fette – mit Ausnahme der Fischöle – bestehen zu einem großen Teil aus gesättigten Fettsäuren; pflanzliche Fette und das Fett vieler Fische hingegen hauptsächlich aus ungesättigten Fettsäuren. Und nur diese ungesättigten Fettsäuren müssen wir zuführen, die anderen kann unser Körper selbst herstellen.

Die gesunden Fette

Grundsätzlich kann man solche Fette als gesundheitsfördernd und lebenswichtig (essentiell) bezeichnen, die einen hohen Gehalt an ungesättigten Fettsäuren haben. Mit ihnen kann der Körper Hormone aufbauen, die den Stoffwechsel steuern. Außerdem helfen sie dabei, den Cholesterinspiegel im Blut zu senken. Schon 1–2 Eßlöffel gutes Pflanzenöl versorgen den Körper mit der täglich benötigten Menge an essentiellen Fettsäuren.

Fettarm, aber nicht fettfrei

Sie sollten also bei der Low-Fat-Ernährung nicht ganz auf Fett verzichten. Schließlich schmeckt es gut und ist auch noch gesund. Es geht lediglich darum, Ihren Gesamtfettkonsum zu reduzieren und mehr pflanzliche Fette zu verwenden.
Schreiben Sie für eine kurze Zeit auf, wieviel Kalorien und wieviel Fett Sie jeden Tag essen. Das Fett (in Gramm) multiplizieren Sie mit der Zahl 9. So ermitteln Sie die Fettkalorien. Wenn nur ein Drittel der gesamten Kalorien aus dem Fett stammt, haben Sie die Low-Fat-Kriterien voll erfüllt. Der Speiseplan einer fettarmen Ernährungsweise kann abwechslungsreich und reichhaltig sein, denn Getreideprodukte, Obst, Gemüse, Kartoffeln und Reis enthalten kein oder fast kein Fett.

Ihr Speiseplan mit Low Fat

➤ Bei Frauen sind 60 Gramm, bei Männern 80 Gramm Fett pro Tag ausreichend. Diese Mengen nehmen Sie etwa auf, wenn Sie pro Tag 2 Eßlöffel Butter plus 1 Eßlöffel Öl, 1 Ei, 200 ml Milch (1,5 % Fett) und je 2 Scheiben Käse (40 % Fett i. Tr.) und Fleischwurst essen.

➤ Während Sie bei sichtbaren Fetten (Butter, Margarine, Öl) leichter sparen können, wird es bei den versteckten Fetten schwieriger: Pommes frites, Bratkartoffeln, Kartoffelsalat, Wurst, Sahne, Sahnekuchen und Schokolade haben einen hohen Fettgehalt, weshalb Sie sie aus Kühlschrank und Speisekammer möglichst verbannen sollten.

➤ Greifen Sie zu fettarmen Milchprodukten wie Magerquark, -milch und -joghurt. Auch beim Käse sollten Sie auf sehr magere Sorten achten. Schon bei einem Käse mit einem Fettgehalt von 30 % Fett i. Tr. besteht mehr als ein Drittel seiner Kalorien aus Fett. Deswegen müssen Sie Käse nicht vollständig meiden, sollten ihn aber nur gelegentlich und in kleinen Portionen genießen.

➤ Wie beim Käse, so gibt es auch bei einigen Wurstsorten Light-Alternativen mit deutlich weniger Fett.

➤ Mageres Fleisch (Tabelle auf der nächsten Seite) können Sie 2mal pro Woche einplanen, wenn Sie beim Braten mit Fett sparen und möglichst nur pflanzliche Öle verwenden.

INFO

Lebensmittel mit vielen gesunden Fetten

- *Distel-, Erdnuß-, Lein-, Maiskeim-, Oliven-, Raps-, Sesam-, Soja-, Sonnenblumen- und Walnußöl (Bild oben)*
- *Erdnüsse, Mandeln, Pekannüsse, Sesamsamen, Sonnenblumenkerne, Walnüsse*
- *Weizenkeime*
- *Haferflocken*
- *Sojabohnen*
- *Hering, Lachs, Makrele*

INFO

Low Fat bei Fisch & Fleisch

Damit liegen Sie richtig

- *Schellfisch: 7 % Fettkalorien**
- *Kabeljau: 7 % Fettkalorien*
- *Hühnerbrust ohne Haut: 8 % Fettkalorien*
- *Putenbrust ohne Haut: 9 % Fettkalorien*
- *Seelachs: 9 % Fettkalorien*
- *Garnele: 14 % Fettkalorien*
- *Kalbsfilet: 13 % Fettkalorien*
- *Kalbskeule: 15 % Fettkalorien*
- *Schweinefilet: 17 % Fettkalorien*
- *Steinbutt: 19 % Fettkalorien*
- *Scholle: 20 % Fettkalorien*
- *Heilbutt: 20 % Fettkalorien*
- *Forelle: 24 % Fettkalorien*
- *Kalbskotelett: 25 % Fettkalorien*
- *Lammfilet: 27 % Fettkalorien*
- *Rinderfilet: 30 % Fettkalorien*

Vorsicht Fettfallen

- *Bierschinken: 61 % Fettkalorien*
- *Ente: 68 % Fettkalorien*
- *Lammkeule: 69 % Fettkalorien*
- *Schweineschulter: 74 % Fettkalorien*
- *Schweinemett: 78 % Fettkalorien*
- *Cervelatwurst: 79 % Fettkalorien*
- *Salami: 80 % Fettkalorien*
- *Leberwurst, grob: 81 % Fettkalorien*
- *Gans: 82 % Fettkalorien*
- *Mortadella: 86 % Fettkalorien*
- *Mettwurst: 86 % Fettkalorien*
- *Schweinsbratwurst: 87 % Fettkalorien*

* *Angegeben sind Fettkalorien als Anteil an den Gesamtkalorien*

So sparen Sie beim Kochen Fett

Beim Kochen gibt es einige Kniffe und Hilfsmittel, mit denen Sie viel Fett einsparen können:

- Schöpfen Sie das Fett von Bratensaucen und Fleischbrühen immer ab. Das geht am besten, wenn Sie die Saucen im Kühlschrank kalt stellen. Das Fett setzt sich oben ab und kann dann leicht abgenommen werden.

- Sie können Gemüse in einem Dämpfeinsatz mit Wasserdampf ganz ohne Fett garen.
- Fritieren oder Panieren sollten Sie am besten gar nicht mehr, weil Sie damit jedes Lebensmittel schnell in einen Dickmacher verwandeln.
- Bereiten Sie Salatsaucen öfter mal mit magerem Joghurt statt mit Öl zu.
- Üppige Sahnesaucen machen jedes leichte Gemüsegericht zum Dickmacher. Bereiten Sie lieber eine Sauce aus püriertem Gemüse zu: Einfach etwas mehr Gemüse kochen und einen Teil davon zum Pürieren verwenden. Verdünnen Sie das Püree mit etwas Gemüsebrühe, verfeinern Sie es mit saurer Sahne oder Schmand und schmecken Sie alles mit Salz, Pfeffer und Kräutern ab. Gemüsesorten wie Brokkoli, Blumenkohl, Sellerie und Karotten eignen sich dafür am besten.
- Beim Kochen im Wok, der hohen Pfanne der Asienküche, brauchen Sie nur wenig Fett und eine kurze Garzeit. So hat das Gemüse noch Biß, und Meeresfrüchte und Fleisch bleiben saftig.
- Beim Grillen können Sie das Fett weglassen, wenn Sie Fleisch, Fisch und Gemüse in Alufolie einwickeln.
- In einer antihaftbeschichteten Pfanne können Sie auf Fett fast ganz verzichten: Den Boden der Pfanne oder das Fleischstück mit wenig Öl einpinseln genügt.

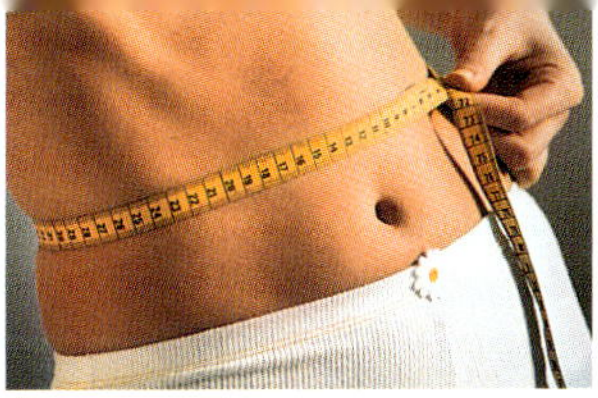

INFO

Low Fat bei Milch, Quark, Käse & Co.

Damit liegen Sie richtig

- *Magermilch (0,1 % F.): 3 % Fettkalorien**
- *Magermilchjoghurt: 3 % Fettkalorien*
- *entrahmte Dickmilch: 3 % Fettkalorien*
- *Eiklar: 4 % Fettkalorien*
- *Magerquark: 4 % Fettkalorien*
- *Harzer Käse: 5 % Fettkalorien*
- *Kondensmilch (4 % F.): 8 % Fettkalorien*
- *Molke: 8 % Fettkalorien*
- *Buttermilch: 13 % Fettkalorien*
- *Schnittkäse (10 % F.): 23 % Fettkalorien*
- *fettarme Milch (1,5 % F.): 28 % Fettkalorien*
- *Joghurt aus fettarmer Milch: 30 % Fettkalorien*

Vorsicht Fettfallen

- *Vollmilch: 49 % Fettkalorien*
- *Vollmilchjoghurt: 52 % Fettkalorien*
- *Weichkäse (30 % F. i. Tr.): 56 % Fettkalorien*
- *Schnittkäse (30 % F. i. Tr.): 57 % Fettkalorien*
- *Sahnequark (40 % F.): 64 % Fettkalorien*
- *Eier: 66 % Fettkalorien*
- *saure Sahne: 77 % Fettkalorien*
- *Eigelb: 81 % Fettkalorien*
- *Schmand: 90 % Fettkalorien*
- *Crème fraîche (30 % F.): 91 % Fettkalorien*

* *Angegeben sind Fettkalorien als Anteil an den Gesamtkalorien*

Low Fat bei Süß- und Knabberwaren

Damit liegen Sie richtig

- *Gummibärchen: 0 % Fettkalorien**
- *Götterspeise: 0 % Fettkalorien*
- *Fruchteis (ohne Sahne oder Milch): 0 % Fettkalorien*
- *Rosinen: 1 % Fettkalorien*
- *Salzstangen: 11 % Fettkalorien*
- *Milch-Karamelbonbons: 11 % Fettkalorien*
- *Löffelbiskuits: 11 % Fettkalorien*
- *Popcorn: 12 % Fettkalorien*
- *Lebkuchen: 22 % Fettkalorien*
- *Butterkeks: 24 % Fettkalorien*
- *Kräcker: 28 % Fettkalorien*

Vorsicht Fettfallen

- *Butterkuchen: 41 % Fettkalorien*
- *Nougat: 43 % Fettkalorien*
- *Marzipan: 50 % Fettkalorien*
- *Schokolade: 51 % Fettkalorien*
- *Eiscreme: 56 % Fettkalorien*
- *Sahnekuchen: 61 % Fettkalorien*
- *Kartoffelchips: 66 % Fettkalorien*
- *Pistazien: 75 % Fettkalorien*
- *Erdnüsse: 76 % Fettkalorien*

Hinweis: Süßigkeiten erzeugen aufgrund ihres hohen Zuckergehalts Hunger. Daher sind sie zum Abnehmen ungeeignet, auch wenn einige von ihnen wenig Fett enthalten.

Fettarme Küche: Rezepte

Brötchen mit Schinkencreme

➤ *Für 2 Personen:*
60 g gekochter Schinken
100 g Magerquark (10 % Fett)
Zitronenpfeffer
1 Prise Currypulver
2 Vollkornbrötchen
2 Tomaten
1 Zweig Basilikum

So wird's gemacht:
Vom gekochten Schinken eventuell den Fettrand entfernen. Den Schinken zunächst grob würfeln. Dann mit dem Magerquark im Mixer oder mit einem Pürierstab fein pürieren. Mit Pfeffer und Currypulver abschmecken. Die Brötchen halbieren, mit der Schinkencreme bestreichen.
Die Tomaten waschen und in Scheiben schneiden, dabei von den Stielansätzen befreien. Die Scheiben auf die Brötchen legen. Das Basilikum waschen, abtrocknen und die Blättchen abzupfen, die Brötchen damit garnieren.

Käse-Zucchini-Aufstrich

➤ *Für 2 Personen:*
100 g Zucchini
150 g körniger Frischkäse
1/2 Kästchen Kresse
Meersalz • weißer Pfeffer
2 TL Zitronensaft
3 Scheiben Vollkornbrot

So wird's gemacht:
Zucchini waschen, abtrocknen und auf der Gemüsereibe reiben oder raspeln. Dann mit dem Frischkäse vermengen. Die Kresse waschen, die Blättchen bis auf ein paar zum Garnieren unter den Aufstrich heben. Mit Salz, Pfeffer und etwas Zitronensaft abschmecken.
Den Aufstrich gleichmäßig auf die Brotscheiben verteilen. Brote halbieren und mit der übrigen Kresse bestreut servieren.

Joghurt-Haferflocken mit Banane

➤ *Für 2 Personen:*
150 g Magerjoghurt
50 g feine Haferflocken
1–2 EL Apfeldicksaft
1 Banane

Brötchen mit Schinkencreme

So wird's gemacht:
Den Joghurt mit den Haferflocken und dem Apfeldicksaft nach Geschmack vermischen und 10 Minuten durchziehen lassen. Die Banane schälen, zwei Drittel davon zerdrücken und untermischen. Übrige Banane in Scheiben schneiden, die Haferflocken damit garnieren.

Pfirsich-Vanille-Milch

Für 2 Gläser:
2 kleine Pfirsiche (ersatzweise 2 Pfirsichhälften aus der Dose)
300 ml fettarme Milch (1,5 % Fett)
$^{1}/_{4}$ TL gemahlene Vanille
1 Päckchen Vanillezucker
4 EL zarte Haferflocken
einige Minzeblättchen

So wird's gemacht:
Frische Pfirsiche kurz in kochendes Wasser tauchen, kalt abschrecken und häuten. Die Früchte halbieren, entsteinen und grob würfeln. Pfirsichhälften aus der Dose abtropfen lassen, würfeln. Milch, Pfirsichstücke, gemahlene Vanille, Vanillezucker und Haferflocken im Mixer kräftig durchmixen oder mit dem Pürierstab fein pürieren. Die Pfirsich-Vanille-Milch in hohe Gläser verteilen und mit den Minzeblättchen garnieren.

Ananas-Drink

Für 2 Gläser:
2 Scheiben frische Ananas
300 ml Orangensaft, frisch gepreßt
2 EL Apfel- oder Birnendicksaft (aus dem Reformhaus)

So wird's gemacht:
Die Ananasscheiben zunächst schälen und in kleine Stückchen schneiden. Dann zusammen mit dem Orangensaft und dem Apfel- oder Birnendicksaft im Mixer oder mit dem Pürierstab fein pürieren. In hohe Bechergläser füllen und sofort servieren.

Tomaten-Sülzchen

➤ *Für 2 Personen:*
$3^1/_2$ Blatt weiße Gelatine
200 ml Tomatensaft
1 Prise Zucker • Meersalz
Tabascosauce
1 Stück Zucchino (etwa 75 g)
$^1/_2$ Stange Staudensellerie
50 g frische Champignons
1 EL Zitronensaft • weißer Pfeffer
2 Zweige Basilikum

So wird's gemacht:
Die Gelatine in kaltem Wasser 5 Minuten einweichen. Inzwischen den Tomatensaft mit Zucker, Salz und Tabasco kräftig würzen. 3 EL Tomatensaft abnehmen und erwärmen. Die ausgedrückte Gelatine darin unter Rühren auflösen. Mit dem restlichen Tomatensaft vermischen und kalt stellen, bis die Masse fest zu werden beginnt.

Währenddessen Zucchino und Sellerie waschen und putzen. Zucchino in kleine Würfel schneiden, Sellerie längs halbieren und in dünne Scheiben schneiden. Champignons putzen und in Scheiben schneiden, diese längs halbieren. Alle Gemüse in einer Schüssel mit dem Zitronensaft vermischen, leicht salzen und pfeffern.
4 Blättchen frisches Basilikum waschen und trockentupfen, Blätter in feine Streifen schneiden und unter das Gemüse heben.
Die Gemüsemischung unter den leicht gelierten Tomatensaft geben. In zwei kalt ausgespülte Tassen füllen und zum Festwerden mindestens 1 Stunde kalt stellen.
Zum Servieren die Förmchen kurz in warmes Wasser tauchen und auf kleine flache Teller stürzen. Mit dem übrigen Basilikum garnieren.

Staudenselleriesalat mit Orange

➤ *Für 2 Personen:*
3–4 Stangen Staudensellerie
1 kleine Orange
100 g Quarkzubereitung (0,2 % Fett)
$^1/_2$–1 TL Currypulver
Meersalz
Pfeffer
1 EL Sonnenblumenkerne

So wird's gemacht:
Den Sellerie putzen, waschen und in dünne Scheiben schneiden. Das zarte Blattgrün beiseite legen. Die Orange quer halbieren. Aus der einen Hälfte Saft pressen, die andere Hälfte dick abschälen, so daß keine weiße Haut übrigbleibt, und die Filets einzeln auslösen.
Den Quark mit dem Orangensaft glattrühren, die Orangenfilets dazugeben. Mit Curry, Salz und Pfeffer abschmecken. Sonnenblumenkerne in

einer Pfanne ohne Fett anrösten. Sellerie auf zwei Tellern anrichten, die Orangen-Creme daraufgeben, mit Sonnenblumenkernen bestreuen und mit Selleriegrün garnieren.

Cremesuppe von roten Linsen

Für 2 Personen:
1 Schalotte • 1 kleine Knoblauchzehe
1 TL Öl • 75 g rote Linsen
350 ml Gemüsebrühe
1/4 TL gemahlener Koriander
weißer Pfeffer
75 ml ungesüßte Kokosmilch (aus der Dose)
Meersalz • 1–2 EL Zitronensaft
Cayennepfeffer
einige Petersilienblättchen

So wird's gemacht:
Die Schalotte und den Knoblauch schälen, hacken und im heißen Öl glasig dünsten. Die Linsen unterrühren und kurz mitdünsten.
Die Gemüsebrühe, den Koriander und etwas Pfeffer dazugeben. Alles aufkochen und zugedeckt bei schwacher Hitze 15–20 Minuten köcheln lassen, bis die Linsen weich sind. 1 EL Linsen herausnehmen und beiseite stellen.
Die Suppe im Mixer oder mit dem Pürierstab fein pürieren. Die Kokosmilch einrühren, die Suppe nochmals aufkochen lassen. Mit Salz, Pfeffer, Zitronensaft und Cayennepfeffer scharf-säuerlich abschmecken.
Die Linsencreme in vorgewärmte Teller oder Tassen verteilen, mit Petersilienblättchen und den restlichen Linsen bestreuen.

Fischfilet mit Paprikastreifen

Fischfilet mit Paprikastreifen

➤ *Für 2 Personen:*
300 g Fischfilet
schwarzer Pfeffer
1 EL Zitronensaft
je 1 kleine gelbe und rote Paprikaschote
1 EL Olivenöl
Meersalz
100 ml Gemüsebrühe

So wird's gemacht:

Das Fischfilet mit Küchenpapier gut trockentupfen und in 4 gleich große Portionsstücke schneiden. Die Fischstücke rundherum mit frisch gemahlenem Pfeffer und Zitronensaft würzen und zugedeckt beiseite stellen.
Die Paprikaschoten waschen, vierteln, von Stielansatz, Kernen und den dicken Rippen befreien. Die Paprikaviertel quer in gleichmäßig dünne Streifen schneiden. Das Öl in einer großen beschichteten Pfanne erhitzen. Die Paprikastreifen darin bei mittlerer Hitze unter gelegentlichem Rühren kurz anbraten. Leicht salzen, pfeffern und mit der Gemüsebrühe ablöschen.
Die Fischstücke nebeneinander auf das Gemüse legen und alles zugedeckt 10–15 Minuten bei geringer Hitze dünsten, bis der Fisch gar ist. Das Fischfilet leicht salzen.
Das Gericht nach Belieben mit frisch gehackten Kräutern bestreuen. Dazu schmecken kleine Pellkartoffeln, Kartoffelpüree oder Naturreis.

Kalbsschnitzel mit Zitrone

➤ *Für 2 Personen:*
2 Kalbsschnitzel (je etwa 100 g)
1 Knoblauchzehe
1 TL kaltgepreßtes Olivenöl
1 Zweig Rosmarin
2 EL Zitronensaft
Meersalz • weißer Pfeffer
2 EL frisch geriebener Fontina

So wird's gemacht:

Die Schnitzel behutsam flach klopfen und halbieren. Den Knoblauch schälen, vierteln. Das Öl in einer beschichteten Pfanne erhitzen, Knoblauch und Rosmarin zufügen. Die Schnitzel im Öl von jeder Seite in 2–3 Minuten goldbraun anbraten.
Mit Zitronensaft beträufeln, salzen, pfeffern und mit Fontina bestreuen. Zugedeckt bei mittlerer Hitze noch 3–4 Minuten garen, bis der Käse schmilzt.
Die Schnitzel mit Pellkartoffeln und einem knakkigen Salat servieren.

Cappuccino-Becher

Für 2 Personen:
4 Blatt weiße Gelatine
200 ml heißer, starker Espresso
2 EL Puderzucker
1 EL Kaffeelikör nach Belieben
100 ml Magermilch (0,3 % Fett)
6 Schokoladen-Mokkabohnen
1 Prise Schokoladenpulver

So wird's gemacht:
Die Gelatine 5 Minuten in reichlich kaltem Wasser einweichen. Den Espresso mit dem Puderzucker verrühren. 150 ml davon abmessen und nach Belieben mit dem Kaffeelikör aromatisieren. 2 Blatt Gelatine tropfnaß darin unter Rühren auflösen. Den Espresso in zwei hohe Gläser füllen und darin gelieren lassen.
Den restlichen Espresso mit der Milch verrühren, erwärmen und die übrigen 2 Blatt Gelatine tropfnaß darin unter Rühren auflösen, aber nicht kochen lassen. Beiseite stellen und abkühlen lassen, aber nicht im Kühlschrank. Den Milchkaffee auf den gelierten Espresso geben und ebenfalls gelieren lassen.
Den Cappuccino-Becher zum Servieren mit den Mokkabohnen garnieren und mit dem Schokoladenpulver bestäuben.

Kreta-Diät – Essen wie im Urlaub

Wenn Sie die Mittelmeerküste bereits aus dem Urlaub kennen, haben Sie bestimmt auch Bekanntschaft gemacht mit den dort typischen Küchen- und Eßgewohnheiten: frische, aromatisch duftende Kräuter, viele Fischgerichte, hauchdünn geschnittenes mageres Fleisch oder Geflügel, jede Menge frisch gebackenes Brot und eine Fülle von frischen Salat- und Gemüsesorten und zum Nachtisch frisches Obst. Die Mahlzeiten bestehen aus mehreren Gängen mit kleinen Portionen, und man läßt sich grundsätzlich viel Zeit beim Essen.

TIP

5 Punkte für die Kreta-Diät

Mit dieser Ernährungsform können Sie:

- *mit allen Sinnen genußvoll essen*
- *täglich ein Gläschen Rotwein trinken*
- *Herz, Kreislauf und Gefäße schützen*
- *Ihr Leben verlängern*
- *sich mit Fisch und Meeresfrüchten das Mittelmeer in Ihre Küche holen.*

Mittelmeerküche – die gesündeste Europas

Die Küche des Mittelmeeres zeichnet sich durch ein vielfältiges Angebot an frischen Zutaten aus, und was auf den Tisch kommt, soll schmecken und die Sinne anregen. Es gibt viel Verschiedenes zu essen, doch von allem nur etwas – die Portionen der Mittelmeerküche sind kleiner als bei uns üblich. Es gibt immer einen knackigen Salat, der mit einem wohlschmeckenden Dressing aus Olivenöl und Zitronensaft zubereitet ist. Zwischendurch wird reichlich Wasser und ein Gläschen Rotwein getrunken. Auf einen Nenner gebracht: Die mediterrane Küche ist abwechslungsreich, leicht und gesund – und sie bietet Genuß pur.

Das Geheimnis der Insel Kreta

Daß die Mittelmeerküche nicht nur der Figur, sondern auch unserer Gesundheit gut bekommt, stellte sich in einer Langzeitstudie heraus. Da in Europa das Risiko für Herz-Kreislauf-Erkrankungen auf Kreta am geringsten ist, verglich man die Ernährungs- und Eßgewohnheiten dort mit denen anderer Länder. Die Ergebnisse dieser 30 Jahre lang durchgeführten Studie zeigten, daß die mediterrane Ernährungsweise, insbesondere die traditionelle, bäuerliche Küche Griechenlands und Süditaliens, mit den wenigsten Fällen von Herz-Kreislauf-Erkrankungen und der höchsten Lebenserwartung verbunden ist.

Seither sind sich die Ernährungsexperten weltweit einig: Der Grund, warum die Mittelmeerküche gesund hält und Krankheiten vorbeugt, liegt hauptsächlich an der optimalen Zusammensetzung ihrer Nahrungsmittel – und vermutlich auch an der ruhigeren Lebensweise und dem dort üblichen Mittagsschlaf.

Zu den wichtigsten Lebensmitteln, die in der klassischen Mittelmeerküche gegessen werden, gehören

- Gemüse und Salate
- frisches Obst
- Fisch und Meeresfrüchte
- Knoblauch
- Joghurt, Kefir, Sauermilch
- Olivenöl
- Rotwein
- Getreideprodukte.

Gemüse und Obst – die Schlankmacher

Am Mittelmeer essen die Menschen ein Vielfaches mehr an Obst und Gemüse als die Bewohner Mittel- oder Nordeuropas. Kein Wunder: Das Klima beschert diesen »gesegneten« Ländern die gesamte Fülle aromatisch-frischer Gemüse- und Obstsorten, wie sie uns im Norden bestenfalls im Hochsommer auf unseren Märkten angeboten wird. So oft wie möglich sollten wir es den Mittelmeeranwohnern gleich tun und beim Gemüse reichlich zugreifen: Salate, Gemüsepfannen, eingelegtes oder gefülltes Gemüse lassen keine Langeweile aufkommen – und alles fast ohne Fett und mit wenig Kalorien: gut für die Figur und für die Gesundheit. Denn heute weiß die Ernährungswissenschaft, daß Obst und Gemüse die Risiken von Herz-Kreislauf-Erkrankungen und Krebs deutlich senken können (Seite 122), was den außergewöhnlichen Gesundheitswert von pflanzlichen Lebensmitteln immer wieder bestätigt.

Gesundes aus dem Meer

Fische und Meeresfrüchte sind neben Obst und Gemüse die Hauptzutaten der leckeren Mittelmeerküche. Sie liefern Eiweiß, Jod, Eisen, hochwertige Fettsäuren, dabei aber kaum Kalorien. Damit wird das Abnehmen zum gesunden Vergnügen. Denn durch Fisch und vor allem auch durch Meeresfrüchte erhält der Körper wichtige Aufbau- und Energiestoffe – und damit bleiben Sie aktiv und fit.

Knoblauch hält Gefäße, Herz und Abwehr jung

Zum Mittelmeer gehört der Knoblauch – und auch sein Duft – einfach dazu, dort stört sich niemand daran. Die bei uns so ungeliebten Aromastoffe zählen zu den Substanzen, die beim Genuß von Knoblauch frei werden und sich im ganzen Körper verteilen. Dort wirken sie wie ein Antibiotikum gegen Bakterien und können darüber hinaus Pilze und Viren bekämpfen. Außerdem senkt die heilkräftige Knolle den Blutdruck und den Cholesterinspiegel, beugt kleinsten Blutgerinnseln vor und weitet die Gefäße. Sie gilt nicht nur unter Naturheilexperten als bewährtes Mittel gegen Arterienverkalkung, Herzinfarkt und Thrombose. Ein Tip: Damit die Heilstoffe im Knoblauch wirken können, darf die Knolle nach dem Schneiden nicht sofort und nicht zu stark erhitzt werden. Deshalb ist es in der traditionellen Mittelmeerküche auch üblich, Knoblauch roh zu verwenden: in Marinaden, pikanten Dips (Tzatziki, Guacamole), kalten Suppen (Gazpacho), Salaten und Saucen (Pesto, Aioli).

Schlankheits- und Entgiftungskur mit Sauermilch & Kefir

Traditionell genießen insbesondere die Menschen in den östlichen Mittelmeerländern größere Mengen an Sauermilchprodukten wie Joghurt oder Kefir. Seit etwa 100 Jahren gelten diese Milchsäureprodukte als Heilmittel, da sich ihre Milchsäurebakterien im Darm gut ansiedeln können. Dort verbessern sie die Darmbakterienflora, entgiften den Körper, wirken gegen Krankheitskeime und sollen sogar den Cholesterinspiegel senken können. Auch die von den Milchsäurebakterien gebildete Milchsäure trägt dazu bei, den Darm von Giften und Schlacken zu befreien (Seite 124).
Heute gibt es diese Produkte in jedem Supermarkt sogar in einer fettreduzierten Version. Ideal, um damit abzunehmen und gleichzeitig den Darm zu

reinigen. Damit die Milchsäurebakterien erhalten bleiben, dürfen sie nicht erhitzt werden. Doch Sie können daraus viele kalte Drinks, Saucen, Desserts und Suppen zubereiten.

Rotwein: Ein kleines Prosit aufs gesunde Herz

Außerdem fördert der zu den Mahlzeiten getrunkene Rotwein nicht nur den Genuß beim Essen, sondern auch die Gesundheit! Im Rotwein finden sich größere Mengen an Polyphenolen, die zu den Sekundären Pflanzenstoffen gehören (Seite 122). Die speziellen Wirkstoffe im Rotwein vermindern das Risiko, daß sich Blutgerinnsel und Cholesterin in den Blutgefäßen ablagern. Außerdem wirken sich geringe Alkoholmengen, also ein kleines Glas Wein pro Tag, positiv auf Herz und Kreislauf aus: Der Blutdruck sinkt, und das Risiko, an Herzerkrankungen zu sterben, nimmt nachweislich ab.
Ein Glas Rotwein zum Essen kann also durchaus eine Medizin sein. Außerdem hilft der Alkohol vielen Menschen, Fette besser zu verdauen. Wer aber keinen Alkohol trinken möchte, holt sich die gefäß- und herzschonenden Pflanzenstoffe einfach aus dem roten Traubensaft. Ohnehin sollte es trotz aller Vorteile fürs Herz bei einem Glas Rotwein pro Tag bleiben, sonst schädigt der Alkohol zu sehr die Leber.

Olivenöl für die Gefäße

Olivenöl ist aus keiner Küche der Mittelmeerländer wegzudenken. Dort streicht man es aufs Brot und gießt es über frische Salate. Auch gebraten und gekocht wird hauptsächlich mit hochwertigem Olivenöl, während tierische Fette wie Butter, Crème fraîche oder Sahne am Mittelmeer selten verwendet werden. Wegen seines hohen Anteils an ungesättigten Fettsäuren (Seite 132) zählt Olivenöl zu den gesündesten pflanzlichen Ölen überhaupt. Es senkt genau den Anteil des Cholesterins (das gefäßschädigende LDL-Cholesterin), der für Herz- und Gefäßbeschwerden bis hin zum Infarkt verantwortlich gemacht wird. Auf der Insel Kreta wird weltweit das meiste Olivenöl verwendet, und gleichzeitig haben die Menschen dort die längste Lebenserwartung.
Beim Kauf können Sie unter drei Olivenöl-Qualitäten wählen:

- »Natives Olivenöl extra« oder »extra vergine«: Dieser Name steht auf den Flaschen mit bester Olivenölqualität. Es ist kaltgepreßtes Öl der ersten Pressung und für die Zubereitung kalter Speisen und Salate empfehlenswert. Es schmeckt besonders aromatisch und enthält am meisten Vitamin E und Sekundäre Pflanzenstoffe (Seite 122).
- »Natives Olivenöl« wird ebenfalls kalt gepreßt und nicht raffiniert. Es ist empfindlicher als »Olivenöl extra« und deshalb nicht gut zum Braten geeignet, aber ideal für die kalte Küche.
- »Olivenöl« ganz ohne Zusatzbezeichnung enthält neben den nativen auch raffinierte Olivenöle. Diese Öle vertragen höhere Temperaturen, wie sie beim Braten und Fritieren entstehen.

Pasta, Pizza & Pide machen fit und satt

Viele Restaurants bieten zunächst als Appetitanreger Brot an – ein Brauch, der aus dem Mittelmeerraum stammt. Aus Griechenland und der Türkei stammen die großen Fladenbrote oder Pide, die zum Essen gereicht werden oder gefüllt als »Döner« beliebt sind. Und neben den vielen Pasta-Varianten aus Italien hat sich auch die Pizza bei uns durchgesetzt. Sie besteht, wie Nudeln und Brot, vor allem aus Kohlenhydraten. Das Gute an diesen Kohlenhydraten: Sie liefern Energie, machen satt, aber nicht dick. Mit zu vielen Kohlenhydraten kommt der Körper gut zurecht: Er fährt den Stoffwechselmotor hoch und erhöht damit seinen Energieverbrauch. Wer Pfunde verlieren will, ißt sich also an Kohlenhydraten satt.

Doch achten Sie darauf, was Sie dazu essen: Machen Sie nicht den Fehler und streichen dick Butter aufs Brot oder geben über die Nudeln eine fette Käse-Sahne-Sauce. Frisches Brot schmeckt auch solo, und Nudeln können Sie ebensogut mit einer Kräuter-Tomaten-Sauce und geriebenem Parmesan genießen.

Ihr Speiseplan mit der Kreta-Diät

➤ Der Hauptanteil des Speisezettels besteht aus viel rohem und gedünstetem Gemüse, Salaten und frischem Obst.

➤ Verwenden Sie beim Kochen großzügig Knoblauch und Kräuter wie Rosmarin, Thymian, Estragon oder Majoran.

➤ Olivenöl können Sie zum Braten, Kochen und für Salatsaucen verwenden. Es hat zwar einen hohen Gesundheitswert, Sie sollten aber auch mit diesem Fett sparsam umgehen.

➤ Ähnliches gilt für Rotwein: Ein Glas am Tag zu den Mahlzeiten reicht aus, um das Essen zum gesunden Gaumenvergnügen zu machen.

➤ Verwenden Sie nur Nudeln aus purem Hartweizengrieß (italienische Nudeln), ohne Zusatz von Eiern. So sparen Sie Fett und Kalorien.

➤ Servieren Sie mehrere Gänge in kleinen Portionen. Ein Beispiel: Mozzarella mit Tomaten und Basilikum, eine Suppe mit Hülsenfrüchten, ein Nudelgericht mit Salat und als Dessert Obst.

➤ Und noch etwas ist wichtig: Am Mittelmeer läßt man sich beim Essen viel Zeit. Die für uns ungewöhnlich lange Mittagspause von 2–3 Stunden ist heilig und wird zum Essen, geselligen Beisammensein und Ausruhen genutzt. Lernen wir davon: Schon eine tägliche 30minütige Siesta vermindert das Risiko von Herz-Kreislauf-Erkrankungen um 30 Prozent.

Am Mittelmeer läßt man sich zum Essen und Genießen viel Zeit

Mittelmeer-Küche: Rezepte

Tomatenbrot

Für 2 Personen:
4 dünne Scheiben Vollkornbrot
2 reife, große Tomaten
2 TL kaltgepreßtes Olivenöl
2 Stengel Basilikum
Meersalz • schwarzer Pfeffer

So wird's gemacht:
Die Brote im Toaster oder in einer trockenen Pfanne leicht rösten.
Die Tomaten waschen, abtrocknen und in kleine Würfel schneiden. Mit dem Olivenöl vermischen. Das Basilikum waschen und trockenschütteln. Die Blättchen in Stücke zupfen, unter die Tomaten heben. Mit Salz und Pfeffer würzen. Die Tomaten auf den Broten verteilen und warm servieren.

Kräuter-Paprika-Omelett

Für 2 Personen:
2 Eier
2 EL gemischte gehackte Kräuter
(z. B. Petersilie, Schnittlauch, Dill, Estragon)
2 EL frisch geriebener Hartkäse
Meersalz • Pfeffer
2 TL Butter
1 kleine rote Paprikaschote
1 Kästchen Kresse

So wird's gemacht:
Die Eier in einer Schüssel mit den gehackten Kräutern und dem geriebenen Käse verquirlen. Mit etwas Salz und Pfeffer würzen.Die Butter in einer beschichteten Pfanne aufschäumen lassen, die Eiermasse hineingießen und bei mittlerer

Hitze zugedeckt stocken lassen. Inzwischen die Paprikaschote vierteln, putzen, waschen und in kleine Würfel schneiden. Die Kresse waschen, die Blättchen abschneiden.
Das fertige Omelett in der Mitte teilen. Paprikawürfel und Kresse mit den Omeletthälften auf Tellern anrichten.

Tomaten-Gurken-Türmchen

Für 2 Personen:
1 Stück Salatgurke (etwa 200 g)
2–3 Tomaten (etwa 150 g)
100 g Mozzarella
4–6 Basilikumblätter
Meersalz • schwarzer Pfeffer
2 TL Aceto balsamico
einige Basilikumblättchen zum Garnieren

So wird's gemacht:
Die Gurke schälen, gründlich waschen, abtrocknen und in knapp 1 cm dicke Scheiben schneiden. Die Tomaten waschen, vom Stielansatz befreien, den Mozzarella abtropfen lassen. Beides ebenfalls in Scheiben schneiden. Die Basilikumblätter abreiben und in feine Streifen schneiden.
Die Gurkenscheiben mit Salz, Pfeffer und Essig würzen, die Basilikumstreifen darauf verteilen. Mit je 1 Tomaten- und Mozzarellascheibe belegen und mit Pfeffer übermahlen. Jedes Türmchen mit einigen Basilikumblättern garnieren.

Variante:
Die Türmchen können Sie immer wieder verändern. So lassen sich die Gurkenscheiben durch Zucchinischeiben austauschen, der Mozzarella gegen milden Schafkäse oder kräftigeren Schnittkäse. Lecker schmecken die Türmchen auch, wenn Sie sie einzeln auf kleine runde Pumpernickelscheiben setzen.

Schafkäseteller

Schafkäseteller

Für 2 Personen:
100 g milder Schafkäse (Feta)
8 schwarze oder grüne Oliven
2 feste Tomaten
100 g Salatgurke
Meersalz
schwarzer Pfeffer
1 Zweig frische Minze (ersatzweise Petersilie)
$^1/_4$ TL Paprikapulver

So wird's gemacht:
Den Schafkäse in $^1/_2$ cm dicke Scheiben schneiden. Die Tomaten waschen, von den Stielansätzen befreien und quer in $^1/_2$ cm dicke Scheiben schneiden. Die Gurke schälen und ebenfalls in Scheiben schneiden. Tomaten- und Gurkenscheiben mit dem Käse anrichten. Mit Salz und Pfeffer würzen und mit den Oliven garnieren.
Die Minze abspülen, die Blätter über den Zutaten verteilen. Den Käse mit Paprika fein bestäuben.

Toskanischer Brotsalat

➤ *Für 2 Personen:*
100 g Toskanabrot (vom Vortag) in Scheiben
2 reife Tomaten
1 Stück Salatgurke (100 g)
1/2 gelbe Paprikaschote
1 Frühlingszwiebel
1 Knoblauchzehe
2 EL Rotweinessig
Meersalz • Pfeffer
3 EL kaltgepreßtes Olivenöl
1/2 Bund Basilikum
1 EL Kapern

So wird's gemacht:

Die Brotscheiben hellgelb toasten und abkühlen lassen. Dann mit Wasser, pro Scheibe 2 EL, beträufeln und 15 Minuten ziehen lassen. Inzwischen die Tomaten kurz überbrühen, häuten, quer halbieren und entkernen. Das Fruchtfleisch ohne Stengelansätze würfeln. Das übrige Gemüse waschen und putzen. Die Gurke längs halbieren, entkernen und mit der Paprikahälfte klein würfeln. Die Frühlingszwiebel in feine Scheibchen schneiden, den Knoblauch halbieren. Das Brot gut ausdrücken, in Stücke zupfen. Aus 1 EL Essig, Salz, Pfeffer und Öl eine Marinade rühren. Knoblauch dazupressen. Brot, Gemüse und Marinade vermengen. Den Salat zugedeckt etwa 30 Minuten ziehen lassen.
Vor dem Servieren die Basilikumblätter abreiben, in Stücke zupfen, mit den Kapern unter den Salat heben. Mit Salz, Pfeffer und übrigem Essig abschmecken.

Tip:

An sommerlich-heißen Tagen schmeckt der Salat besonders erfrischend, wenn Sie ihn vorher in den Kühlschrank stellen und leicht gekühlt servieren.

Mangold mit Pinienkernen und Rosinen

➤ *Für 2 Personen:*
500 g Mangold • Meersalz
1–2 Knoblauchzehen
2–3 EL Olivenöl
2 EL Pinienkerne • 1–2 EL Rosinen
1 EL Zitronensaft • weißer Pfeffer

SO WIRD'S GEMACHT:
Den Mangold waschen und putzen. Die Blätter abschneiden und grob hacken. Die Stiele in Streifen schneiden. In einem großen Topf reichlich Salzwasser zum Kochen bringen. Die Mangoldstiele hineingeben und etwa 2 Minuten blanchieren. Die Blätter hinzufügen und alles nochmals etwa 1 Minute blanchieren. Mangold in einem Sieb kalt abschrecken, abtropfen lassen.
Den Knoblauch schälen und fein hacken. Das Öl in einer Pfanne erhitzen. Die Pinienkerne darin unter Rühren anrösten. Rosinen und Knoblauch dazugeben und kurz mitbraten. Den Mangold dazugeben, mit Zitronensaft, Salz und Pfeffer abschmecken und zugedeckt bei schwacher Hitze noch etwa 5 Minuten schmoren.

Penne mit Paprikagemüse

➤ *Für 2 Personen:*
je 1 gelbe, rote und grüne Paprikaschote
1 Zwiebel • 1 Knoblauchzehe
1/2 Bund Petersilie
250 g Penne (kurze Röhrennudeln) • Meersalz
2 EL Olivenöl
100 ml Gemüsebrühe
1 TL Honig • Cayennepfeffer
125 g fester Ricotta
(ersatzweise Frischkäse)

Paprikagemüse

SO WIRD'S GEMACHT:
Die Paprikaschoten waschen, vierteln, putzen und in kurze Streifen schneiden. Zwiebel und Knoblauch schälen und fein würfeln. Die Petersilie waschen, die Blättchen abzupfen und hacken.
Die Nudeln in reichlich Salzwasser nach Packungsangabe bißfest kochen. Inzwischen das Öl in einer großen Pfanne erhitzen, die Zwiebel, den Knoblauch und die Paprikastreifen darin bei mittlerer Hitze unter Rühren in 4–6 Minuten knackig braten. Brühe und Honig dazugeben. Alles einmal kurz aufkochen lassen. Das Gemüse mit Salz und Cayennepfeffer leicht scharf abschmecken.
Paprikagemüse mit den abgetropften Nudeln vermengen und auf Tellern anrichten. Den Käse grob zerbröseln und darüberstreuen.

Putenröllchen »Saltimbocca«

Seeteufel mit Safransauce

> *Für 2 Personen:*
> *400 g Seeteufel*
> *2 TL Zitronensaft*
> *Meersalz • Pfeffer*
> *500 g Brokkoli*
> *1 EL Butterschmalz*
> *100 ml Gemüsebrühe*
> *100 g Sahne*
> *2 Msp. gemahlener Safran*

So wird's gemacht:

Den Fisch trockentupfen und in 2 cm dicke Scheiben schneiden. Mit dem Zitronensaft beträufeln, mit Salz und Pfeffer würzen.

Den Brokkoli waschen und putzen. Die Röschen abtrennen, die Stiele schälen und in kleine Würfel schneiden. Die Brokkoliwürfel mit $^1/_8$ l Wasser in einem Topf aufkochen und zugedeckt bei mittlerer Hitze 10 Minuten dünsten. Dann die Röschen dazugeben und alles weitere 5 Minuten garen.

Gleichzeitig das Butterschmalz in einer Pfanne erhitzen. Fischstücke darin pro Seite 4 Minuten anbraten. Die Fischstücke zur Seite schieben. Brühe und Sahne angießen und leicht einkochen lassen. Den Safran einrühren und die Sauce mit Salz und Pfeffer abschmecken.

Den Brokkoli abtropfen lassen, mit dem Fisch und der Sauce auf vorgewärmten Tellern anrichten.

Putenröllchen »Saltimbocca«

> *Für 2 Personen:*
> *6 frische Salbeiblätter*
> *2 dünne Putenschnitzel (je etwa 150 g)*
> *schwarzer Pfeffer*
> *2 dünne Scheiben roher Schinken*
> *300 g grüne Bohnen • Meersalz*
> *evtl. etwas frisches Bohnenkraut*
> *1 Fleischtomate • 2 EL Olivenöl*

SO WIRD'S GEMACHT:
Den Salbei waschen und abtrocknen. Die Putenschnitzel trockentupfen, flachstreichen und mit Pfeffer würzen. Je 1 Schinkenscheibe ohne Fettrand und 3 Salbeiblättchen auf jedes Schnitzel legen. Dieses fest aufrollen und mit Holzspießchen zustecken.
Die Bohnen waschen, putzen und halbieren. In etwas Salzwasser, eventuell mit Bohnenkraut, zugedeckt in 7–14 Minuten (je nach Sorte und Dicke) bißfest dünsten. Die Tomate überbrühen, häuten, vom Stielansatz befreien und in kleine Würfel schneiden.
Das Olivenöl in einer Pfanne erhitzen, die Putenröllchen darin bei starker Hitze rundherum goldbraun anbraten. Die Hitze reduzieren, die Röllchen mit Salz und Pfeffer würzen und in weiteren 8 Minuten rundherum sanft braten.
Die Bohnen abtropfen lassen, zurück in den Topf geben und darin mit den Tomatenwürfeln mischen. Das Gemüse mit Salz und Pfeffer abschmecken und zusammen mit den Putenröllchen auf vorgewärmten Tellern anrichten.

Rotweinbirnen

Für 2 Personen:
3/8 l trockener Rotwein
1/2 Zimtstange
1–2 Gewürznelken
1/2 Vanilleschote
1 Päckchen Vanillezucker
1 EL Zitronensaft
2 Birnen
100 g Quarkzubereitung (0,2 % Fett)
1–2 TL Vanillezucker
1 Prise Zimtpulver

SO WIRD'S GEMACHT:
Den Wein mit der Zimtstange, den Nelken und der aufgeschlitzten Vanilleschote zum Kochen bringen. Mit dem Vanillezucker und 1/2 EL Zitronensaft abschmecken und den Weinsud etwa 10 Minuten zugedeckt köcheln lassen.
Die Birnen schälen, in den Sud legen und etwa 10–15 Minuten bei mittlerer Hitze darin garen. Die Früchte im Sud mindestens 1 Stunde abkühlen lassen.
Den Quark mit Vanillezucker, 2 EL Weinsud und dem Zimt glattrühren und mit etwas Zitronensaft abschmecken. Die Früchte aus dem Sud heben und in Dessertschalen geben. Mit dem Quark servieren.

Säure-Basen-Diät – mit Balance zum Wunschgewicht

NACH einem üppigen Menü – mit viel Fleisch, reichlich Alkohol, zum Schluß einem süßen Dessert, danach noch Kaffee und eine Zigarette – geht es uns selten richtig gut. Es stellt sich nach einer Weile ein unangenehmes Völlegefühl ein, das oft sogar von schmerzendem Sodbrennen begleitet wird. Nicht nur die großen Mengen haben dazu geführt, daß wir uns unwohl fühlen. Aus Fleisch, Wurst, Weißmehlprodukten, Süßigkeiten, Kaffee und Alkohol bildet der Körper Säuren. Und diese Säuren im Übermaß bringen das Gleichgewicht unseres Säure-Basen-Haushalts aus dem Lot.
Leider nehmen wir mit unserer herkömmlichen Ernährung (viel Fleisch, Weißmehl und Milch) weit mehr Säurebildner als Basenbildner auf, so daß der Körper diesen Säureüberschuß kaum noch ausgleichen kann.

TIP

5 Punkte für die Säure-Basen-Diät

MIT DIESER ERNÄHRUNGSFORM KÖNNEN SIE:

- *selbstverständlich alles essen*
- *sich ohne strenge Regeln, aber bewußt gesund ernähren*
- *Ihren Körper entsäuern und so Ihre Gesundheit schützen*
- *vielen Alltagsbeschwerden wie Sodbrennen und Muskelverspannungen vorbeugen*
- *sich viel Gemüse und Obst schmecken lassen.*

Das gesunde Gleichgewicht

DAMIT die Körperorgane richtig funktionieren, müssen sich die beiden Gegenspieler – Säuren und Basen – stets im Gleichgewicht befinden. Im Blut etwa muß immer eine ganz bestimmte Balance zwischen beiden herrschen. Wird dieses Gleichgewicht gestört, wird unsere Gesundheit belastet.

Säuren und Basen im Körperhaushalt

Selbst wenn Sie manchmal kleine Ernährungssünden begehen und zuviel Süßigkeiten oder Fleisch essen, muß das noch nicht zu einer massiven Störung des Säure-Basen-Gleichgewichts führen. Normalerweise ist unser Körper selbst in der Lage, zwischen sauer und basisch immer wieder auszugleichen. Dafür verfügt er über einige Puffersysteme. Mit der Lunge kann der Körper Säuren ausatmen (Kohlendioxid) und über die Nieren Säuren ausscheiden. Auch nimmt das Bindegewebe Säureüberschüsse aus dem Blut auf.
Doch wenn die Säurelast des Bindegewebes immer stärker ansteigt, dann kann das zu unterschiedlichen Beschwerden führen: Sodbrennen, Konzentrationsmangel, Stimmungsschwankungen, schmerzhafte Muskelverspannungen, Verdauungsschwierigkeiten, Schlaf- und Durchblutungsstörungen sowie Erschöpfung und Antriebsschwäche sind typische Symptome, die auf eine Übersäuerung hinweisen. Aber auch Rheuma und Gicht können mögliche Spätfolgen sein.
Die Säure-Basen-Diät schützt Sie langfristig vor Übersäuerung und deren gesundheitsgefährdenden Folgen. Auch bei dieser Diät handelt es sich um eine gesunde, fettarme Mischkost, die vor allem aus basenbildenden Lebensmitteln besteht. Eine solche Ernährungsweise unterstützt mit der »Entsäuerung« des Körpers auch die natürliche Entschlackung und sorgt für ein langfristiges

Stoffwechselgleichgewicht. So wird der Weg frei, Ihr Gewicht auf einfache Weise zu kontrollieren.
Aufschluß darüber, ob der Säure-Basen-Haushalt ausgeglichen oder gestört ist, geben Ihnen die pH-Werte in Blut, Zellinnerem, Bindegewebe, Speichel und Harn. Auf Seite 63 wird beschrieben, welche pH-Werte normal sind und wie Sie mit Hilfe eines Teststreifens den pH-Wert des Harns bestimmen können.

Sauer oder basisch?

Die Einteilung der Lebensmittel in sauer und basisch ist nicht so einfach. Ein Lebensmittel mag sauer schmecken, aber trotzdem nicht zur Übersäuerung des Körpers beitragen. Denn die flüchtigen Säuren werden von Lunge und Nieren schnell wieder ausgeschieden, etwa die Kohlensäure im Wasser oder die Säure in Zitronen. Solche Lebensmittel sind zwar säurehaltig, werden aber im Körper nicht zu einer Säure abgebaut. Es gibt also einen Unterschied zwischen sauren und säurebildenden Lebensmitteln. Denn für die Diät kommt es nur darauf an, ob der Stoffwechsel aus den Bestandteilen der Lebensmittel Säuren oder Basen bildet, nicht ob sie sauer oder basisch sind.
Auch die Atmosphäre, in der Sie eine Mahlzeit zu sich nehmen, spielt eine entscheidende Rolle. Stehen Sie unter Streß, dann baut der Stoffwechsel die Lebensmittel vermehrt zu Säuren ab.
Wenn Sie sich vorwiegend mit säurebildenden Lebensmitteln ernähren, das Essen hastig hinunterschlingen und zu wenig trinken, werden die körpereigenen Regulationsmechanismen überfordert. Es kommt zu einer chronischen Übersäuerung des Gewebes. Die Folge: Das Gewebe wird schlecht durch-

Links im Bild basenbildende, rechts säurebildende Lebensmittel

blutet, die Zellen werden nicht ausreichend mit Nährstoffen versorgt, die Säuren selbst als kleine »Giftmüll-Kristalle« im Bindegewebe abgelagert. Viel Alkohol und Nikotin, die Einnahme von Medikamenten sowie mangelnde Bewegung führen ebenfalls dazu, daß unser Körper im wahrsten Sinne des Wortes sauer wird.

Säure- und basenbildende Lebensmittel

Die tägliche Ernährung spielt für die Aufrechterhaltung der Säure-Basen-Balance die wichtigste Rolle. Deshalb werden bei der Säure-Basen-Diät alle Lebensmittel grundsätzlich in drei Gruppen unterteilt: säurebildende, basenbildende und neutrale Nahrungsmittel.

➤ Schwer auszuscheidende *Säuren* entstehen vor allem beim Abbau von Fleisch, Fisch oder Eiern. Deren Hauptinhaltsstoffe wie tierisches Eiweiß und bestimmte Mineralien (Schwefel, Chlor und Phosphor) wirken im Körper säurebildend.

➤ Andere Mineralstoffe wie Magnesium, Kalzium und Kalium bilden *Basen*. Diese Mineralstoffe kommen viel in Obst und Gemüse vor.

➤ Einige Lebensmittelinhaltsstoffe verhalten sich *neutral*, wenn sie im Stoffwechsel verwertet werden – sie wirken sowohl säure- als auch basenbildend. Dazu zählen vor allem kohlensäurefreies, stilles Wasser, naturbelassene Fette und kaltgepreßte Öle, außerdem Butter, Nüsse, grüne Bohnen und Hirse.

Ihr Speiseplan mit der Säure-Basen-Balance

Auch wenn der Schwerpunkt dieser Ernährungsweise auf den basisch wirkenden pflanzlichen Lebensmitteln liegt, dürfen die Säurebildner nicht völlig gemieden werden. Nur so stellen Sie eine gute Balance zwischen Säuren und Basen her. Sie müssen nur darauf achten, möglichst viele vorwiegend basenbildende Lebensmittel zu essen. Ihr Anteil sollte etwa 80 Prozent betragen.

Gehen Sie bei der Auswahl Ihrer Nahrungsmittel gezielt vor, damit Sie einerseits Ihren Organismus mit allen lebenswichtigen Nähr- und Vitalstoffen versorgen und andererseits Ihren Säure-Basen-Haushalt im Gleichgewicht halten. Doch das dürfte Ihnen mit viel Gemüse und Obst nicht schwerfallen. Wegen des hochwertigen Eiweißes, vieler Vitamine und Mineralstoffe sollten Sie aber keinesfalls völlig auf Fleisch, Fisch und Milchprodukte verzichten.

Das Bild auf Seite 153 und die nebenstehende Tabelle geben Ihnen Anhaltspunkte, wie Sie eine abwechslungsreiche Ernährung zusammenstellen können. Erhöhen Sie den Anteil basenbildender Lebensmittel in Ihrem Speiseplan und gehen Sie mit den sauer machenden sparsamer um. So machen Sie es Ihrem Körper auch leichter, sich von seinen überflüssigen Pfunden zu verabschieden.

Ein basischer Snack für zwischendurch

Tips für die tägliche Praxis

➤ Frisches Gemüse, Sprossen, Salate und Obst – je nach Jahreszeit – bilden die tägliche Grundlage Ihres Speisezettels. Sie können sie als Hauptgericht, Dessert und Snack zwischendurch essen, roh zubereiten oder vorsichtig dünsten.

➤ Frische Kräuter sind ebenfalls basenbildend und sollten in keinem pikanten Gericht fehlen.

➤ Mit tierischen Fetten, die zum neutralen Bereich zählen, sollten Sie beim Abnehmen stets sparsam umgehen. Empfehlenswert ist, hochwertige pflanzliche Öle zum Braten und Kochen zu verwenden (Seite 132).

➤ Mageres Fleisch und Fisch sind lediglich als Beilagen gedacht und sollten möglichst nur zweimal pro Woche auf den Tisch kommen. Auch bei Wurst sollten Sie maßhalten und nur zu Sorten greifen, die fettarm sind (Tabelle Seite 134).

➤ Da Getreideprodukte zu den säurebildenden Lebensmitteln zählen, sollten Sie nur wenig davon essen, wobei Vollkornbrot am besten geeignet ist, weil es weitaus mehr Vitamine und Mineralien enthält als Weiß- oder Graubrot. Außerdem halten seine zahlreichen Ballaststoffe länger satt.

➤ Auch Nüsse, Mehl und Teigwaren wirken säurebildend, deshalb sparsam damit umgehen.

➤ Frische Milch und Milchprodukte wie Joghurt, Kefir, Molke und Buttermilch können täglich auf Ihrem Speiseplan stehen. Eier, Quark und Käse dagegen sollten Sie wegen ihrer stark säurebildenden Wirkung seltener essen. Außerdem versteckt sich in vielen Käsesorten reichlich Fett.

➤ Gesunde Getränke, die Ihren Säure-Basen-Haushalt nicht aus dem Gleichgewicht bringen, sind kohlensäurearmes Mineralwasser, gutes Leitungswasser sowie Kräuter- und Früchtetees. Kaffee, Schwarztee und Alkohol allerdings bilden Säuren. Sie müssen sich von diesen Genußmitteln dennoch nicht völlig verabschieden, wenn Sie immer für eine ausreichende Basenzufuhr sorgen.

INFO

Säure- und basenbildende Lebensmittel

EHER SÄUREBILDEND

➤ *weißer Reis*	*–39**
➤ *Fleisch (Rind und Schwein)*	*–37*
➤ *Seefisch*	*–20*
➤ *Hartkäse*	*–18*
➤ *Quark*	*–17*
➤ *Graubrot*	*–17*
➤ *Naturreis*	*–13*
➤ *Putenfleisch*	*–11*
➤ *Haferflocken*	*–9*
➤ *Walnüsse*	*–8*
➤ *Nudeln, weiß*	*–6*
➤ *Vollkornbrot*	*–6*
➤ *Butter*	*–4*
➤ *Nudeln, Vollkorn*	*–2*
➤ *Haselnüsse*	*0*
➤ *Milch, frisch*	*+4*
➤ *Apfel, reif*	*+5*
➤ *Erbsen, frisch*	*+5*
➤ *Linsen*	*+6*
➤ *Kartoffel*	*+6*
➤ *Trauben*	*+8*
➤ *Apfelsine*	*+9*
➤ *Banane*	*+10*
➤ *Karotte*	*+10*
➤ *Lauch*	*+11*
➤ *weiße Bohnen*	*+12*
➤ *Spinat*	*+13*
➤ *Tomate*	*+14*
➤ *Endivie*	*+15*

EHER BASENBILDEND

**Der Wert zeigt an, wie stark säurebildend (–) oder basenbildend (+) ein Lebensmittel ist. Je näher der Wert an 0, desto neutraler.*

Säure-Basen-Balance: Rezepte

Obstmüsli mit Weizenflocken

Für 2 Personen:
2 EL Sonnenblumenkerne
1 EL ungeschwefelte Rosinen
1 reife Birne • 1 reife Banane
4 EL Joghurt
4 EL Weizenflocken
Birnendicksaft nach Belieben

So wird's gemacht:
Am Vorabend die Sonnenblumenkerne und Rosinen mit kaltem Wasser gerade bedecken und zugedeckt über Nacht einweichen.
Am Morgen die Birne waschen, die Banane schälen, beides würfeln. Mit den abgetropften Sonnenblumenkernen und Rosinen in eine Schüssel geben, vermengen und mit dem Joghurt vermischen. Mit den Weizenflocken bestreuen und nach Belieben mit Birnendicksaft süßen.

Obstmüsli mit Weizenflocken

Frischkäse mit Brombeeren

Für 2 Personen:
200 g Brombeeren
200 g körniger Frischkäse
2 TL Ahornsirup
einige Blättchen Zitronenmelisse

So wird's gemacht:
Die Brombeeren verlesen, nur falls nötig waschen und mit Küchenpapier trockentupfen. Beeren und Frischkäse nebeneinander auf Tellern anrichten. Mit Ahornsirup beträufeln und mit Melisseblättchen garnieren.
Schmeckt gut zum Frühstück und als Snack für zwischendurch.

Dinkelbrötchen mit Käse und Gurke

Für 2 Personen:
2 Dinkelbrötchen
2 TL Butter
ein paar Rucola- oder Petersilienblätter
2 Scheiben Schnittkäse (30 % F. i. Tr., z. B. Edamer, Tilsiter)
einige Salatgurkenscheiben

So wird's gemacht:
Die Dinkelbrötchen quer halbieren und die Schnittflächen mit Butter dünn bestreichen. Rucola- oder Petersilienblätter darauf verteilen. Die Käsescheiben halbieren. Brötchenhälften mit Käse und Gurkenscheiben belegen.

Fruchtiger Kefir-Drink

Spiegelei mit Gemüse

➤ *Für 2 Personen:*
1 große Tomate • 100 g frische Champignons
1 EL Butter • 100 g tiefgekühlte Erbsen
weißer Pfeffer • 1/2 TL abgeriebene Zitronenschale (unbehandelt)
2 Eier • 1 EL Schnittlauchröllchen
2 Scheiben Vollkornbrot

So wird's gemacht:

Die Tomate überbrühen, häuten, entkernen und ohne den Stengelansatz klein würfeln. Die Pilze putzen und in Scheiben schneiden.

Die Butter in einer großen Pfanne erhitzen. Tomatenwürfel, Champignonscheiben und Erbsen darin bei mittlerer Hitze 5 Minuten andünsten. Mit Pfeffer und Zitronenschale würzen. Die Eier darauf schlagen und in 5 Minuten stocken lassen. Leicht pfeffern. Eier und Gemüse mit Schnittlauch bestreuen und mit dem Brot servieren.

Eignet sich zum Frühstück ebenso wie als kleiner Mittagsimbiß.

Fruchtiger Kefir-Drink

➤ *Für 2 Gläser:*
200 g frisches Obst der Saison (z. B. Melone, Beeren, Pfirsiche, Birnen)
300 g Kefir
1 Msp. gemahlene Vanille
1–2 TL Apfel- oder Birnendicksaft

So wird's gemacht:

Das Obst waschen und putzen oder schälen und in Stücke schneiden. Zusammen mit dem Kefir, der Vanille und 1 TL Apfel- oder Birnendicksaft fein pürieren. Den Drink mit dem übrigen Dicksaft abschmecken und in zwei hohe Bechergläser verteilen.

Der Kefir-Drink schmeckt zum Frühstück und als fruchtige Zwischenmahlzeit.

Kräutercreme

➤ *Für 2 Personen:*
1 mittelgroße Kartoffel
1/2 Bund gemischte Kräuter (z. B. Petersilie, Schnittlauch, Dill, Estragon, Basilikum)
50 g saure Sahne
Meersalz • weißer Pfeffer

SO WIRD'S GEMACHT:
Die Kartoffel waschen, mit Schale gar dämpfen oder in wenig Wasser gar kochen. Inzwischen die Kräuter waschen und trockenschütteln. Die Blättchen von den Stengeln zupfen und fein hacken.
Die Kartoffel pellen, 2mal durch die Kartoffelpresse drücken. Mit der sauren Sahne und den gehackten Kräutern verrühren. Mit Salz und Pfeffer abschmecken.
Die Kräutercreme schmeckt zum Frühstück als Brotaufstrich, als Snack für zwischendurch oder auch als Vorspeise zum Dippen mit verschiedenen rohen Gemüsestiften.

Avocadoschaumsuppe

➤ *Für 2 Personen:*
1/2 l Gemüsebrühe (Rezepte Seite 83)
50 g Sahne • 1/2 TL Speisestärke
1/2 reife Avocado
1 EL gehackte Petersilie
weißer Pfeffer • 1–2 TL Zitronensaft

SO WIRD'S GEMACHT:
Die Brühe mit der Sahne aufkochen lassen. Speisestärke mit etwas Wasser anrühren und die Suppe damit binden.
Die Avocadohälfte schälen, in Stücke schneiden. Dann mit der Brühe-Sahne-Mischung im Mixer pürieren. Die Suppe nochmals heiß werden, aber nicht kochen lassen, sonst wird die Avocado bitter. Petersilie unterrühren und die Suppe mit Pfeffer und Zitronensaft abschmecken.

Blattsalat mit Kräuterdressing

Für 2 Personen:
100 g Blattsalat der Saison
2 EL Joghurt • 1 EL Olivenöl
1 TL Aceto balsamico
2 EL frische, gehackte Kräuter
weißer Pfeffer

SO WIRD'S GEMACHT:
Den Salat waschen, putzen, abtropfen lassen und in mundgerechte Stücke zupfen. Für das Dressing den Joghurt mit Öl, Essig und den Kräutern verrühren, mit Pfeffer abschmecken. Mit dem Salat vermischen und anrichten.

Kartoffelpizza mit Gemüse

Für 2 Personen:
300 g Kartoffeln • Meersalz
1 Ei • 30 g Kartoffelstärke
50 g frische Champignons
1 kleine Zwiebel
½ grüne Paprikaschote
1 Tomate • ½ Zucchino
200 g Mozzarella
1 TL getrockneter Thymian
2 TL Olivenöl

SO WIRD'S GEMACHT:
Die Kartoffeln waschen und in der Schale mit wenig Wasser in etwa 25 Minuten gar kochen. Den Backofen auf 200° vorheizen. Die Kartoffeln pellen und noch heiß durch die Kartoffelpresse drücken. Leicht salzen, mit dem Ei und der Kartoffelstärke gut vermischen.
Den Teig ausrollen, eine Pizzaform damit auslegen. Den Teig zunächst im heißen Ofen 10 Minuten vorbacken.
Inzwischen die Champignons putzen und in dünne Scheiben schneiden. Die Zwiebel schälen, sehr fein würfeln. Paprikaschote, Tomate und Zucchino waschen, putzen und in Würfel schneiden. Alles locker vermengen.
Den vorgebackenen Teig mit dem Gemüse belegen. Den Mozzarella abtropfen lassen, in Würfel schneiden und über den Belag verteilen. Zum Schluß mit Thymian bestreuen und mit Öl beträufeln. Die Pizza bei 220° C im Backofen in etwa 15 Minuten fertigbacken.

Garnelen mit Gemüse

Zucchini mit Garnelen

- *Für 2 Personen:*
  2 mittelgroße Zucchini
  1 EL Butter • 2 EL Olivenöl
  Meersalz • Pfeffer
  1 Fleischtomate
  150 g kleine, ausgelöste Garnelen
  50 g Sahne
  5–6 EL Gemüsebrühe
  1 TL Meerrettich
  1 TL Oregano
  1 Messerspitze getrockneter Thymian
  1 Knoblauchzehe

SO WIRD'S GEMACHT:
Die Zucchini waschen, putzen und der Länge nach in Scheiben schneiden. Butter und Öl in einer großen Pfanne erhitzen und die Zucchinischeiben darin portionsweise bei starker Hitze goldbraun braten, sie dürfen aber nicht zu weich werden. Herausheben und auf Küchenpapier entfetten. Leicht salzen, pfeffern und warm stellen.
Die Tomate überbrühen, häuten, vierteln, entkernen und fein würfeln. Tomate und Garnelen in die Pfanne geben und kurz anbraten. Sahne und Brühe zugießen. Meerrettich und Kräuter einrühren. Die Knoblauchzehe schälen und dazudrücken. Die Sauce abschmecken. Die Zucchinischeiben mit den Garnelen auf vorgewärmten Tellern anrichten. Dazu paßt Naturreis.

Orangen-Grapefruit-Grütze

- *Für 2 Personen:*
  2 Blutorangen
  2 rosa Grapefruits
  1/2 EL Speisestärke
  1 EL Ahornsirup
  4 EL geschlagene Sahne

SO WIRD'S GEMACHT:
Je 1 Orange und Grapefruit so schälen, daß auch die weiße Haut völlig entfernt ist. Nun mit dem Messer eng an den Trennhäutchen entlang schneiden und so die Filets herauslösen, dabei den abtropfenden Saft auffangen. Restliche Früchte auspressen und den Saft mit Wasser auf 200 ml auf-

füllen. Etwas Fruchtsaft abnehmen und die Stärke damit glattrühren. Saft und Ahornsirup erhitzen und die Stärke einrühren. Unter Rühren köcheln lassen, bis der Saft klar wird. Die Fruchtfilets in Schälchen anrichten, mit Saft übergießen und kalt werden lassen. Mit Schlagsahne servieren.

Grüner Obstsalat

Für 2 Personen:
1 Kiwi
150 g grüne Weintrauben
1 grünschaliger Apfel
1 Stück Honigmelone (150 g)
1 EL Ahornsirup
1–2 EL Zitronensaft
einige Blättchen Zitronenmelisse

So wird's gemacht:
Die Kiwi schälen, längs halbieren und in Scheiben schneiden. Die Trauben waschen, halbieren und nach Belieben entkernen. Den Apfel waschen, vierteln, entkernen und klein würfeln. Das Melonenstück schälen, entkernen und ebenfalls klein würfeln. Alle Früchte mit dem Ahornsirup vermischen, mit Zitronensaft abschmecken. Den Obstsalat mit Melisseblättchen garniert servieren.

Hähnchenbrust mit Pilzsauce

Für 2 Personen:
250 g Kartoffeln
150 g Hähnchenbrustfilet
Curry- und Paprikapulver
100 g frische Champignons
1 Schalotte • 2 EL Öl
75 ml Gemüsebrühe
2 EL Sahne • 1/2 TL Speisestärke
1 EL Schnittlauchröllchen • Worcestersauce

So wird's gemacht:
Für den Kartoffelschnee die Kartoffeln in der Schale in 20–25 Minuten gar kochen.
Inzwischen die Hähnchenbrust rundherum mit etwas Curry und Paprikapulver würzen. Die Champignons putzen und in Scheiben schneiden, die Schalotte schälen, fein würfeln. Das Öl in einer großen Pfanne erhitzen, die Hähnchenbrust darin bei mittlerer Hitze in 7 Minuten rundherum braun braten. Herausnehmen und warm stellen. Pilze und Schalotte ins Bratfett geben und unter Rühren 5 Minuten braten.
Brühe, Sahne und Stärke verrühren. Zu den Pilzen gießen und sämig einköcheln lassen. Schnittlauch in die Sauce rühren, mit Worcestersauce abschmecken. Die Kartoffeln pellen und noch heiß durch die Kartoffelpresse drücken. Die Hähnchenbrust in Scheiben schneiden, mit der Sauce und dem Kartoffelschnee anrichten.

Hähnchenbrust mit Pilzsauce

Trennkost – Abschied von den Pfunden

Vor gut 100 Jahren entwickelte der amerikanische Arzt Dr. Howard Hay eine Ernährungslehre, bei der eiweißreiche Lebensmittel nicht mit kohlenhydratreichen zusammen gegessen werden. Er selbst konnte sich dadurch von einer bedrohlichen Nierenerkrankung heilen. Erst durch die radikale Umstellung seiner Ernährung besiegte er diese Krankheit.

Trennen, was nicht zusammenpaßt

Dr. Hay ging davon aus, daß Eiweiß und Kohlenhydrate nicht zusammen verdaut werden können, weil chemische Vorgänge sich dabei gegenseitig behindern. Deshalb teilte er die Nahrungsmittel in drei Gruppen ein: die Eiweiß- und die Kohlenhydratgruppe sowie eine neutrale Gruppe. Er empfahl, eiweiß- und kohlenhydrathaltige Lebensmittel nicht zu kombinieren, sondern zu verschiedenen Mahlzeiten zu essen, während Lebensmittel aus der neutralen Gruppe mit allen anderen Lebensmitteln gemeinsam gegessen werden dürfen (Nahrungsmittelgruppen auf nebenstehender Abbildung und Tabelle Seite 165).

Diese Annahme führte in der Ernährungswissenschaft zu vielen Diskussionen: Während einige Ernährungsexperten die guten Erfolge der Trennkost in der Praxis hervorhoben, bezweifelten andere die von Hay aufgestellten »Chemischen Verdauungsgesetze«, da der menschliche Körper sehr wohl in der Lage sei, Kohlenhydrate und Eiweiß gleichzeitig zu verdauen. Inzwischen wurde die ursprüngliche, von Dr. Hay praktizierte Form der Trennkost weiterentwickelt, so daß sie den heutigen Anforderungen an eine ausgewogene Ernährungsweise weitgehend gerecht wird.

Hierzu paßt sehr gut die schon damals von Dr. Hay propagierte Vollwerternährung, die stark verarbeitete Produkte wie Fertigmenüs oder Konserven, aber auch größere Mengen an raffiniertem Zucker, Weißmehl oder Limonaden ablehnt.

INFO

5 Punkte für die Trennkost

Mit dieser Ernährungsform können Sie:

- *alles essen, nur zum richtigen Zeitpunkt*
- *mit wenigen festen Regeln auf leichte Art abnehmen*
- *Verdauungsproblemen vorbeugen*
- *mit einfachen Rezepten entschlacken*
- *bald zur großen Gemeinde der Trennkost-Fans gehören.*

Trennkost – was ist das?

Die modifizierte Trennkost enthält alle lebensnotwendigen Nährstoffe in optimaler Menge: Täglich werden reichlich Kohlenhydrate, Ballaststoffe, Vitamine und Mineralstoffe aufgenommen, jedoch nur eher geringe Mengen an Eiweiß und wenig Fett. So gesehen handelt es sich um eine ballaststoffreiche, fett- und fleischarme Ernährungsweise mit viel frischem Gemüse und Obst. Grundsätzlich entspricht dies genau den Anforderungen, die eine gesunde, figurfreundliche und alltagstaugliche Ernährung zu erfüllen hat.

So wird getrennt

Kohlenhydrate, die wichtigsten Energielieferanten für unseren Körper, und Eiweiß (Protein), der wichtigste Baustoff für unsere Zellen, sowie Vitamine, Mineralien und Spurenelemente, die gesunden Fitmacher, kommen in den meisten Lebensmitteln nicht getrennt, sondern fast immer

Unterschrift (Betrag siehe Vorderseite)

Ermächtigung zum Lastschrifteinzug

Ich ermächtige hiermit das umseitig genannte Unternehme umseitig ausgewiesenen Rechnungsbetrag von meinem dur Konto-Nummer und Bankleitzahl bezeichneten Konto dur Lastschrift einzuziehen. Für den Fall einer Nichteinlösung oc eines Widerspruchs bevollmächtige ich meine Bank, de umseitig genannten Unternehmen auf Aufforderung mein Namen und meine Anschrift mitzuteilen.

Ausdrücklich erkläre ich mich einverstanden, daß b Nichteinlösung der Lastschrift diese Tatsache in ei Sperrdatei aufgenommen wird. Sobald der Rechnung betrag bezahlt ist, wird die Eintragung in der Sperrdat umgehend gelöscht.

Unterschrift (Betrag siehe Vorderseite)

Ermächtigung zum Lastschrifteinzug

Ich ermächtige hiermit das umseitig genannte Unternehme umseitig ausgewiesenen Rechnungsbetrag von meinem dur Konto-Nummer und Bankleitzahl bezeichneten Konto dur Lastschrift einzuziehen. Für den Fall einer Nichteinlösung oc eines Widerspruchs bevollmächtige ich meine Bank, de umseitig genannten Unternehmen auf Aufforderung mein Namen und meine Anschrift mitzuteilen.

Ausdrücklich erkläre ich mich einverstanden, daß b Nichteinlösung der Lastschrift diese Tatsache in ei Sperrdatei aufgenommen wird. Sobald der Rechnung betrag bezahlt ist, wird die Eintragung in der Sperrda umgehend gelöscht.

Mayersche-Buchhandlung
Kortumstr. 72 44787 Bochum
Tel. 0234-68761-0 Fax-10
ellcenter Tel. 0800-800900-3 Fax-4
www.mayersche.de

g gilt als Q U I T T U N G

3.02/0140 11:59 Kasse: 07 EUR

kel Mg. Preis MwSt. Summe

neu geboren GU
1073 3-7742-1464-6
1 7,95 7,00% 7,95

TAL 0,52 7,95
ttoentgelt: EUR 7,43
GEBEN Bar 8,00
CKGELD 0,05

Vielen Dank für Ihren Einkauf****
usch nur bei Vorlage dieses Beleges

Links unten auf roten Tellern die Eiweißgruppe mit Fleisch und Fisch, rechts oben auf dem blauen Tablett die Kohlenhydratgruppe und dazwischen auf grünem Untergrund die neutralen Lebensmittel

gleichzeitig vor. Für die Trennkost spielen aber die Mengenverhältnisse von Kohlenhydraten und Eiweiß eine entscheidende Rolle:

➢ In Nahrungsmitteln wie Fleisch, Wurst, Geflügel, Fisch und Wild, ganzen Eiern sowie Käse unter 45 % Fett i. Tr. und Magermilchprodukten ist der Anteil an Eiweiß hoch – sie gehören deshalb in die Eiweiß-Gruppe.

➢ Fast alle Früchte werden in der Trennkost ebenfalls zur Eiweiß-Gruppe gezählt, und das, obwohl sie kein Eiweiß enthalten. Der Grund für diese Zuteilung: Diese Früchte enthalten viel Fruchtsäure. Da auch Eiweiß im Stoffwechsel zu Säuren abgebaut wird, rechnet man die säurehaltigen Früchte zur Eiweißgruppe.

➢ Zur Gruppe der überwiegend kohlenhydratreichen Lebensmittel zählen zum Beispiel Getreide, Brot, Teigwaren, Reis und Kartoffeln.

➢ In der neutralen Gruppe finden sich alle Salate, Gemüse, Pilze, Kräuter, Öle und Fette.

Die Lebensmittel der Eiweiß-Gruppe dürfen nur untereinander und mit denen aus der neutralen Gruppe kombiniert werden. Das gleiche gilt für die Lebensmittel der Kohlenhydrat-Gruppe.

Auch die Uhrzeit ist entscheidend

Für die strenge Durchführung der Trennkost ist es ebenfalls wichtig, wann Sie welche Lebensmittel zu sich nehmen:

➢ Empfohlen wird, morgens und mittags eine üppige eiweißreiche Mahlzeit zu sich zu nehmen, die ausreichend Energie für den Tag liefert.

➢ Am Abend stehen Nahrungsmittel auf dem Speiseplan, die reich an Kohlenhydraten sind – das beruhigt und sorgt für einen erholsamen Schlaf.

➢ Zwischen den drei Hauptmahlzeiten können Sie kleine Snacks aus einer der drei Gruppen essen, denn mehrere Portionen über den Tag verteilt verhindern Heißhunger und Völlegefühl.

Zwischen den einzelnen Mahlzeiten sollten möglichst etwa 3 Stunden Abstand liegen. Hören Sie aber auch auf Ihre Körpersignale: Wenn schon nach zwei Stunden der Magen knurrt, können Sie ohne weiteres einen Snack zu sich nehmen.

Ausnahmen bestätigen die Regel

Bei Einladungen zum Essen, beruflichen Terminen oder auf Reisen sind die empfohlenen Regeln der Trennkost nicht ohne weiteres durchführbar. Es gibt auch Menschen, denen grundsätzlich Kohlenhydrate am Mittag besser bekommen als abends. Doch keine Sorge. Hier stehen die individuellen Bedürfnisse vor den Regeln der Trennkost.

Ihr Speiseplan mit Trennkost

Mit Hilfe der Trennkost-Tabelle auf der nebenstehenden Seite können Sie auf einen Blick erkennen, wo die Schwerpunkte Ihrer Ernährung liegen und welche Lebensmittel Sie meiden sollten: Die Lebensmittel sind entsprechend den drei Gruppen Eiweiß, Kohlenhydrate und neutral geordnet.
Je weiter unten die Lebensmittel in der jeweiligen Liste stehen, desto weniger sollte davon gegessen werden. Die Grundlage Ihrer Ernährung sollten also immer die erstgenannten Lebensmittel am Anfang der Liste bilden, die Lebensmittel weiter unten sollten Sie seltener essen.

Tips für die Praxis

- Frisches Gemüse und Salate bilden die Basis Ihres täglichen Speisezettels. 5mal am Tag Gemüse oder Obst beziehungsweise ein Frucht- oder Gemüsesaft sind empfehlenswert.
- Brot, Getreide, Kartoffeln, Mais, Naturreis und süße (Trocken-)Früchte zählen zur Gruppe der gesunden Kohlenhydrate. Sie sind als sättigende Abendmahlzeit gedacht und sollten gut ein Drittel Ihrer täglichen Nahrungsmittel ausmachen.
- Zucker, Süßigkeiten, Marmeladen, Weißmehl und geschälter, polierter Reis zählen zur Gruppe der weniger gesunden Kohlenhydrate, weshalb Sie davon nur kleine Mengen essen sollten.
- Frisches Obst wird als gesunder Snack zwischendurch oder als Dessert nach einem (eiweißhaltigen) Mittagessen empfohlen.
- Fleisch, Wurst, Eier und Fisch können Sie 2mal pro Woche als kleinere Portion essen.
- Mit Sahne, Crème fraîche, Vollmilchprodukten und fettem Käse (über 45 % Fett i. Tr.) grundsätzlich sparsam sein.
- Nehmen Sie wenig Butter, Margarine, gehärtete Bratfette und Öle. Empfehlenswert sind hochwertige Pflanzenöle.

Hier irrte Dr. Hay

Hülsenfrüchte wie Erbsen, Bohnen und Linsen werden von der Trennkost nicht empfohlen. Denn darin sind sowohl Eiweiß als auch Kohlenhydrate in hoher Konzentration enthalten. Wegen ihrer vielen Vitalstoffe sind sie aber aus ernährungswissenschaftlicher Sicht sehr gesund. Als nicht allzu strenger Trennkost-Anhänger sollten Sie Hülsenfrüchte daher trotzdem öfter einplanen.

Gemüse und Salat sind die Basis Ihres Trennkost-Speisezettels

INFO

Lebensmittel in der Trennkost

Eiweißgruppe

- Stein- und Kernobst (außer süßen Äpfeln)
- Beeren (außer Heidelbeeren)
- Zitrusfrüchte
- exotische Früchte (außer frischen Feigen, Datteln und Bananen)
- Eier, Eiweiß
- gegarte Fische
- gegarte Meeresfrüchte und Kaviar
- fettarme Milch, Magermilch
- Fruchtsäfte
- Käse bis 45 % Fett i. Tr.
- gegartes Rind-, Kalb- und Geflügelfleisch
- gegartes Lammfleisch
- gekochter Schinken
- Aufschnitt
- Wurst (außer Rohwurst)
- Fleischbrühen, Fleischextrakte
- Pasteten
- Essig
- Schweinefleisch
- Wein, Apfelwein
- Sekt
- Essig-Essenz

Neutrale Gruppe

- Mineralwasser (kohlensäurearm)
- Kräutertee, Matetee
- Gemüse (außer Kartoffeln)
- Salat
- Kräuter
- Pilze
- Sprossen
- Gemüsesaft
- Vollmilch
- gesäuerte Milchprodukte, Frischkäse
- Käse über 45 % Fett i. Tr.
- Sahne, Crème fraîche
- Heidelbeeren
- Rosinen
- Samen, Kerne und Nüsse
- Fette und Öle
- Eigelb
- roher Fisch und rohes Fleisch
- roh geräucherter Fisch (Makrele, Forelle)
- roh geräuchertes Fleisch (roher Schinken)
- Rohwurst (wie Salami)
- Schwarzer Tee
- hochprozentige Alkoholika

Kohlenhydratgruppe

- Vollkorngetreide, Vollkornmehl
- Vollkornbrot, Müsliprodukte
- Kartoffeln
- Bananen
- süße Äpfel
- frische Feigen und Datteln
- Teigwaren (ohne Ei)
- Trockenfrüchte (außer Rosinen)
- Grau- und Weißbrot
- weißes Mehl
- Stärkemehle
- Honig, Rohzucker, Obstdicksäfte, Ahornsirup
- Zucker
- Bier

Trennkost: Rezepte

Walnußquark mit Zitrusfrüchten

(eiweißreich)

➤ *Für 2 Personen:*
2 kleine Orangen
1 rosa Grapefruit
250 g Quark (20 % Fett i. Tr.)
2 EL Walnußkerne
Zimtpulver

So wird's gemacht:
Die Orangen und die Grapefruit dick schälen, dabei auch die weiße Haut vollständig entfernen. Dann die einzelnen Fruchtfilets zwischen den Häutchen herausschneiden, den abtropfenden Saft dabei auffangen.
Den aufgefangenen Orangen- und Grapefruitsaft mit dem Quark glattrühren. Einige Walnußkerne zum Garnieren beiseite legen. Die übrigen fein hacken und unter den Quark rühren. Den Nußquark mit etwas Zimtpulver abschmecken.
Quark auf zwei flache Teller verteilen. Die Orangen- und die Grapefruitfilets dekorativ darauf arrangieren, zum Schluß die restlichen Walnußkerne darüberstreuen.

Früchte-Müsli mit Bananencreme

(kohlenhydratreich)

➤ *Für 2 Personen:*
100 g gemischte Trockenfrüchte
(z. B. Aprikosen, Pflaumen, Birnen)
6 EL kernige Haferflocken
1 EL Lein- oder Sesamsamen
1 EL Mandelblättchen
1 kleine Banane • 1 EL Ahornsirup
2 TL Zitronensaft • 100 g saure Sahne

So wird's gemacht:
Am Vorabend die Trockenfrüchte in kleine Stücke schneiden, mit lauwarmem Wasser bedecken und zugedeckt über Nacht quellen lassen.
Am nächsten Morgen die Haferflocken, Lein- oder Sesamsamen und Mandelblättchen in einer trokkenen Pfanne ohne Fett goldbraun rösten. Abkühlen lassen.
Die Trockenfrüchte abtropfen lassen, dabei die Einweichflüssigkeit auffangen. Die Früchte bis auf 1 EL unter die Flockenmischung mengen, in zwei Schälchen verteilen. Die Banane schälen. Mit 3 EL Einweichflüssigkeit, Ahornsirup, Zitronensaft und Sahne pürieren. Die Creme über das Müsli verteilen, mit den übrigen Früchten bestreuen.

Möhren-Mix

(eiweißreich)

➤ *Für 2 Gläser:*
1 kleiner säuerlicher Apfel
1 EL Zitronensaft
150 ml Möhrensaft
150 ml Voll- oder Sojamilch
2 TL Ahornsirup

So wird's gemacht:
Den Apfel schälen, vierteln, entkernen und fein reiben. Mit 1/2 EL Zitronensaft vermischen. Geriebenen Apfel, Möhrensaft, Voll- oder Sojamilch und Ahornsirup in einem Mixer kurz aufmixen. Mit dem übrigen Zitronensaft abschmecken.

Variante:
Probieren Sie den Möhren-Mix statt mit Apfel auch mal mit einer kleinen Birne oder einer halben reifen Mango oder Papaya.

Ananas-Tomaten-Salat

Ananas-Tomaten-Salat

(eiweißreich)

➤ *Für 2 Personen:*
200 g frisches Ananasfleisch
1 kleine rote Zwiebel
250 g Cocktailtomaten
1 kleine Orange • 1/2 Kopfsalat
einige Blättchen Zitronenmelisse
1 TL eingelegte grüne Pfefferkörner
Saft von 1 Limette
150 g Vollmilchjoghurt
Meersalz • Pfeffer • 1 TL Honig

So wird's gemacht:
Das Ananasfleisch in dünne Scheiben schneiden. Die Zwiebel schälen, in hauchdünne Scheibchen schneiden. Die Tomaten waschen und halbieren. Die Orange dick schälen und filetieren, dabei den Saft auffangen. Den Salat waschen, gut abtropfen lassen und in mundgerechte Stücke zupfen. Die Kräuterblättchen streifig schneiden. Alle vorbereiteten Zutaten mit den Pfefferkörnern locker vermengen.
Für das Dressing den Limettensaft mit dem aufgefangenen Orangensaft, dem Joghurt, je 1 Prise Salz und Pfeffer sowie dem Honig verrühren und über dem Salat verteilen.

Hirse-Lauch-Suppe

(kohlenhydratreich)

➤ *Für 2 Personen:*
50 g Hirse • 1 EL Olivenöl
1/4 TL Currypulver
1/2 l Gemüsebrühe
1/2 Stange Lauch
50 g Sahne
Meersalz • schwarzer Pfeffer
1 EL Schnittlauchröllchen

So wird's gemacht:
Die Hirse in einem Sieb heiß abspülen, abtropfen lassen. Das Öl erhitzen, Hirse und Currypulver darin 3 Minuten unter Rühren leicht anrösten. Die Gemüsebrühe aufgießen, und die Hirse bei mittlerer Hitze zugedeckt zunächst 10 Minuten leicht köcheln lassen.
Inzwischen den Lauch putzen, längs halbieren, waschen und in feine Streifen schneiden. Lauch und Sahne in die Suppe rühren, mit Salz und Pfeffer würzen. Zusammen noch etwa 10 Minuten köcheln lassen, bis die Hirse weich ist. Die Suppe mit Schnittlauch bestreuen.

Pilze mit Räucherlachsfüllung

(neutral)

Für 2 Personen:
6–8 gleich große Egerlinge
100 g Räucherlachs am Stück
1 TL kleine Kapern
2 Stengel Dill • 2 TL Olivenöl
4 Salatblätter • weißer Pfeffer

SO WIRD'S GEMACHT:
Die Pilze behutsam mit Küchenpapier abreiben und putzen, die Stiele herauslösen. Den Räucherlachs in kleine Würfel schneiden, die Kapern fein hacken. Den Dill waschen, trockentupfen und die Spitzen bis auf ein paar zum Garnieren grob hacken. Alles mit dem Öl vermischen. Den Lachs in die Pilze füllen.
Die Salatblätter waschen, putzen, abtrocknen und mit den gefüllten Egerlingen anrichten. Alles leicht mit Pfeffer übermahlen.

Zucchini-Rosmarin-Pfannkuchen

(kohlenhydratreich)

Für 2 Personen:
150 g Mehl
$^1/_4$ TL Meersalz
150 ml Vollmilch
2 Eigelb
150 g Zucchini
1 Tomate
$1^1/_2$ EL Butterschmalz
2 TL frisch gehackter Rosmarin
schwarzer Pfeffer
2 EL frisch geriebener Parmesan
Rosmarinnadeln zum Garnieren

SO WIRD'S GEMACHT:
Mehl, Salz, etwas Milch und die Eigelbe verrühren. Noch so viel Milch unterschlagen, daß ein glatter Teig entsteht. 20 Minuten ruhen lassen. Inzwischen die Zucchini waschen, putzen und raffeln. Die Tomate waschen, vom Stielansatz befreien, halbieren, entkernen und würfeln.
Etwas Butterschmalz erhitzen, die Zucchiniraspel mit dem Rosmarin darin 3 Minuten braten. Mit Salz und Pfeffer kräftig würzen. Die Tomatenwürfel untermischen.
In einer Pfanne im übrigen Butterschmalz 2 goldgelbe Pfannkuchen backen, dabei jeweils die Hälfte der Zucchinimischung darauf verteilen. Mit Parmesan bestreuen und mit Rosmarin garnieren.

VARIATION:
Den Pfannkuchen können Sie ebenso mit Kohlrabi, Knollensellerie oder Muskatkürbis zubereiten.

Zucchini-Rosmarin-Pfannkuchen

Ingwermöhren auf Endiviensalat

Ingwermöhren auf Endiviensalat

(neutral)

Für 2 Personen:
300 g junge Möhren (mit Grün)
75 ml Gemüsebrühe
1 TL geriebener Ingwer
3 EL helle Sojasauce • weißer Pfeffer
200 g Endivien- oder Friséesalat
1 Handvoll Basilikumblättchen
1 TL Sesamöl • 1 Spritzer Zitronensaft
Meersalz

SO WIRD'S GEMACHT:

Die Möhren waschen. Das Grün bis auf 1 cm abschneiden, etwas Grün beiseite legen. Die Möhren schälen. In einem breiten Topf die Brühe mit Ingwer, Sojasauce und etwas Pfeffer erhitzen. Die Möhren darin bei schwacher Hitze zugedeckt in 10–15 Minuten knackig garen.

Inzwischen den Salat putzen, waschen und trockenschleudern. Das Basilikum mit dem Salat vermengen. 4–5 EL Möhrensud, Sesamöl und Zitronensaft zu einer Marinade verrühren. Mit etwas Salz und Pfeffer abschmecken.

Die Ingwermöhren auf dem Salat anrichten, alles mit Marinade beträufeln und mit dem feingehackten Möhrengrün bestreuen.

Kokos-Avocado-Creme

(neutral)

Für 2 Personen:
2 EL Kokosflocken
1 kleine reife Avocado
2 EL Ahornsirup
100 g Vollmilchjoghurt
1 Spritzer Zitronensaft
$^1/_4$ TL gemahlener Ingwer
6 EL Sahne

So wird's gemacht:
Die Kokosflocken in einer trockenen Pfanne leicht rösten. Die Avocado halbieren, entkernen und das Fruchtfleisch aus den Schalen löffeln. Ahornsirup, Joghurt, Zitronensaft und Ingwer mit dem Avocadofleisch pürieren. $1^1/_2$ EL Kokosflocken untermischen. Die Sahne steif schlagen und unter das Püree heben. Die Creme in den Avocadoschalen anrichten und mit Kokosflocken bestreuen.

Gratinierter Meerrettich-Fisch

(eiweißreich)

Für 2 Personen:
400 g Rotbarsch- oder Kabeljaufilet
Meersalz • schwarzer Pfeffer
1 TL Zitronensaft • 200 g Zucchini
4 kleine feste Tomaten (etwa 200 g)
1 Knoblauchzehe • 2 EL Butter
1 EL gemahlene Haselnüsse
2 EL Tomatenmark • 200 ml Gemüsebrühe
50 g Crème fraîche
2 EL geriebener Meerrettich (aus dem Glas)
Dill zum Garnieren • Butter für die Form

So wird's gemacht:
Den Fisch trockentupfen, mit Salz, Pfeffer und Zitronensaft würzen. Zucchini und Tomaten waschen, putzen und in Scheiben schneiden.
Butter zerlassen, die Nüsse und das Tomatenmark darin anschwitzen, mit der Brühe ablöschen. Unter Rühren bei mittlerer Hitze 5 Minuten köcheln lassen. Crème fraîche untermischen, mit Meerrettich, Salz und Pfeffer würzen.
Die Zucchini- und Tomatenscheiben abwechselnd überlappend in eine feuerfeste Form schichten. Salzen, pfeffern und mit Knoblauch bestreuen. Fisch darauf legen und mit der Meerrettichsauce übergießen. Im Ofen bei 220° 20–25 Minuten überbacken. Mit Dillspitzen bestreut servieren.

Gefüllte Datteln

(kohlenhydratreich)

Für 2 Personen:
10 frische Datteln
50 g gehäutete, gemahlene Mandeln
2 TL Zucker
1 EL Orangenlikör nach Belieben
einige Tropfen Zitronensaft

So wird's gemacht:
Die Datteln längs einschneiden, aber nicht durchtrennen, die Steine entfernen. Für die Füllung die Mandeln in einer trockenen Pfanne bei mittlerer Hitze unter Rühren anrösten, bis sie duften. Den Zucker dazugeben und goldgelb karamelisieren lassen. Dann mit dem Orangenlikör und dem Zitronensaft ablöschen.
Die Masse aus der Pfanne nehmen und etwas abkühlen lassen. Dann geschmeidig kneten und in 10 Stücke teilen. Die Datteln damit füllen.

Gratinierter Meerrettich-Fisch

4

Eine gute Figur und Fitness gehören zusammen. Fangen Sie doch einfach mal an – jeden Morgen gleich nach dem Aufstehen mit etwas Gymnastik: Sie werden sehen, wie gut das tut. Unsere Übungen und Fitness-Tips helfen Ihnen dabei. Sanfte Rezepte für eine schöne Haut runden das Wohlfühl-Programm ab.

Fit und aktiv – auch das macht schlank und schön

Fitness

Schlank, gesund und gut gelaunt

Bewegung heißt das Zauberwort

Die Natur hat uns mit 12 Kilo Muskeln ausgestattet, damit wir aufrecht gehen, laufen, springen und Treppen steigen, aber auch den Kopf drehen, lachen und winken können. Wenn wir uns auf Dauer zu wenig bewegen, bauen wir Muskeln ab, und statt dessen schleichen sich Fettpölsterchen unter die Haut. Doch die einzigen wirklichen »Fatburner« sind unsere Muskeln. Das bedeutet: Je weniger Bewegung, desto weniger Muskeln, desto weniger Möglichkeit, Fett zu verbrennen. Letztendlich ersetzt keine noch so gute Diät das tägliche Muskeltraining. Deshalb: Bauen Sie jeden Tag 30 Minuten Bewegung in Ihren Alltag ein – das ist das Minimum. Sie werden erleben, wie sich Ihr Leben dadurch verändert: Die Muskeln zu trainieren macht fröhlich, lebendig und gesund. Fettpolster schwinden, die Haut wird straff, Knochen und Gelenke werden stabiler. Sie stärken Ihre Abwehrkräfte, beugen Krankheiten vor und bekommen richtig gute Laune – denn Sport und Bewegung führen zum Anstieg der körpereigenen Endorphine, der Glückshormone.

Skipping bringt Kondition und macht Spaß

Die 10 besten Fitness-Tips für eine gute Figur

Ihrer Gesundheit und Ihrer Figur zuliebe müssen Sie sich nicht an Kraftmaschinen abrackern. Im Gegenteil: Mit gleichmäßigem Bewegungstraining bei einem Puls unter 130 (meßbar mit Pulsuhr) wird nachweislich am meisten Fett verbrannt. Natürlich sorgen auch andere Sportarten für weniger Pfunde und mehr Beweglichkeit, dennoch ist regelmäßiges Ausdauertraining die effektivste Methode, Pfunde zum Schmelzen zu bringen.

Skipping

Das alte Springseil ist wieder ganz modern und heißt heute Skipping. Sie brauchen nur gute Schuhe, um die Sprünge richtig abzufedern. Seilspringen kräftigt Bänder, Muskeln, Sehnen und die Lunge, außerdem trainieren Sie dabei Herz und Kreislauf und – es macht Spaß!

➤ Zum Aufwärmen erst langsam auf der Stelle laufen. Dann mit geschlossenen Füßen seilhüpfen. Dabei auch mal die Arme überkreuzen. Wer ganz fit ist, hüpft auf einem Bein, dann auf dem anderen. Zwischendurch immer wieder langsam laufen. Das Ganze insgesamt 15 Minuten.

Laufen Sie sich jung

Den Wunsch, etwas für Ihre Kondition zu tun, haben Sie sicher schon lange! Auch wenn Sie es bisher nicht geschafft haben, sich gegen Ihre Trägheit durchzusetzen: Versuchen Sie es mal wieder, steigen Sie in die Turnschuhe und laufen Sie los!

TIP

Die Lust am Laufen

Die besten Vorsätze nützen nichts, wenn Sie gleich zu Beginn an die Grenzen Ihrer Leistungsfähigkeit gehen: Schmerzende Muskeln und Kniegelenke, Seitenstechen, Schwindel und Erschöpfung machen keinen Spaß.

So bleiben Sie bei der Sache:

- *Rennen Sie nicht gleich los, sondern machen Sie zuerst ein paar Stretch-Übungen, um Muskeln und Gelenke zu lockern.*
- *Gehen Sie die ersten paar Minuten mit schnellen Schritten, um sich aufzuwärmen, dann halten Sie anschließend viel besser durch.*
- *Die richtigen Schuhe erhöhen den Spaß ganz wesentlich. Denn Laufen auf dem Asphalt ist ohne Abfederung durch die Luftkissen guter Schuhe nichts für unsere Fußgelenke.*
- *Laufen Sie nicht los, ohne vorher einen halben Liter Wasser oder Tee getrunken zu haben. Denn auch wenn Sie langsam laufen, fangen Sie nach wenigen Minuten zu schwitzen an. Und auf Wasserverlust reagiert unser Körperhaushalt empfindlich mit Leistungsabfall.*

Die Regelmäßigkeit macht's

Planen Sie zum Laufen feste Zeiten in Ihren Alltag ein. Am besten wäre natürlich ein täglicher kurzer Lauf, aber auch zweimal in der Woche joggen mit der Freundin bringt den Durchbruch, wenn Sie nur regelmäßig dabei bleiben (Tips im Kasten). Schon nach vier Wochen Lauftraining werden die Erfolge deutlich spür- und sichtbar: Insbesondere an den Problemzonen Oberschenkel, Bauch und Hüften, mit denen die meisten Frauen zu kämpfen haben, verschwinden die unliebsamen Pölsterchen, und statt dessen werden Muskeln aufgebaut. Und das Beste am sanften Ausdauertraining ist: Sie spüren Lust auf mehr!

Hanteln & Gewichte

Längst keine reine Männersache mehr: Leichte Hanteln und Gewichte bieten ideales Styling für schlanke Arme, geraden Rücken und einen schönen Busen. Hanteln sind praktisch, weil sie überall einsetzbar sind, und es gibt Übungen für viele verschiedene Muskelpartien.

- Für den Anfang starten Sie am besten mit 2mal 500 Gramm. Das Erfolgsgeheimnis liegt in vielen, langsamen Wiederholungen mit niedrigem Gewicht; zum Beispiel eine Übung 20mal wiederholen, dann Pause, das Ganze 3mal hintereinander. So wird das Bindegewebe gestrafft, schlaffe Haut an den Oberarmen gezielt bekämpft und Muskelgewebe aufgebaut.
- Übung für Busen und Arme: Hantel in die linke Hand nehmen, den Arm langsam nach vorn ausstrecken und langsam wieder anwinkeln. 10mal wiederholen, dann Seitenwechsel. Das Ganze 3mal hintereinander.

Mit leichten Gewichten für einen schönen Busen und straffe Oberarme

Elastisch mit Thera-Band

Ein elastisches Band ist das einzige Utensil, das Sie brauchen, um gezielt Muskeln und Problemzonen zu trainieren oder sich mit leichten Übungen beweglich zu halten. Sie bekommen es in verschiedenen Stärken und Längen und mit Übungsanleitungen in jedem Sportgeschäft.

➤ Als Anfängerin starten Sie mit einem gelben Band, es gibt auch stärkere blaue und grüne. Das Band sollte etwa Ihre Körperlänge haben. Mit der Dehnung des Bandes überwinden Sie einen Widerstand und trainieren damit die entsprechenden Muskelgruppen.

➤ Übung für einen geraden Rücken und schöne Arme: Das Band in Schulterhöhe über den Rücken führen und die Enden um die Hände wickeln. Die Arme langsam seitwärts ausstrecken, so daß sich das Band dehnt, dabei ausatmen. Arme wieder anwinkeln, aber nicht einfach loslassen, sondern gegen den Zug des Bandes langsam zurückführen, dabei einatmen. 10mal hintereinander, dann Pause, insgesamt 3mal wiederholen.

TIP

A & O für Anfänger

➤ *Versuchen Sie nicht, schon in den ersten 10 Minuten Höchstleistungen zu erbringen. Unerreichte Ziele frustrieren nur und führen allenfalls zu heftigem Muskelkater.*

➤ *Machen Sie sich's am Anfang lieber leicht, dann freuen Sie sich, wieviel Kondition Sie doch noch haben, und bekommen Lust, am nächsten Tag weiterzumachen.*

➤ *Planen Sie 30 Minuten Training in Ihren Tagesablauf ein: Am besten wäre gleich morgens noch vor dem Duschen, oder auch abends als Entspannung nach der Arbeit. Sie werden sehen: Nach ein paar Tagen wollen Sie gar nicht mehr ohne …*

Guten-Morgen-Übungen

Brauchen Sie morgens immer ein bißchen Zeit, um dem Tag ins Auge zu sehen? Dann versuchen Sie es einmal mit diesen Übungen. Sie können sie morgens noch im Bett oder auf dem Sofa machen und so ohne viel Aufwand etwas für Ihren Kreislauf und gleichzeitig für Bauch, Beine & Po tun.

➤ Macht munter: Auf den Rücken legen, Beine hoch und für 2–3 Minuten in der Luft radfahren (Bild links). Das Tempo langsam steigern und abwechselnd vor- und rückwärts fahren.

➤ Für Rücken und Bauch: Auf den Rücken legen und die Beine anwinkeln. Beide Beine gleichzeitig nach rechts legen, einen Moment so liegen lassen, dann zur anderen Seite; 5mal wiederholen.

➤ Für Po und Oberschenkel: Auf die rechte Seite legen, Beine gestreckt. Linkes Bein langsam nach oben heben und wieder senken, 10mal wiederholen, dann auf die andere Seite drehen.

Sofa-Übungen für Morgen-Muffel

Power für Arme und Schultern

Mit Schwung durch den Tag

WENN Sie im Beruf überwiegend sitzen, läßt der chronische Bewegungsmangel nicht nur die Muskeln erschlaffen, Sie werden auch träge und müde. Sorgen Sie deshalb in Ihrem Büroalltag für etwas mehr Schwung und gönnen Sie sich ab und zu eine Energie-Pause – das macht auch den Kopf wieder frei.

➤ Nutzen Sie Ihre Mittagspause nicht nur für den Gang in die Kantine, sondern machen Sie einen kleinen Sprint um den Block – am besten bei jedem Wetter.

➤ Lassen Sie den Fahrstuhl in Zukunft links liegen und nehmen Sie die Treppe – auch, oder gerade dann, wenn's in den vierten Stock geht.

➤ Auch im Büro kann man kleine Übungen machen; eine freie Wand oder die Tür genügen.

Übung für Arme und gute Laune

➤ Stellen Sie sich in etwa einem Meter Abstand mit dem Gesicht zur Wand oder einer geschlossenen Tür. Legen Sie die Handflächen in Brusthöhe gegen die Wand und stützen Sie sich ab. Arme jetzt abwechselnd beugen und strecken, dabei im Rücken gerade und mit den Fersen auf dem Boden bleiben (Bild links); 15mal wiederholen.

Bringt Energie in den Alltag

Übung für Oberschenkel & Po

➤ Mit dem Rücken an die Tür oder Wand lehnen, die Füße im Abstand von etwa 30 cm aufstellen. Langsam an der Wand nach unten in die Hocke rutschen, bis die Oberschenkel parallel zum Boden sind (Bild oben), dabei Bauch und Po anspannen. Langsam wieder nach oben schieben und Beine ausstrecken; 10mal wiederholen.

Die 10 besten Sportarten für Ihre Figur

➤ **Aqua-Gym:** Gymnastik im Wasser ist besonders effektiv, weil Sie bei den Übungen zusätzlich gegen den Wasserwiderstand arbeiten müssen. Andererseits werden Gelenke und Wirbelsäule geschont, denn im Wasser lastet auf ihnen nur ein Zehntel Ihres Gewichts. Schwimmbäder bieten Wassergymnastik als fortlaufende Kurse an.

➤ **Fitness-Training:** Die Kombination aus Aufwärm-, Dehn- und Trainingsübungen gibt Kondition, formt die Figur und hält Sie auf Dauer gelenkig. Kurse bieten alle Sportvereine an – oder Sie trainieren zu Hause mit entsprechenden Videos.

➤ **Joggen:** Gute Laufschuhe vorausgesetzt, ist regelmäßiges Laufen die effektivste Ausdauersportart mit Schlankheitsgarantie (Seite 174). Denn beim Joggen verbrennen Sie reichlich Fett, solange Sie sich nicht verausgaben und mit Ihrem Puls unter 130 bleiben (Pulsuhr). Ihre Beinmuskeln werden straff, Herz, Kreislauf und Lunge gestärkt. Wenn Sie Probleme mit den Kniegelenken haben, sollten Sie Walking bevorzugen.

➤ **Inline-Skating:** Wer sich auf Rollen fortbewegt, trainiert zwar den ganzen Körper, riskiert aber auch Verletzungen. Deshalb sind die richtige Technik – vor allem beim Bremsen – und optimaler Gelenkschutz zum Skaten wichtig.

➤ **Radfahren:** Häufiges Radfahren ist ein wirksames Training für Herz und Kreislauf, das außerdem den Aufbau vieler Muskelgruppen fördert: Es formt nicht nur straffe Waden und Oberschenkel, auch die Bauch-, Becken-, Arm- und Fußmuskulatur werden beim Radfahren beansprucht. Ideal: täglich mit dem Fahrrad zur Arbeit fahren!

➤ **Rudern:** Bringt nicht nur bei Männern Arme und Beine gut in Form. Rudern als Freizeitsport ist ein wirkungsvolles Ausdauertraining, das Fettpölsterchen zum Schmelzen bringt. Die richtige Technik muß allerdings erlernt werden, sonst kann es zu Problemen mit dem Rücken kommen.

➤ **Schwimmen:** Über das Muskeltraining hinaus harmonisiert die beinahe schwerelose Bewegung im Wasser den ganzen Organismus. Um möglichst viele Muskelpartien zu trainieren, sollten Sie während des Schwimmens immer mal wieder den Stil wechseln. Je flacher man beim Brustschwimmen im Wasser liegt, desto besser; Rückenschwimmen ist am günstigsten für die Wirbelsäule. Wer zügig und gleichmäßig seine Bahnen zieht, sorgt zudem für eine gute Kondition.

➤ **Skilanglauf:** Auf gut präparierten Loipen in schöner Landschaft dahingleiten hat nicht nur einen großen Erholungswert. Langlaufen bringt Sie auch kräftig ins Schwitzen, versorgt Sie mit einer Extradosis Sauerstoff, schafft Ausdauer und schont im Gegensatz zum Abfahrtslauf die Gelenke. Skilanglauf ist deshalb eine der gesündesten Sportarten überhaupt.

➤ **Tanzen:** Ob Jazz-Dance, Samba-Kurs, Bauchtanz oder Ballett – wer mit Musik seinen Körper in Schwung bringt, sorgt nicht nur für eine gute Figur. Tanzen bietet zudem die Möglichkeit, seinen Gefühlen und Stimmungen Ausdruck zu geben, sich »auszuleben« und Seelenballast abzuwerfen.

➤ **Walking:** Das »schnelle Gehen« ist eine gute Alternative zum Joggen und sorgt für straffe Bein- und Po-Muskeln. Mit der richtigen Technik – die Arme leicht anwinkeln, den Oberkörper im Laufrhythmus mitbewegen – trainieren Sie schonend und wirksam den ganzen Körper.

Ausdauersportarten sind die effektivsten »Fatburner«

Wellness

Wohlfühlen in Ihrer Haut

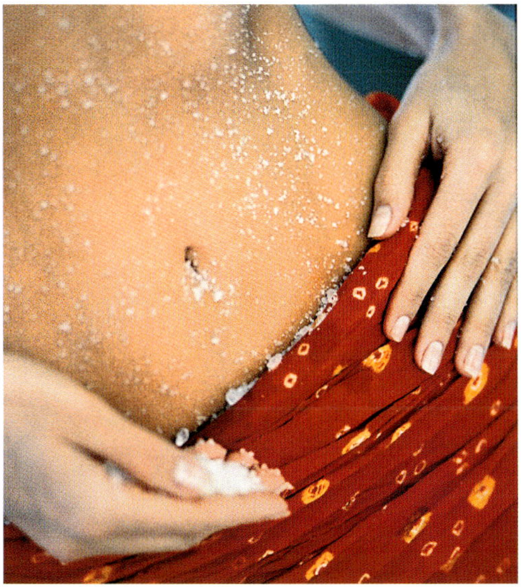

Die 10 besten Wellness-Tips für eine schöne Haut

WENN Sie Ihre Ernährung auf eine gesunde Schlankheitsküche umstellen, wird sich auch Ihr Hautbild positiv verändern. Neben dieser Schönheitskur von innen können Sie auch von außen mit Naturkosmetika etwas für die Ausscheidung von Schlacken und Giftstoffen durch die Haut tun. Das Ergebnis: Die Haut regeneriert sich, wird besser durchblutet, und eventuelle Unreinheiten heilen schneller ab. Ihr Teint wird wieder glatt und rosig, sieht wieder frisch und strahlend aus.

Sich pflegen macht schön

GÖNNEN Sie sich in regelmäßigen Abständen einen Beauty-Tag: Es tut nicht nur Ihrer Haut, sondern auch Ihrer Seele gut, für ein paar Stunden im Mittelpunkt zu stehen. Beginnen Sie mit einer Intensiv-Reinigung, so können pflegende Cremes und Öle anschließend besonders gut einziehen.

Meersalz-Peeling

Eine Wohltat für die Haut ist eine Rubbelkur mit Meersalz und Zitronenöl. Sie regt die Hautdurchblutung an, entfernt Hornschüppchen und beschleunigt den Aufbau gesunder Zellen. Das Ergebnis: samtweiche Haut!

➤ Meersalz und Öl zu gleichen Teilen mischen. Bauch, Po und Beine in leichten kreisförmigen Bewegungen abreiben (Bild links), bis Sie ein sanftes Kribbeln spüren. Das Peeling anschließend mit lauwarmem Wasser abspülen. Die im Meersalz enthaltenen Mineralsalze vitalisieren Haut und Bindegewebe, das ätherische Zitronenöl erfrischt und macht die Haut wieder geschmeidig.

Aktiv-Seife für straffe Haut

Einen doppelten Effekt für Ihre Haut bieten Massagepads mit integrierten Aktiv-Seifen. Die Noppen massieren die Haut und machen sie aufnahmefähig für die Pflanzenwirkstoffe in der Seife: Waschstücke mit Algen kurbeln den Hautstoffwechsel an, Schachtelhalm entschlackt durch seine Kieselsäure, Zaubernuß stärkt das Gewebe.

➤ Die Seife mit etwas Wasser aufschäumen, den Schaum mit der Massagebürste auf der Haut verteilen (Bild unten). Mit warmem Wasser abduschen und mit einer Körperlotion eincremen.

Meersalz und Algen für samtweiche Haut

TIP

Anti-Cellulite-Massage für jeden Morgen

Um Cellulite vorzubeugen oder beginnende Cellulite deutlich zu verbessern, können Sie selbst etwas tun. Jeden Morgen zwei einfache Massagegriffe schaffen schnelle Abhilfe:

- ➤ *Ballen Sie eine Hand zur Faust und streichen Sie mit den Fingerknöcheln kräftig von oben nach unten über die betroffenen Hautstellen an Oberschenkeln, Bauch und Po. Massieren Sie so lange, bis sich die Haut leicht rötet, sie also gut durchblutet ist.*
- ➤ *Heben Sie die Haut mit den Fingerspitzen beider Hände an, drücken Sie sie ein wenig und ziehen Sie sie nach oben (Bild). Dann lassen Sie los und greifen an anderer Stelle zu. Zupfen Sie so die betroffenen Stellen in rascher Abfolge mit kräftigem Druck.*

Massage bei Cellulite

GEGEN die berühmte »Orangenhaut« gibt es kein Wundermittel, auch wenn die Kosmetikbranche das oft verspricht. Die unschönen Dellen und Verdickungen der Haut, die meist an Oberschenkeln und Po auftreten, sind Einlagerungen von Wasser und Schlacken in den Fettzellen des Bindegewebes. Vor allem Frauen leiden ab einem bestimmten Alter unter diesem Problem, da ihr Bindegewebe von Natur aus besonders dehnbar ist.

Die richtige Technik für die Problemzonen

DER Trick der Bindegewebsmassage ist es, einen so starken Reiz auf die Unterhaut und das Bindegewebe auszuüben, daß sich gespeicherte Wasser-, Fett- und Schlackenansammlungen mit der Zeit auflösen und abtransportiert werden. Die betroffenen Hautstellen werden mit kurzen, kräftigen Strichen und »Rollungen« massiert.
Da die Orangenhaut meist an den Oberschenkeln und am Po auftritt und die Haut dort empfindlich ist, sind die harten Griffe durchaus schmerzhaft. Vergessen Sie deshalb nicht, während der Massage gut durchzuatmen, denn das hilft Ihnen, den Schmerz besser wegzustecken. Der Po wird im Stehen, die Oberschenkel werden im Sitzen massiert.

➤ **1** | Verteilen Sie zunächst etwas angewärmtes Massageöl auf Ihren Problemzonen. Nehmen Sie nicht zu viel Öl, da Ihre Finger sonst leicht abrutschen. Als Massageöle sind zu empfehlen: Aloevera-Öl (hautpflegend, sanft entgiftend), Macadamianuß-Öl (hautpflegend, gibt trockener Haut neue Spannkraft), Jojoba-Öl (hautpflegend, hypoallergen, duftneutral).

➤ **2** | Äußerst wirksam, aber auch etwas schmerzhaft, ist die Zupfmassage: Heben Sie die Haut an den betreffenden Stellen mit den Fingerspitzen beider Hände an, drücken Sie sie ein wenig und ziehen Sie sie nach oben. Dann lassen Sie los und greifen an anderer Stelle zu. Zupfen Sie so die betroffenen Stellen in rascher Abfolge mit kräftigem Druck, bis die Haut gerötet und somit gut durchblutet ist.

➤ **3** | Eine andere Massagetechnik ist die Rollung: Heben Sie die Unterhaut an einer Stelle mit dem Daumen und den anderen Fingern ab und rollen Sie das Gewebe langsam zwischen den Fingern hin und her. Arbeiten Sie sich so am Oberschenkel von der Hüfte bis zum Knie vor. Dann beginnen Sie mit einer neuen Bahn. Je nach Zeit und Schmerzempfinden diese Rollmassage bis zu 3mal wiederholen.

Vorbeugen zur rechten Zeit

Die Ernährung spielt bei der Entstehung und Ausprägung von Cellulite eine große Rolle. Wenn Sie sich rechtzeitig auf eine vorwiegend basische Ernährung umstellen (Säure-Basen-Diät, Seite 152), können Sie verhindern, daß sich überschüssige Säuren und Schlacken im Bindegewebe einlagern. Auch eine fettarme Ernährung (Low Fat, Seite 132) trägt dazu bei, daß sich die vergrößerten Fettzellen (nichts anderes ist Cellulite) gar nicht erst bilden.
Viel Bewegung und figurfreundliche Sportarten wie Radfahren, Schwimmen, Langlaufen, Joggen und Walking (Seite 178) mildern Orangenhaut äußerst effektiv. Denn beim Sport werden Fette abgebaut, Schlacken vermehrt ausgeschwemmt und Muskeln und Gewebe besser durchblutet.

Duftende Öle unterstützen die Massagewirkung

Thalasso-Kur zu Hause

Holen Sie sich die Heilkräfte des Meeres in Ihr Badezimmer: Meersalz, Algen und Meeresschlamm versorgen Ihre Haut mit Feuchtigkeit und Nährstoffen, straffen das Bindegewebe und wirken entspannend wie ein Kurzurlaub!

Meersalzbad

Wohlig im Meer versinken und dabei Energie tanken – das geht auch im eigenen Bad. Nach einem Meersalzbad ist die Haut viel straffer, glatter und sieht rosiger aus als vorher. Gleichzeitig können Sie in der Schwerelosigkeit des warmen Wassers entspannen und Ihre Sinne beruhigen.

➤ 200 Gramm Meersalz in etwa 1 Liter heißem Wasser auflösen und dann ins warme Badewasser geben. Sobald sich die feinen Salzkristalle im Wasser aufgelöst haben, entfalten sie ihre Wirkung: Ist die Salzkonzentration im Wasser höher als im Gewebe, wird den tieferen Hautschichten Wasser entzogen. Im Gegenzug werden Mineralien und Spurenelemente von der Haut aufgenommen. Nach 10–15 Minuten Badezeit in ein großes Badetuch hüllen und eine Weile ausruhen.

Algen-Dusche

Nichts ist so erfrischend wie ein Meeresduschbad am Morgen. Algen-Duschgels kurbeln den Hautstoffwechsel und auch den Kreislauf an.

➤ Noch besser sind Thalasso-Algen-Tabletten für den Duschkopf. Sie lösen sich während des Duschens auf und verbreiten außer den Algenwirkstoffen auch negativ geladene Ionen. Damit holen Sie sich eine echte Meeresbrise ins Badezimmer. Dazu brauchen Sie allerdings einen speziellen Duschkopf (im Fachhandel).

Mit Algen-Wickel gegen Cellulite

Mit dieser Algen-Packung bekommen Sie die lästige Orangenhaut in den Griff und sehen den straffenden Effekt sofort.

TIP

Ätherische-Öl-Bäder

Ätherische Öle duften nicht nur herrlich, sondern haben auch eine intensive Wirkung auf Körper und Seele. Je nach Öl-Mischung können sie beruhigen oder aktivieren, die Haut sanft pflegen oder durchbluten und entschlacken. Wichtig: Das Öl zuerst mit etwas Sahne oder Milch verrühren, dann ins Badewasser geben.

- *Eine Mischung aus Zimt- und Orangenöl vitalisiert, entschlackt, hellt die Stimmung auf.*
- *Sandel- und Rosenholz sind Balsam für die Haut und verströmen sinnliche Düfte.*
- *Lavendel- und Grapefruit-Öl regen an, erfrischen die Haut und machen gute Laune.*

➤ Oberschenkel mit konzentriertem Algen-Zellsaft einreiben, dann Frischhaltefolie darum wickeln. Für 30–45 Minuten einwirken lassen. Durch den Thermoeffekt können die entschlackenden Mineralien der Algen besonders intensiv wirken. Danach lauwarm abduschen und mit einer straffenden Körperlotion eincremen.

Meeresschlamm-Packung

Den schwarzen Schlick gibt es fertig zu kaufen. Er setzt sich aus organischen Ablagerungen, Mineralien und Spurenelementen zusammen und enthält auch Tonerde und Lehm. Meeresschlamm macht nicht nur die Haut samtweich und rosig, sondern reinigt auch gründlich, heilt und entschlackt.

➤ Legen Sie sich das Schlick-Präparat, Frischhaltefolie und ein großes Handtuch bereit. Stellen Sie sich in die Badewanne und tragen Sie den Schlamm auf die gewünschten Körperpartien auf (Gesicht aussparen). Wenn Sie die Wirkung durch Wärme intensivieren wollen, wickeln Sie Plastikfolie darüber. Lassen Sie die Packung für 30 Minuten ruhen. Duschen Sie sich danach gründlich ab, wickeln Sie sich in das Badetuch und ruhen Sie sich noch für eine Weile aus.

Massage – eine einzige Wohltat

Gönnen Sie sich von Zeit zu Zeit eine Ganzkörpermassage – entweder von einem geübten Partner oder durch einen professionellen Masseur. Massagen lösen Verspannungen, lindern Alltagsbeschwerden, helfen Streß abzubauen und bringen Ihnen neue Energie. Bestimmte Massagetechniken eignen sich zudem hervorragend zur Entschlackung und Entgiftung des Bindegewebes.

➤ Testen Sie mit einem einfachen Griff, ob Ihre Schultermuskulatur eine Massage braucht: Greifen Sie mit der Hand über dem Schlüsselbein an die Schulter. Der Muskelstrang dort läßt sich gut mit den Fingern umgreifen. Schmerzt er oder ist er hart, ist eine lockernde Massage eine Wohltat.

Massagen verwöhnen Körper und Seele

Zum Nachschlagen

Bücher, die weiterhelfen

Bücher aus dem Gräfe und Unzer Verlag

Bachmann, Robert M.: Abnehmen mit Säure-Basen-Diät.

Bachmann, Robert M.: Gesund & fit durch Darmreinigung.

Bohlmann, Friedrich: Essen als Medizin – Genußvoll vorbeugen, natürlich heilen.

Collier, Renate: Wie neugeboren durch Darmreinigung.

Elmadfa, Ibrahim u. a.: Die große GU Vitamin-Mineralstoff-Tabelle.

Elmadfa, Ibrahim u. a.: Die große GU Nährwert-Kalorien-Tabelle.

Gebauer-Sesterhenn, Birgit: Entschlacken 1x pro Woche.

Grillparzer, Marion: Fatburner – So einfach schmilzt das Fett weg.

Just, Gabi: Mondbuch für Fitness, Schönheit & Gesundheit.

Kempe, Christina: Mega-fit mit der Fastenwoche.

Klemp, K., Niemann, C.: Easy! Weekends zum Entschlacken.

Klevers GU Kompass Kalorien & Fette.

Kraske, Eva-Maria: Säure-Basen-Balance.

Leitzmann, C., Million, H.: Power Food! Lustvoll schlemmen mit bioaktiven Substanzen.

Lockstein, C., Faust, S.; Relax! Der schnelle Weg zu neuer Energie.

Lützner, Hellmut: Wie neugeboren durch Fasten.

Lützner, H., Million, H.: Richtig essen nach dem Fasten.

Muliar, Doris: LOW FAT! Mit Genuß zum Wunschgewicht.

Plüss, Gabriella: Schlank & Fit durch Trennkost.

Rüdiger, Marion: Bauch, Beine, Po – Bodystyling BBP.

Schutt, Karin: Massagen – Wohltat für Körper und Seele.

Strunz, Ulrich: Forever young – Das Erfolgsprogramm.

Strunz, Ulrich: Forever young – Das Ernährungsprogramm.

Szwillus, Marlisa u. a.: Das große GU Trennkost-Buch.

Szwillus, Marlisa u. a.: Das große GU Low Fat Buch.

Werner, Monika: Ätherische Öle für Wohlbefinden, Schönheit und Gesundheit.

Winkler, Martin: Die neue F.-X.-Mayr-Kur – Schlank, gesund & schön durch Darmreinigung.

Weitere Bücher zum Thema

Buchinger, Maria (Hrsg.): Heilfasten ist nicht Hungern. Trias, Stuttgart

Dahlke, Ruediger und Ehrenberger, Doris: Wege der Reinigung. Irisiana, München

Gerhard, Hermann und Weihofen, Jürgen: Saftfasten. Trias, Stuttgart

Höhn, Wolfgang: Heilfasten mit Früchten. Knaur Verlag, München

Lange-Ernst, Maria-E.: Aktiv gegen Übersäuerung. Humboldt Verlag, München

Rauch, Erich: Lehrbuch der Diagnostik und Therapie nach F. X. Mayr. Haug, München

Adressen, die weiterhelfen

Deutschland

Deutsche Gesellschaft für
Ernährung e. V.
Godesberger Allee 18
53175 Bonn

Bundeszentrale für gesundheitliche Aufklärung
Ostmerheimer Str. 200
D-51109 Köln

Verband für unabhängige
Gesundheitsberatung
Keplerstr. 1
D-35390 Gießen

Projekt Patienteninformation
für Naturheilkunde
Genter Str. 63
D-13353 Berlin

Adressen von Mayr-Ärzten und Mayr-Kurkliniken erhalten Sie über:
Ärztegesellschaft für
Erfahrungsheilkunde
Fritz-Frey-Str. 21
D-69121 Heidelberg

Adressen von Fasten-Kliniken erhalten Sie über:
Ärztlicher Arbeitskreis
Heilfasten
Wilhelm-Beck-Str. 27
D-88662 Überlingen

Adressen und Ausbildung von Fastenleiter/innen erhalten Sie bei der
Deutschen Fastenakademie (dfa)
Wendelweg 14
83246 Unterwössen

Infostelle »Vital durch
Entsäuerung«
Postfach 1255
D-63232 Neu-Isenburg

Zentralverband der Ärzte für
Naturheilverfahren e. V. (ZÄN)
Promenadenplatz 1
D-72250 Freudenstadt

Österreich

Gesellschaft für zeitgemäße
Ernährung
Zaunergasse 1–3/ 3/16
A-1037 Wien

Österreichische Gesellschaft
für Ernährung (ÖGE)
Zaunergasse 1–3
A-1037 Wien

Österreichische Gesellschaft
für Ganzheitliche Medizin
Tilgnerstr. 3/3 b
A-1150 Wien

Adressen von Mayr-Ärzten und Mayr-Kurkliniken erhalten Sie über:
Internationale Gesellschaft der
Mayr-Ärzte
Gesundheitszentrum am
Wörthersee
A-9082 Maria Wörth

Schweiz

Schweizerische Gesellschaft für
Ernährungsforschung (SGE)
Postfach
CH-3000 Bern 14

Schweizerische Vereinigung
für Ernährung (SVE)
Postfach
CH-3052 Zollikofen

Gesellschaft Schweizerischer
Naturärzte
Bruggereckstr. 16
CH-9100 Herisau

Naturärzte-Vereinigung
der Schweiz
Postfach 65
CH-9052 Niederteufen

Register

Rezeptregister

12 natürliche Schlankmacher

Drinks & Tees

Entschlacken 1x pro Woche

Richtig essen nach dem Fasten

Das essen Sie nach der Mayr-Kur

Bioaktive Substanzen

Low Fat

Kreta-Diät

Säure-Basen-Diät

Trennkost

Sachregister

Impressum

Die Autorin

Karin Schutt machte nach ihrem Studium der Kommunikationswissenschaften, Psychologie und Pädagogik eine Zusatzausbildung in Atemtherapie und Massage. Sie ist seit vielen Jahren freie Autorin vor allem für Gesundheitsthemen und hat zahlreiche Bücher veröffentlicht. Im Gräfe und Unzer Verlag sind von ihr Ratgeber zu den Themen »Ayurveda«, »Wasser« und »Massagen« erschienen.

Ernährungswissenschaftliche Beratung

Marlisa Szwillus ist Oecotrophologin und leitete mehrere Jahre das Kochressort einer renommierten Food-Zeitschrift. Sie arbeitet als freie Fachjournalistin und Buchautorin in München. Im Gräfe und Unzer Verlag sind zahlreiche Kochbücher von ihr erschienen.

Redaktion
Doris Schimmelpfennig-Funke
Lektorat
Adriane Andreas
Bildredaktion
Christine Majcen-Kohl
Layout & Umschlaggestaltung
independent Medien-Design
Produktion
Iris Knobloch
Satz und Herstellung
Renate Hausdorf
Lithos
Fotolito Longo, Bozen
Druck
Appl, Wemding
Bindung
Großbuchbinderei Monheim

ISBN 3-7742-1464-6

Auflage	6.	5.	4.	3.
Jahr	04	03	02	01

Wichtiger Hinweis

In diesem Ratgeber sind unter anderem zwei Fastenkuren für die Anwendung zu Hause beschrieben. Bitte beachten Sie die Warnhinweise im Text. Holen Sie sich vor Beginn einer Kur immer Rat bei Ihrem Arzt oder Heilpraktiker, ob in Ihrem Fall eine Fastenkur empfehlenswert ist.

Fotos
Fotostudio Reiner Schmitz

Weitere Abbildungen
Bavaria: S. 38, 72, 87, 100
Barbara Bonisolli: S. 63
Werner Blessing: S. 15
Christian Dahl: S. 180, 183
Gruner + Jahr: Titelbild, S. 1
IFA Bilderteam: U4 m., S. 56/57
Image Bank: U4 o., S. 4 li., 67, 77
Jahreszeiten-Verlag: S. 101, 172/173, 174, 175, 176, 177, 179
Jump: S. 47, 68, 78, 91, 106
Ulla Kimmig: S. 80, 108
Mauritius: S. 59, 62, 64, 79, 104, 120, 124, 143, 145, 164
Hans Reinhard: S. 43
Tom Roch: S. 21, 40, 42, 46, 81
Christophe Schneider: S. 11, 58
Stock Food: U4 o., U4 m., S. 2/3, 5 u., 7 u., 8/9, 22, 23, 44, 45, 94, 95, 96, 111, 112, 116/117, 118, 119, 126, 127, 128, 130, 131, 133, 134, 136, 137, 138, 139, 146, 147, 150, 151, 153, 154, 163, 165, 167, 168, 169, 170, 171
Stock Market: S. 125
Christian Teubner: S. 148
Tony Stone: S. 60, 65, 71, 73, 82, 89, 98, 109, 123, 135, 155
Alexander Walter: S. 121
Heinz Wuchner: S. 12
ZEFA: U4 u., S. 7 o., 172 u., 178, 182

Umwelthinweis
Dieses Buch wurde auf chlorfrei gebleichtem Papier gedruckt. Um Rohstoffe zu sparen, haben wir auf Folienverpackung verzichtet.

Das Original mit Garantie

Ihre Meinung ist uns wichtig. Deshalb möchten wir Ihre Kritik, gerne aber auch Ihr Lob erfahren. Um als führender Ratgeberverlag für Sie noch besser zu werden. Darum: Schreiben Sie uns! Wir freuen uns auf Ihre Post und wünschen Ihnen viel Spaß mit Ihrem GU-Ratgeber.

Unsere Garantie: Sollte ein GU-Ratgeber einmal einen Fehler enthalten, schicken Sie uns das Buch mit einem kleinen Hinweis und der Quittung innerhalb von sechs Monaten nach dem Kauf zurück. Wir tauschen Ihnen den GU-Ratgeber gegen einen anderen zum gleichen oder ähnlichen Thema um.

Ihr Gräfe und Unzer Verlag
Redaktion Gesundheit
Postfach 86 03 25
81630 München
Fax 089/41981-113
e-mail: leserservice@graefe-und-unzer.de